茶人列傳 1

― 유학자를 중심으로 본 다인들의 삶과 시 ―

芮 正 洙 編著

추사 고택

다인열전을 펴내면서

　다인열전을 쓰게 된 동기는 선비들의 생활속에 비친 차를 즐긴 모습과 차를 통해 관료와 유학자들이 승려와 교류하며 함께 사유하고 멋을 즐긴 선인들의 모습을 쓰고자 하였다.
　시대상이 어려울 때도 의연히 충절을 지켰던 유학자들을 중심으로 차를 통해 마음을 다스렸던 모습이 확연히 드러나 있다.
　"충신은 나라가 어지러울 때 생겨나고, 효자와 열녀는 어려운 가정에서 나온다"고 하였듯이 차를 통하여 교류한 명유(名儒)들의 茶詩는 요즈음 같은 혼돈의 시대적 갈등과 반목이 만연한 현실에서 해결의 실마리가 될 수 있을 것이다.
　중국은 차의 정신을 '정행검덕(精行儉德)'으로 내세웠고, 일본은 '화경청적(和敬淸寂)'을 다도의 정신으로 삼았으나, 우리는 茶禮, 茶藝, 茶道 등으로 부르기도 하지만, 그 정신은 '중정(中正)'에 있다고 할 수 있을 것입니다.
　필자가 차를 가까이 한지 어언 60여 년이 되었습니다. 차는 아무 맛이 없는 듯하면서도 그 속에 인간사(人間事) 五味가 두루 갖추어져 있어, 차 생활 속에는 예절이 있고 심오한 철학과 사상과 상대를 존중하는 화합할 수 있는 것으로 느껴졌다.

그러니 차 한 잔의 의미를 쉽게 간과할 수가 없다.
  오래전의 옛 선인들에서부터 근세에 이르기까지 차를 애중(愛重)하게 여긴 차인들의 차시(茶詩)를 간략하게 간추려 다인열전(茶人列傳) 두 권의 책자를 만든 적이 있다.
  차(茶)자는 파자(破字)하면 풀과 사람과 나무가 함께하여 이루어진 글자로서 차를 행하는 사람들은 누구나 융화하고 배려하며 이웃을 사랑하고 공경(對人愛敬)하는 정신이 필요하다.

  이번에 여러 책자를 두루 읽고 보다 많은 차시를 추려서 유학자와 승려들의 차생활 흔적으로 여러분 앞에 차인들을 소개하려 하였다. 유학자와 승려들 중에서 차시가 많게는 70여 수 에서부터 2수 이상 남긴 분들을 최대한 소개하게 되었으며, 가급적 출생 연도를 기준으로 순서를 정하였으며 꼭 필요한 고사는 주를 달아 설명하였다.
  차를 애호하는 분들과 조용히 차를 연구하고, 한시를 좋아하는 분들의 작시(作詩)에도 도움이 되었으면 하는 심정으로 내용을 증보하여 이 책자를 출간하게 되었다. 독자 여러분들의 가편(加鞭)과 질정(叱正)을 바라마지않는다.

2025年 1月 20日
茶爐經權室에서 雪海 **芮正洙**

茶人列傳 1 목 차

1. 홍유후 설총(弘儒侯 薛聰) ·················· 7
2. 고운 최치원(孤雲 崔致遠) ·················· 11
3. 남호 정지상(南湖 鄭知常) ·················· 16
4. 노봉 김극기(老峯 金克己) ·················· 20
5. 서하 임춘(西河 林椿) ······················ 28
6. 쌍명재 이인로(雙明齋 李仁老) ·············· 32
7. 백운거사 이규보(白雲居士 李奎報) ·········· 36
8. 동산수 최자(東山叟 崔滋) ·················· 77
9. 영헌공 김지대(英憲公 金之岱) ·············· 80
10. 이연종 (李衍宗) ·························· 83
11. 근재 안축(謹齋 安軸) ····················· 87
12. 익재 이제현(益齋 李齊賢) ················· 91
13. 급암 민사평(及庵 閔思平) ················· 99
14. 가정 이곡(稼亭 李穀) ····················· 102
15. 사암 유숙(思庵 柳淑) ····················· 105
16. 둔촌 이집(遁村 李集) ····················· 109
17. 목은 이색(牧隱 李穡) ····················· 113
18. 운곡 원천석(耘谷 元天錫) ················· 165
19. 유항 한수(柳巷 韓脩) ····················· 171
20. 포은 정몽주(圃隱 鄭夢周) ················· 174
21. 독곡 성석린(獨谷 成石璘) ················· 178
22. 척약재 김구용(惕若齋 金九容) ············· 182

23. 태재 유방선(泰齋 柳方善) ················· 185
24. 도은 이숭인(陶隱 李崇仁) ················· 191
25. 양촌 권근(陽村 權近) ··················· 202
26. 인재 이종학(麟齋 李種學) ················· 210
27. 용헌 이원(容軒 李原) ··················· 213
28. 춘정 변계량(春亭 卞季良) ················· 218
29. 경재 하연(敬齋 河演) ··················· 227
30. 불우헌 정극인(不憂軒 丁克仁) ··············· 232
31. 괴애 김수온(乖崖 金守溫) ················· 236
32. 사가 서거정(四佳 徐巨正) ················· 241
33. 삼탄 이승소(三灘 李承召) ················· 253
34. 사숙재 강희맹(私淑齋 姜希孟) ··············· 262
35. 점필재 김종직(佔畢齋 金宗直) ··············· 266
36. 허백당 홍귀달(虛白堂 洪貴達) ··············· 279
37. 용재 성현(慵齋 成俔) ··················· 282
38. 임계 유호인(林溪 兪好仁) ················· 286
39. 매계 조위(梅溪 曺偉) ··················· 290
40. 삼괴당 신종호(三魁堂 申從護) ··············· 295
41. 사우정 이식(四雨亭 李湜) ················· 298
42. 택당 이식(澤堂 李植) ··················· 301
43. 허암 정희량(虛庵 鄭希良) ················· 307
44. 한재 이목(寒齋 李穆) ··················· 315
45. 묵재 홍언필(黙齋 洪彦弼)과 인재 홍섬(忍齋 洪暹) ·· 320
46. 모재 김안국(慕齋 金安國) ················· 323
47. 용재 이행(容齋 李荇) ··················· 326

48. 양곡 소세양(陽谷 蘇世讓) ································ 330
49. 호음 정사룡(湖陰 鄭士龍) ································ 333
50. 신재 주세붕(愼齋 周世鵬) ································ 335
51. 눌재 박상(訥齋 朴祥)과 석천 임억령(石川 林億齡) ··· 338
52. 퇴계 이황(退溪 李滉) ······································ 342
53. 간재 최연(艮齋 崔演) ······································ 351
54. 하서 김인후(河西 金麟厚) ································ 355
55. 임당 정유길(林塘 鄭惟吉) ································ 360
56. 금계 황준량(金溪 黃俊良) ································ 363
57. 습재 권벽(習齋 權擘)과 석주 권필(石州 權韠) ······ 367
58. 고봉 기대승(高峯 奇大升) ································ 372
59. 송암 권호문(松巖 權好文) ································ 375

1. 홍유후 설총(弘儒侯 薛聰)

① 생애(生涯)

신라 경덕왕 때의 대학자로서 字는 총지(聰智), 호는 빙월당(氷月堂)이다. 증조부는 잉피공(仍皮公, 또는 赤大公), 할아버지는 나마(奈麻) 담날(談捺)이고, 아버지는 원효(元曉)이며, 어머니는 요석공주(搖石公主)이다. 경주 설씨(慶州薛氏)의 시조로 기록되어 있다.

처음에는 상문(桑門: 沙門)이 되어 불서(佛書)에 해박하였으나 얼마 후에 환속하여 스스로 소성거사(小性居士)라고 불렀다. 관직은 한림(翰林)에 이르렀으며, 주로 왕의 정치자문역을 했다.

나면서부터 재주가 많았고, 경사(經史)에 박통(博通)하였으며 우리말로 구경(九經)을 읽고 후생을 가르쳐 유학의 종주가 되었다. 중국 문자에 토를 다는 방법인 이두(吏讀)를 집대성하여 그로써 온갖 사물의 명칭을 알도록 하는 한편, 중국 문화의 섭취에 큰 도움을 주었다. 그리하여 신라 십현(新羅十賢)의 한사람이요, 또 강수(强首)·최치원(崔致遠)과 더불어 신라 삼 대문장(大文章)의 한 사람으로 손꼽혔다. 신라 신문왕 때에 국학(國學)을 설립하는 데 주동적인 역할을 하였던 것으로 추측된다.

719년 (성덕왕 18)에는 나마의 관등으로서 감산사 아미타 여래 조상기를 찬하였다고 하나 김부식이 '삼국사기'를 엮을 때 "또 글을 잘 지었는데 세상에 전해지는 것이 없다"고 했다. 한편 오늘날 설총의 분적으로는 우화적 단편 산문인 화왕계(花王戒)가 당시 신문왕을 풍간(諷諫)하였다는 일화로서 '삼국사기' 설총 열전에 실려 있다.

고려 현종 13년(1022) 정월에 홍유후(弘儒侯)라는 시호를 추증받았다. 문묘(文廟) 동무(東廡)에 신라 2현이라 하여 최치원과 함께 종향(從享)되었으며, 경주 서악서원(西岳書院)에 제향 되었다.

② 화왕계 설화(花王戒 說話)

(전략)

신문왕이 한여름 높고 밝은 방에 계시면서 설총을 돌아보고 말하기를,「오늘은 오래 오던 비도 개이고 훈풍이 서늘하게 불어오니, 단지 진수성찬이나 서글픈 음악을 듣는 것보다 고상한 이야기와 멋있는 익살로 울적한 마음을 푸는 것이 좋을 것 같으니 어찌 나를 위해 이야기하여 주지 않겠는가?」하므로, 설총은 말하기를,「신이 듣자니 옛날 화왕<花王: 모란(牧丹)>이 처음으로 오자 이를 향기로운 정원에 심고 푸른 장막으로 보호하였는데, 상춘가절을 맞아 예쁜 꽃을 피우니, 온갖 꽃보다 유달리 아름다웠습니다. 이에 가까운 곳으로부터 먼 곳에 이르기까지 아름다운 정기와 예쁜 꽃들이 분주히 화왕을 뵈려고 달려오지 않은 자가 없었는데 오직 미치지 못할까 염려하였다고 합니다. 이때 홀연히 아름다운 한 사람이 있어 붉은 얼굴에 옥 같은 이에, 깨끗한 옷으로 몸을 단장하고 아장아장 맵시 있는 걸음으로 화왕 앞에 와서 말하기를, "첩은 흰 눈 같은 모래밭을 밟고 거울같이 맑은 바다를 대하고, 봄비에 목욕하여 더러운 때를 씻고, 상쾌하고 맑은 바람을 맞으며 뜻대로 사는데, 이름은 장미(薔薇)라고 합니다. 지금 임금님의 높으신 덕을 듣고 향기로운 침소에서 모실까 하여 찾아온 것이니, 임금님께서는 저를 거두어 주소서" 하였다.

이때 또한 장부(丈夫)가 있어 베옷에 가죽 허리띠를 매고 백발을 휘날리며 손에는 지팡이를 짚고 피로에 지친 걸음걸이로 허리를 굽히고 와서 말하기를, "저는 서울 밖의 큰길가에 사는데, 아래로는 창망한 들 경치를 굽어보고, 위로는 우뚝 솟아 삐죽삐죽한 산악의 경치를 의지하고 있는데, 이름을 백두옹(白頭翁 : 할미꽃)이라고 합니다. 몰래 생각하면 임금님은 좌우에서 온갖 물건을 충족하게 공급하여 고량진미로써 배를 부르게 하고, 차와 술로서 정신을 맑게 한다고 하더라도, 상자 속에는 원기를 도울 좋은 약과 독기를 제거할 극약이 있어야 할 것입니다. 그런 까닭으로 비록 사마(絲麻)로 만든 신이 있더라도 관괴(菅蒯: 왕골과 기령풀)로 만든 신을 버리지 아니하여, 모든 군자들은 모자라는 데 대비하지 않음이 없어야 한다"고 합니다. "임금께서도 역시 이런 뜻이 있으신지 알지 못하겠습니다" 하였답니다. 그런데 어떤 사람이 말하기를, "어떻게 두 사람이 왔는데 누구를 취하고 누구를 버리겠습니까?" 하니 화왕이 말하기를, "장부의 말이 또한 도리가 있으나, 그러나 아름다운 사람을 얻기도 어려우니, 장차 어찌하면 좋을까?"하자, 장부는 다시 앞으로 나아가 말하기를, "나는 임금께서 총명하셔서 옳은 도리를 아실 것이라 생각하는 까닭으로 찾아왔는데 지금 보니 곧 그렇지 않습니다. 무릇 임금 된 분으로서 간사하고 아첨하는 자를 친근하게 하고, 정직한 자를 멀리하지 않는 분이 드물었습니다. 그러므로 맹가(孟軻 : 孟子)는 불우하게 평생을 마쳤으며, 풍당(馮唐)도 낭관(郞官)으로 파묻혀 늙었습니다. 옛날부터 이와 같은데 전들 그 어떻게 하겠습니까?"하니 화왕은 말하기를, "내가 잘못하였다. 내가 잘못하였다"라고 하였다고 합니다.

왕은 그 말을 듣고 쓸쓸한 표정을 지으며 말하기를, 「그대의 우언(寓言)에는 참말 깊은 뜻이 있으니, 청컨대 이를 써두어 임금 된 자의 경계하는 말로 삼으라」고 하고, 드디어는 설총을 높은 벼슬로 뽑아 올렸다.

출전:《삼국사기》권 제46 <설총 열전 제6>

이 글의 내용 중 "차와 약(茶藥)으로 정신을 맑히고"라는 구절은 당시 왕실에서는 차와 약을 애용하였다는 것을 의미함이요, 설총 역시 차를 중요하게 생각하였으므로 신라의 다사(茶史)로 소개한다.

2. 고운 최치원(孤雲 崔致遠)

① 생애(生涯)

고운 최치원은 857년(신라 헌안왕 1년) 경주 사량부(沙梁部)에서 태어났으며 본관은 경주이고 시호는 문창후(文昌候)이다.

12세에 당나라에 건너가 국자감(國子監)에 유학하고, 18세 되던 해 9월 예부시랑 배찬(裵瓚)이 주시(主試)한 공빈과(貢賓科)에 급제하여 진사가 된다. 20세 때 의주 율수현위(宜州溧水縣尉)가 되고 2년 뒤 사직한다. 23세 되던 해 879년 황소(黃巢)의 난이 일어나자 제도행영병마도통고병(諸道行營兵馬都統高騈)의 종사관이 되어 서기(書記)의 일을 맡고, 이듬해 7월 토황소격문<討黃巢檄文>을 지어 문명(文名)을 천하에 떨친다. 그의 26세 때 황제로부터 자금어대(紫金魚袋)를 하사받는다. 고변의 서기로 있으면서 지은 1만여 편의 글 중에서 정수만을 뽑아 「계원필경(桂苑筆耕)」 20권을 만든다.

헌안왕 11년 3월에 귀국하여 시독 겸 한림학사 수병부시랑 지서서 감사(侍讀 兼 翰林學士 守兵部侍郎 知瑞書監事)가 되고 왕명으로 대숭복사 비문(大崇福寺碑文)을 짓는다.

이듬해 886년 당나라에 있을 때 지은 「계원필경」「중산복궤집」 및 시부(詩賦) 3권을 헌안왕에게 올린다. 그 이듬해 1월 대

화엄종불국사비로자나문수보현상찬병서(大華嚴宗佛國寺毘盧遮那文殊普賢像讚並序)를 지으며, 선생의 나이 34세 때 시기하는 자들로 인하여 외직을 지원하여 태인(泰仁), 서산(瑞山) 태수를 거쳐 함양(咸陽) 태수로 부임하여 대관림(上林)을 조성하고 치수를 잘하였으며 덕으로 풍습을 교화하였다. 또한 왕명으로 낭혜화상비문(郎慧和尙碑文)을 짓는다. 895년 7월에는 해인사 묘길상탑기(海印寺妙吉祥塔記)를 짓고 이듬해 나이 40세에 가야산으로 들어간다.

그 후 고려 현종 11년(1020년) 내시령(內侍令)에 추증되고, 문묘에 종사되어 3년 뒤 2월 문창후(文昌候)로 추봉되고, 조선 조에 들어와서 명종 16년(1561년)에 경주에 서원이 세워졌는데, 그 후 1623년 서악서원으로 사액 된다. 광해군 7년인 1615년 태인(泰仁) 무성(武城)에 서원이 세워지는데, 이 서원이 1696년 무성서원으로 사액 되고, 현종 11년인 1670년 함양 백연에 서원이 세워지며, 1755년 영조 31년 대구 해안현(解顔縣)에 계림사(桂林祠)를 세워 영정을 봉안한다.

② 茶人으로서의 면모

사탐청요전장(謝探請料錢狀)의 편지에서 선생은 고국을 떠나 당나라에 있으면서 황소의 난을 진압하러 갔다가 진중에서 고국 신라의 사신 일행이 다녀간다는 소식을 접하고 사신 편에 고국에 계시는 부모님께 차와 약을 구해서 보내고자 급료를 가불 해주기를 요청하자 고변 태위가 이 소식을 듣고 차를 보내 준다. 차를 받고 감사하다는 장계를 다시 올리게 되는데, 이 글에서 최치원의 차에 대한 해박한 지식을 알 수 있다.

 이미 차의 효능을 잘 알고 있었으며, 다기(茶器)들과 차의 산지와 특성까지 훤히 알고 있었다. 또한 차를 어떤 사람들이 좋아하고 어떻게 마셔야 하는지도 잘 알고 있었다. 고변 태위에게 보내준 차에 감사하는 사신다장(謝新茶狀)이라는 글을 지어 올린다.
(출전: 계원필경 상권 권 18)

謝新茶狀 / 새 차를 보내준 데 대하여 사례하는 장문(원문)

 右某 今日中軍使 兪公楚 奉傳處分 送前件茶芽者 伏以 蜀岡養秀 隋苑騰芳 始興採擷之功 方就精華之味所宜 烹綠乳於金鼎 泛香膏於玉甌 若非靜揖禪翁 卽是閑邀羽客豈期仙貺 猥及凡儒 不假梅林自能愈渴 免求萱草 始得忘憂 下情無 任感恩惶懼激切之至謹狀陳謝謹狀

사신다장 해설

최치원은 아룁니다.
오늘 중군사(中軍使) 유공초(兪公楚)가 처분을 받들어 전달하고 전에 부탁드린 차(茶芽)를 보내왔습니다. 엎드려 생각하옵건대 촉산(蜀山)에서 빼어난 기운을 받았고, 수원(隋苑)에서 꽃다움을 날렸으며, 비로서 제다(製茶)하는 공력(功力)을 가하여 바야흐로 정화(精華)로운 맛을 갖추었으므로, 녹유(綠乳: 차)를 금정(金鼎: 차 솥)에 끓이고 향고(香膏: 차)를 옥구

(玉甌: 찻잔)에 띄워야 마땅 할 것입니다.

 만약 고요한 선옹(禪翁)을 모시지 않는다면 바로 한가한 우객(羽客)을 맞아야 할 것이거늘, 뜻밖에 훌륭한 선물이 외람되이 범상한 사람에게 미치오니, 매림(梅林)을 빌려오지 아니해도 절로 능히 갈증이 그치고, 훤초(萱草)를 구하지 아니해도 근심을 잊게 되었습니다.

선생의 사산비명은 유명하며 그 四山碑는,
첫째, 진감선사 대공 탑비는 신라 명승 혜소의 공덕과 법력을 추모하여 진성여왕 원년(887)에 쌍계사 대웅전 앞에 세운 비로 사산비 중에서 유일하게 선생이 비문의 글씨와 제액의 전자까지 썼다.
둘째, 낭혜화상백월보광탑비(국보 제8호)는 성주산파 불교의 개산조인 무염대사의 덕과 법력을 추모한 비로써 진성여왕 4년(890) 충남 보령군 성주면 성주사지에 세운 우리나라 현존 비석 중 최대의 걸작이다.
셋째, 지증대사적조탑비(보물 제138호)는 문경 봉암사에 있으며 경애왕 원년(924년)에 희양산파의 개산조이며 봉암사 창건주인 도헌의 추모비다.
넷째는 대승복사비는 경주시 외동읍 승복사지에 있었던 비로써 진성여왕 원년(887)에 신라 38대 왕인 원성왕의 일대기를 적은 비이다.

智異山 雙溪寺 眞鑑禪師大功塔碑銘 및 序(국보 제47호)

 앞서 중국에서 도통순관(都統巡官) 승무랑(承務郞) 시어사

(侍御史) 내공봉(內供奉)을 지냈으며, 자금어대(紫金魚袋)를 하사받은 신(臣) 최치원(崔致遠), 왕명을 받들어 찬술하고 아울러 전자(篆字)로 제액(題額)을 쓰다.

　대저 도(道)는 사람에게서 멀리 있지 않고, 사람에게는 다른 나라가 없다. 이런 까닭에 우리나라 사람들이 불법(佛法)이나 유학(儒學)을 배우는 것은 필연적이다. 서쪽으로 큰 바다를 건너 통역을 거듭해 가며 학문에 종사할 제, 목숨을 통나무배에 맡기면서도 마음은 서역(西域: 寶州)에 달려있다.

　빈 채로 갔다가 올차게(充) 돌아왔는데, 험난한 일을 먼저 하고 얻는 바를 뒤로하였으니, 역시 보옥(寶玉)을 캐는 자가 곤륜산(崑崙山)의 높음을 꺼리지 않고, 진주를 찾는 자가 바닷물 속의 깊음을 피하지 않는 것과 같았다.

　드디어 지혜의 햇불(慧炬)을 얻었으니 빛이 오승(五乘)을 밝게 하고, 유익한 말(가효: 嘉肴)을 얻었으니, 맛이 육경(六經)에서 배부르게 하였는데, 다투어 많은 사람들로 하여금 선(善)에 들도록 하고, 능히 한 나라로 하여금 인(仁)을 일으키게 하였다. 간혹 배우는 자들이 "석가(身毒)와 공자(闕里)가 교의(敎義)를 베풂에 있어 흐름을 나누고 체재(體裁)를 달리하여, 둥근 구멍에 모난 자루를 박는 것과 같이, 서로 모순되어 한 귀퉁이만을 지키거나 그에 얽매여 있다"고 한다.

3. 남호(南湖) 정지상(鄭知常)

① 생애(生涯)

　정지상(鄭知常; ?~1135)은 고려 인종 때의 시인이자 문신으로 초명은 지원(之元), 호는 남호(南湖)이다. 1114년(예종 9)에는 문과에 급제하여 좌정언(左正言)으로서 척준경(拓俊京)을 탄핵, 유배케 했으며, 1129년 좌사간(左司諫)으로 시정(時政)의 득실을 논하는 소(疏)를 올렸다. 묘청(妙淸), 백수한(白壽翰)의 음양비술을 깊이 믿어 한때 묘청, 백수한 등과 함께 삼성(三聖)이라는 칭호를 받으면서 서울을 서경(西京)으로 옮길 것과 북쪽의 금나라를 정벌하고 고려왕도 황제로 칭할 것을 주장했다. 1130년 지제고(知制誥)로서 왕명을 받아 곽여(郭輿)를 위하여「山齋記」를 지었으며, 그 후 기거랑(起居郞)이 되었다.
　1135년(인종 13)에 묘청의 난이 일어나자 이에 관련된 혐의로 김안, 백수한과 함께 김부식에게 참살되었다. 시에 뛰어나 고려 12시인 중의 한 사람으로 꼽혔다. 역학과 불전에도 정통하고 그림과 글씨에도 능했다. 저서로는『정사간집(鄭司諫集)』이 있다.
　정지상은『삼국유사(三國遺事)』의 현장인 경주 백률사에서 민자천의 샘물로 차를 시험한 일이 있는데, 이를 다음과 같이 읊었다.

② 차시(茶詩)

・栢栗寺西樓 / 백률사의 서쪽 누각

새벽에 일어나 작은 누각 머리에서
발을 말아 올리고 하늘을 쳐다보네.
누각 아래가 곧 계림인데
기괴함을 헤아릴 수 없다네.
늙은 나무에는 연기가 자욱하고
만호의 집 위로 비스듬히 비껴 있네.
흰 구름은 동쪽 산으로 나르고
푸른 물은 서쪽 개울로 달리네.
유별나게 불룩 나온 황금빛 탑은
서로 바라보며 아침 햇볕을 쬐려 하네.
숲은 월성의 가운데 있는데
꽃과 대나무도 지금은 임자가 없네.
부질없이 옛 풍류만 남아 있고
한 곡조의 높은 소리에 춤추네.
최치원 신선을 생각컨데
문장은 중국 땅을 뒤흔들곤 했네.
무명옷으로 가서 비단옷으로 돌아오니
나이는 스물아홉 살도 못 되었네.
흰 옥에 쇠파리가 점 찍히듯
그 시절의 얻는 바 되지 못하였네.
지금도 남산의 복판에는
오직 하나의 남긴 발이 있네.

아득한 9대 후손이
머리 땋고 병졸들의 대오에 끼었네.
불러와서 그 갓을 높게 씌우니
사람들이 어진 사람의 후손임을 알았네.
또한 설총 선생이 있었는데
용과 범처럼 흥성하였네.
방언으로 다섯 경전을 강의하니
학자들이 동방의 공자에 견주었네.
세상에서는 두 군자라 불렀고
이백 두보처럼 이름이 가지런하였네.
시가를 읊조리며 맑은 바람 맞으니
묵은 병까지도 나을 것만 같네.
돌아와서 부처님을 뵙게 되니
빈 법당엔 향 한 자루뿐이라네.
머리를 조아려 우리 임금을 위하여 비나니
만 년이나 하느님의 보우를 받으소서.
생각건대 진리의 오묘하고 맑은 거울,
그대는 이내 마음을 아는지 모르는지.
민자천으로 차를 시험하니
사발의 탕 면에 구름 같은 젖빛 거품이 피었네.
수옹의 시를 세 번 되풀이하니
벽에는 가득 구슬 토해 놓은 듯.
근심이 없으니 더욱 즐겁고
이 즐거움 어찌 옛것이기만 하리.
일산을 날리며 솔 문을 내려오니
솔 문의 해는 대낮일세.

晨興小樓頭　捲箔觀天字
樓下卽鷄林　奇怪不可數
老樹煙濛濛　橫斜一萬戶
白雲飛東山　綠水走西浦
突兀黃金刹　相望朝欲照
有森月城中　花竹今無主
空餘古風流　一曲高聲舞
記憶崔儒仙　文章動中上
糸往錦遠鄉　年未二十九
白玉點蒼蠅　不爲時所取
至今南山中　唯有一遺圃
邈哉九歲孫　結髮混率伍
喚來峩其冠　人識賢者後
亦有薛先生　蔚然龍如虎
方言講五經　學者比東魯
俗呼二君子　齊名同李杜
嘯咏臨淸風　宿疲猶可愈
竭來謁金仙　虛堂香一炷
稽首祝吾君　萬年受天祐
想像妙明鏡　知子此心否
試茶閔子泉　甌面發雲乳
三復壽翁詩　濁壁酒璣吐
樂哉無所憂　此樂何太古
飛盖下松門　松門日卓午

4. 노봉 김극기(老峯 金克己)

① 생애(生涯)

선생(1148-1209)의 본관은 경주이고 호는 노봉(老峯)이다. 어려서부터 문명(文名)이 높았고, 입을 열면 시가 나왔다고 한다. 문과(文科)에 합격하였으나 관직에 뜻이 없어 그대로 초야에 묻혀서 살며 시(詩)를 즐겼다. 명종 때 학행(學行)으로 한림원(翰林院)에 보직되었으나 얼마 후 죽었다. 고려말엽에 간행된 《삼한시 귀감(三韓詩 龜鑑)》에 따르면 그의 문집이 150권이나 될 정도로 많은 글을 썼고 당시를 대표할 만한 시인이었다. 저서에 《김거사집(金居士集)》이 있다.

② 차시(茶詩)

• 龍灣雜興 / 용만의 이런저런 흥취

높디높은 妙高山 봉우리는
벽처럼 천 길이나 곧게 섰구나.
우연히 수풀 밑의 중을 찾아서
허공에 푸른 구름 밟았네.

그를 따라 벽 사이에 쓰인 시를 엿보매.
다섯 글자가 모두 격식에 맞았네.
비로소 알겠구나, 방외의 객이
나보다 먼저 지나갔음을
그는 틀림없이 맑고 높은 사람
찻자리 함께 못한 것 한스러워라.
속절없이 천년 뒤에
슬프게 그윽한 자취를 조상하게 하누나.

巖巖妙高峰　壁立千丈直
偶尋林下僧　空畔躡雲碧
因窺壁間詩　五字皆破的
始知方外[1]客　先我已探歷
斯人定淸曠　恨不同茗席
空令千載下　慷慨弔幽迹
　　　　　　(東文選)

• 黃龍寺條 / 황룡사의 조목에 들어 있는 시

불꽃 살려 향기로운 차를 시험해 달이니
꽃무늬 오지 사발에 흰 젖빛(乳華) 뜨네.
향기롭고 달아서 맛은 더욱 뛰어나며
한 모금 마시니 백 가지 근심이 비워지네.
저무는 풍경이 들판의 숲에 들고
긴 행랑에는 법고가 울리네.

---

1) 方外: 세속의 법도를 초월한 것.

22 · 茶人列傳(1)

근본이 정밀하니 온갖 형상이 아리따운데
붓을 잡아 음영((吟詠) 하기 더욱 어렵네.

活火試芳茶　花甕浮白乳
香甛味尤永　一啜空百慮
暮色入平林　長廊鳴法鼓
才微萬象驕　挹筆吟尤苦
　　　　(新增東國輿地勝覽)

• 安和寺 / 안화사

어찌 알았을까 한번 웃고 빛난 모습 서로 대하여
종일토록 흐뭇한 마을 즐겁게 자리에 마주 앉았네.
입계의 푸른 차를 惠山泉으로 끓이니,
사발에 쏴쏴 하며 솔바람 소리 불어오누나.

豈期一笑粲相接　終日陶陶歡對榻
立溪綠茗惠山泉　甌面松風吹漂漂
　　　　(新增東國輿地勝覽)

• 龍檯寺 / 용장사

자리 떨치니 부채 잡기 게으르고
화로 안으니 가죽옷 벗고 싶네.
월랑에는 죽고가 울리는데
풍탑 에서는 찻사발이 출렁인다.

문득 노악 도연명을 가지고
도리어 섬계 왕자유(王子有)가 되려 하네.
동구에서는 누가 서로 보내 주나.
오직 골짜기로 나오는 회오리바람뿐이다.

拂箪懶攜扇　環鑪思脫裘
月廊轟粥鼓　風榻漱茶甌
却將盧嶽靖　還作剡谿猷
洞口誰相送　唯殘出谷飂
　　　(新增東國輿地勝覽)

• 題詠條 / 제영

귤은 서리 뒤에 맛을 더하고
茶는 불 앞에서 향기를 풍기네.

橘添霜後味　茶養火前香
　　　(新增東國輿地勝覽)

• 寒松亭 / 한송정

외로운 정자가 바다에 임해 봉래산 같으니
지경이 깨끗하여 먼지 하나 용납지 않네.
길에 가득한 흰 모래는 자국마다 눈(雪)인데
솔바람 소리는 구슬 패물을 흔드는 듯하네.
여기가 네 신선이 유람하던 곳

지금에도 남은 자취 참으로 기이하네.
주대(酒臺: 술자리)는 기울어 풀 속에 잠겼고
다조(茶竈)는 연락(煙落)하여 푸른 이끼 끼었네.
양쪽 언덕 해당화는 헛되이
누굴 위해 지며 누굴 위해 피는가.
내가 지금 경치를 찾아 그윽한 흥취대로
종일토록 술잔을 기울이네.
앉아서 심기(心機)가 고요하여 물(物)을 모두 잊었으니
갈매기들이 사람 곁에 날아내리네.

孤亭枕海學蓬萊　境淨不許栖片埃
滿徑白沙步步雪　松聲淸佩搖瓊瑰
云示四仙縱賞地　至今遺迹眞奇哉
酒臺欹傾沒碧草　茶竈今落荒蒼苔
雙岸野棠空飮餞　向誰凋謝向誰開
我余探歷放幽興　終日爛傾三雅杯
坐知機盡已忘物　鷗鳥傍人飛下來
　　　　　(新增東國輿地勝覽44卷)

・薄金川 / 박금천

한 줄기 빠른 내가 근원을 발한 곳은
인가가 끊어진 유산(乳山) 기슭
달고 시원한 맛이 차 달이기에 알맞아
다른 사람들이 떠들며 길어가네.

一道飛川始發源　紅衢斷處乳山根
甘凉氣味宣烹茗　苦被都人汲引喧

한 물줄의 근원이 어딘가
유산 아래 흰구름 이는 바위.
차 달이려 곳곳에서 서로 길으니
오는 이 가는 이 종일토록 떠든다.

一水來從何處源　乳山山下白雲根
試茶處處人相汲　人去人來盡日喧
　　　　　　(新增東國輿地勝覽)

　선생의 용만잡흥(龍灣雜興)이란 차시가 동문선에 실려 있고, 신증동국여지승람에도 여러 차시가 보인다. 위에 소개한 시는 여러 지역을 돌면서 읊은 시 중에서 몇 편을 소개했다.
　안화사시(安和寺詩)에서 스님과 차를 마시며 대화하는 모습이 정겹게 그려져 있고, 찻잔 위에 송풍(松風)이 쏴쏴 한다는 표현은 그가 차의 달인이었음을 말해 준다.
　선생은『귤은 서리 뒤에 맛을 더하고, 차는 불 앞에서 향기를 풍기네.』라고 차와 귤에 대하여 읊기도 하였다.
　또한 그의 차시에는 혜산천(惠山泉: 宋나라 때의 歐陽修가 차 끓이던 샘물)과 박금천(薄金川)이란 당시 유명했던 찻물에 대한 구절이 있는데, 하나 같이 좋은 물맛으로 유명했던 곳이다. 유산 기슭에서 솟아나는 박금천 물은 달고 시원하여 차 달이기에 알맞은 물로서 분주하게 물을 긷는 풍경을 그려 놓아 당시의 유행하던 차 마시는 풍속을 알게 해 준다. 좋은 차가 좋은 물을 만나고, 좋은 사람과 더불어 차를 마신다면 참다운 맛(眞味)이 나는 것이다.

• 泰仁龍藏寺 / 태인 용장사

이인이 일찍이 지팡이 걸어 두고
용혈에 명수를 부쳤다네.
삼명을 다 깨달은 뒤
삼범(三梵)은 거의 기쁨과 시로 통한다네.
아침 범종은 항상 배냇 귀머거리 놀라게 하고
저녁 등은 늘 그윽함을 깨뜨리네.
번뇌의 기는 해탈하는 생각에서 달아나고
뛰어난 경치 궁구하고 찾아 이르네.
삿자리 떨치니 부채 잡을 의욕 없고
화로 둘러싸니 가죽옷 벗고 싶네.
행랑에는 공양 때 알리는 북 올리고
바람 쐬는 걸상에는 찻사발 물이 넘치네.
여악의 도연명(陶淵明)으로서
도리어 섬계의 왕자유(王子猷)가 되려네.
동구에서는 누가 서로 보내주마
오직 모질게 나오는 골짜기의 회오리바람뿐이라오.

異人曾掛錫　龍穴寄冥修
三明終得後　三梵庶延休
朝梵鎭驚瞶　夕燈長破幽
煩機逃淨想　絶景赴窮搜
拂簟懶携扇　環爐思脫裘

月廊轟粥鼓　風榻漱茶甌
却將廬嶽靖　還作剡溪猷
洞口誰相送　唯殘出谷颷

• 寒松亭 / 한송정

신선들 떠나고 송정만이 남았는데
산속엔 돌 부뚜막 그냥 있구나.

仙去松亭在　山藏石竈存

  이 시를 통해 12세기에 차 끓일 때 썼던 다조(茶竈)가 한송정에 버려진 채 남아 있었음을 확인할 수 있다. 이 돌 부뚜막은 14세기에도 있었다. 1349년에 이색(李穡)의 아버지 이곡(李穀)이 동해안 지방을 여행하고 쓴 『동유기(東遊記)』에는 사선(四仙)이 쓰던 다구에 대한 상세한 설명이 첨부되었다.

5. 서하 임춘(西河 林椿)

① 생애(生涯)

고려시대의 대 문장가 서하(西河) 임춘(林椿)의 생존 연대는 정확하지 않으나, 여러 사료를 참고해 보면 1150년(고려 毅宗 4년) 전후하여 출생하여 1196년(明宗 26) 47세까지 산 것으로 추정된다.

서하집의 기몽(記夢)에 시(詩)로써 세상에 이름을 날린 지가 30년이 되었다고 하였다. 15세부터 시로 명성(詩名)을 떨쳤다고 하여도 30년이면 45세쯤에 기몽을 쓴 것으로 볼 수 있고, 이인로가 선생의 유고를 모아 편집을 완성하고 『서하선생집』이라 이름을 붙인 시기가 1216년인데, 편집을 완성하면서 임춘이 세상을 떠난 지 꼭 20년이 되었다고 하였다. 그 후 이 원고는 당시의 실권자 최우의 손에 들어가 1222년 판각이 완료되어 세상에 빛을 보게 되었다.

서하 임춘은 좌의정을 지낸 임광비의 아들이며, 그의 큰아들인 예천임씨 시조 임충세는 동부상서로 예천을 관향으로 삼았다. 그는 강좌칠현의 한 사람으로 시와 술로 세월을 보냈으며 당시(唐詩)에 뛰어났다. 두 편의 가전체(假傳體) 소설 『국순전(麴醇傳)』과 『공방전(孔方傳)』이 전한다.

② 차시(茶詩)

• 茶店晝睡 / 다점에서 낮잠

몸을 던져 평상에 누워 문득 이 몸 잊었더니
한낮 베개 위에 바람 부니 잠이 절로 깨는구나.
꿈속의 이 몸은 머물 곳이 없었네.
건곤이란 도무지 이 한 장정인 것을

빈 다락에 꿈을 깨니 바로 녁 점일세
흐릿한 두 눈, 멀리 봉우리 보노라.
누가 알리, 유인의 한가한 멋을
한 자리 봄 잠이 천종(千鍾)에 맞먹느니.

頹然臥榻便忘形　午枕風來睡自醒
夢裏此身無處着　乾坤都是一長亭

虛樓夢罷正高春　兩眼空濛看遠峯
誰識幽人閑氣味　一軒春睡敵千鍾
　　　　　　　　　(東文選)

　불우한 삶을 살다가 간 천재 시인 임춘(林椿)의 이 차시를 보면 고려의 다점은 차도 마시고 쉬어가면서 낮잠도 한숨 잘 수 있는 곳 있었던 것 같다. 고려 때 주점(酒店)과 다점(茶店)이 있었는데, 차를 팔고 마시는 곳인 다방을 당시에는 다점이라 불렀다. 1,000년 전의 다점은 어떤 곳이었을까?

• 密陽題詠 / 밀양을 읊음

송, 죽, 국은 팽택 삼경처럼 무성하고
인파는 악양루를 요동하게 하네.
산이 깊어 새 지저귀고
하늘과 물은 푸르고 넓구나.
산이 푸르고 새 경계를 열고
호수가 맑아서 분단장한 듯
하늘답게 나무 장막이 늘어섰고
눈이 날려 茶 가지에 아롱거리네.

松菊荒彭澤　煙波動岳陽
山深禽格磔　天與水蒼茫
岫碧開新障　湖晴倚淡粧
際天排樹幄　拂雪裊茶槍
　　　　　(新增東國輿地勝覽)

• 謝了惠首座惠糧 / 요혜 수좌가 양식을 보내줌에 감사하며

허리띠 늦추고 빈 구덩이 메우듯 달게 먹고서
일곱 주발 향기로운 차 마시니 더욱 만족해.
맑은 바람 두 겨드랑이에 스멀스멀 일어
이를 타고 진계 찾아 세속을 떠난다네.

緩帶甘飧若塡塹　七椀香茶飮更足

習習淸風兩腋生　乘此朝眞謝塵俗

③ 다방은 정부의 한 기관이었다.

　우리나라에 커피는 언제 들어왔고, 다방은 언제 생겼을까? 청일전쟁에서 승리한 일본은 명성 황후를 시해하는 등 횡포가 심해지자 고종은 1896년 2월 러시아 공사관으로 피신하는 아관파천이 있었다. 고종은 그 1년여 동안 러시아 여인 손탁(Sontag)의 음식 시중받으며 색다른 차를 마시게 되는데 이것이 곧 커피였다.

　당시에는 가배차(嘉俳茶)라고 불렀고, 우리나라 최초로 커피를 마신 분이 고종이었다. 환궁하여 덕수궁으로 돌아온 고종은 손탁에게 정동구락부를 하사했고, 손탁은 1902년 그곳에 손탁호텔을 짓고 가배차(커피)를 파는 다방도 함께 문을 열었다.

　이곳이 서울 최초 커피점인 다방이었다. 그러나 정작 다방(茶房)은 궁중의 약과 함께 꽃, 과일, 술, 채소 등을 관리하던 곳이다. 고려시대에는 국가적인 행사인 연등회와 팔관회, 사신의 접대 시에 차를 올리는 진다(進茶) 의식이 있었고, 이런 차와 관련된 업무를 다방에서 수행했다. 이는 조선시대에도 계승돼 다례(茶禮)로서 정착됐다. 고려의 다방은 지금의 다방과는 격이 다른, 정부의 한 기관이었다.

6. 쌍명재 이인로(雙明齋 李仁老)

① 생애(生涯)

 선생(1152~1220: 의종 6~고종 7)의 자는 미수(眉叟)이고, 호는 쌍명재(雙明齋)이며, 본관은 인천(仁川)이다. 인천 이씨의 시조는 고려 현종 때 상서좌복야(尙書左僕射)를 지낸 허겸(許謙)이다. 가락국 수로왕의 아들 중 허황후의 성을 딴 허씨(許氏)가 있는데, 신라 경덕왕 때의 허기(許奇)가 당 현종 때 사신으로 입당하여 안록산의 난에 현종을 호위 한 공으로 사성(賜姓) 되어 이씨(李氏)가 되었다고 전한다. 이허겸은 허기의 10세손이며 그때까지는 이허복성(李許複姓)으로 쓰다가 이허겸(李 許謙)을 관조(貫祖)로 삼고부터 단성(單姓)이 되었다.
 인천 이씨의 중추적 인물은 허겸의 손자인 자연(子淵)이 있다. 그의 딸 셋이 모두 문종의 비가 됨으로써 세력을 장악하고 문하시중을 지냈다. 그의 맏딸 인예왕후(仁睿王后)의 소생들이 순종·선종·숙종 등 차례로 왕위에 올랐고, 또 대각국사(大覺國師) 의천(義天)도 인예왕후의 소생이다.
 선생은 허겸의 둘째 손자 자상(子祥)의 계통인데 허겸의 7세손으로 당대의 대학자이다. 화엄승통 요일(寥一)의 밑에서 유교 전적과 제자백가서 등을 배웠고 그의 문풍은 한유(韓愈)의 고문을 따랐으며, 시에 있어서는 소식(蘇軾)을 사숙하여 시문(詩文)뿐만 아니라 글씨에도 능해 초서(草書), 예서(隸書)에 특출하였다고 한다.

1170년 (의종 24) 정중부(鄭仲夫)가 무신의 난을 일으키고 문관을 배척하자 머리를 깎고 입산했다가 뒤에 환속하여 1180년(명종 10) 진사과에 장원급제, 계양관기(桂陽管記)에 보직되었다. 직사관을 거쳐 14년간 한림원에서 고원(誥院)에 이르기까지 조칙(詔勅)을 지으면서도 시작(詩作)을 계속하였으며, 예부원외랑(禮部員外郞), 비서감(秘書監), 우간의대부(右諫議大夫)를 지냈다. 당대의 학자 오세재(吳世才)·임춘(林椿)·조통(趙通)·황보항(皇甫抗)·함순(咸淳)·이담지(李湛之) 등과 망년우(忘年友)를 맺고 시와 술을 즐겼는데 이들을 강좌칠현(江左七賢)이라 하였다. 그는 고려의 대표적 문인의 한 사람으로 문장이 뛰어났으며 저서로 《은대집》《쌍명재집》《파한집(破閑集)》이 있지만 《파한집》만 전한다.

② 차시(茶詩)

　고려는 말차(末茶)가 유행하던 시기였다. 말차(末茶: 가루차)는 차를 불에 쬐어 굽고 종이에 싸서 다듬잇돌에 얹어 놓고 방망이로 분쇄한 후 차 맷돌로 갈아서 가루를 만든 다음 비단 체로 곱게 친 후 찻사발(茶碗)에 넣고 끓인 물을 부어 차 솔(茶筅)로 저어서 거품이 나게 하여 마시는데 이것을 점다법(點茶法)이라고 한다.
　선생이 살았던 때는 말차가 유행하던 시절이라 왕실이나 귀족층, 사원에서 다마(茶磨)로 차를 가는 풍속이 유행하던 시기였다.
　사원의 풍경(風磬)마저 흔들리지 않는 고요한 어느 날 개미떼가 줄을 지어 느릿느릿 움직이는 한가롭고 평화로운 산사에서 스님이 맷돌을 돌리면서 차를 갈고 있다. 자재(自在)와 해탈의 삼매경에 든 스님의 얼굴에는 법희선열(法喜禪悅)이 가득 넘친다. 맑은 하늘에 우레 소리 요란하고 눈발이 휘날리는 경지는 선(禪)의 세계다.

　차 맷돌을 돌리며 차를 가는 스님의 한가로운 모습에서 선의 경지를 발견할 수 있는 눈이란 누구에게나 있는 것은 아니다. 젊은 시절 출가한 경험이 있었던 이인로였기에 가능했는지 모른다.

• 僧院茶磨 / 승원에서 차를 갈며

풍경도 울지 않고, 개미행렬 느릿느릿
월부(月斧) 휘두르니 옥색 가루 날리네.
법희(法戲)는 참다운 자재(自在)로부터 오고
밝은 하늘에 우레소리, 눈발도 휘날리네.

風輪不管蟻行遲　月斧初揮玉屑飛
法戲從來眞自在　晴天電吼雪霏霏

• 千古仙遊遠 / 천고에 사선 노닐던 곳 멀고

까마득한 옛적에 사선 노닐던 곳
푸르던 소나무 우뚝 서 있네.
차샘 속 달 만이 그때 그 시절
어렴풋하나마 생각게 하네.

千古仙遊遠　蒼蒼獨有松
但餘泉底月　髮髮相形容

　이인로는 옛적 사선(四仙)이 놀던 寒松亭에서 이처럼 차샘을 노래하고, 그를 따르던 삼천 명의 무리가 각각 한 그루씩 심은 소나무가 지금도 창창하여 마치 구름 같다고 노래했다.

7. 백운거사 이규보(白雲居士 李奎報)

① 생애(生涯)

　이규보(李奎報: 1168-1241)는 고려 의종(毅宗) 11년 황려현(黃驪縣), 즉 현재의 여주에서 호부낭중(戶部郎中) 이윤수와 금양군인(金壤郡人) 김씨 부인 사이에서 태어났다. 初名은 인저(仁氐) 이었으나. 기유년(1189) 사마시(司馬試) 때 꿈에서 규성(奎星)이 과거에 오를 것을 알리더니 과거에 합격했으므로 규성(奎星)의 보응(報應)이라 하여 규보(奎報)라고 이름을 고쳤고, 뒤에 선적에 끌려 호를 백운거사(白雲居士)라 하였으며 다시 백락천(白樂天)의 풍류에 따라 스스로 시금주삼혹호선생(詩琴酒三酷好先生) 이라고도 하였다.
　희종(熙宗) 3년 그의 나이 40세 되던 해 12월에 한림(翰林)으로 들었으며, 강종(康宗) 원년 1월에 천우위녹사참군사(天牛衛錄事參軍事)에 제수되고, 1215년 최충헌(崔忠獻)에게 시를 올려 참직계(參職階)에 제수되기를 구하여 우정언지제고(右正言知制誥)를 제수받아 좌우사간(左右司諫)을 역임한다.
　고종 19년(1232) 4월에 보문각학사(寶文閣學士)로 기용되고, 이듬해 상부(相府)로 들어 지문하성사 호부상서 집현전태학사 판예부사(知門下省事 戶部尙書 集賢殿太學士 判禮部事)에 제수된다.

1235년 (68세) 10월 표(表)를 올려 퇴직을 청하나 뜻대로 되지 않고, 70세에 거듭 사직을 청하니 고종은 수태보문하시랑평장사 수문전태학사 감수국사 판예부사 한림원사 태자태보(守太保門下侍郎平章事 修文殿太學士 監修國史 判禮部事 翰林院事 太子太保)로 치사(致仕)하게 하였으니, 이때 대장경 각판군신기고문(大藏經 刻板君臣祈告文)을 지었다.
　고종 28년(1241) 7월에 병을 얻었을 때 최이(崔怡)는 이규보가 지은 시를 모아 판각하게 하였으나 자기의 문집을 보지도 못하고 74세로 9월 2일 운명하였다. 시호를 문순공(文順公)으로 봉하고 그해 11월 6일 진강산(鎭江山) 동쪽 기슭에 장사지냈으니, 지금도 강화읍에서 전등사로 가는 길목 목비(木碑) 고개에서 숲으로 300m쯤 가면 그의 묘가 있다.

② 차시(茶詩)

• 聆公見和復次韻答之 / 영공의 화답을 받고 다시 같은 운자를 써서 화답함.

바위 밑을 죄다 차지하여 작은 암자 얽었는데
담장이와 여라가 벽을 따라 띠집 처마에 걸렸네.
서늘한 저녁 초승달이 문틈에 기울고
고요한 밤 맑은 바람이 절로 발을 걷네.
절에서는 갈무리한 용귀 버섯 맛을 즐기고
스님 자리니 호랑이 꼴 소금은 쓰지 않네.
차 이야기 마치기 전에 술 마시기로 돌아가니

산뜻하고 깨끗하며 질펀함이 문드러졌구나.

占斷巖根結小庵　薜羅綠壁掛茅簷
晚凉新月偏窺戶　夜靜淸風自卷簾
山味好烹龍耳菌　僧筵不用虎形鹽
茶談未罷還浮白　蕭洒中間闌熳兼

  고려의 무신정권 시절을 살았던 이규보는 무척이나 술을 좋아했지만 때로는 차로써 마음의 때를 씻던 차인 이기도 했다. 그에게 철병(鐵甁)을 선물 한 이도 있었고, 다마(茶磨)를 보내 주는 이와 햇차를 보내주는 이도 있었다. 뿐만이 아니라 차시(茶詩)를 서로 주고받기도 했고, 사찰에서는 차를 대접받기도 했다. 이때는 사원과 귀족들 사이에 차를 마시는 풍속이 상당히 유행했으나, 차를 구하기는 어려운 일이었다. 어느 날 일암거사(逸庵居士) 정군분(鄭君奮)이 햇차를 보내 주었으므로 두수의 시를 지어 사례했다.

• 遊天和寺飮次用東坡詩韻 / 천화사에서 놀며 차를 마시고 소동파의 시운을 쓰다.

오로지 지팡이로 녹태전을 뚫어 깨니
시냇가에 졸던 청둥오리 놀라 깨네.
차 달이는 삼매경의 솜씨에 힘입어
반 사발의 눈 같은 찻물은 번민과 근심을 씻노라.

一拱穿破綠笞錢　驚起溪邊彩鴨眠

賴有點茶三昧手 半甌雪液洗煩煎

• 得南人所餉鐵瓶試茶 / 남쪽 사람이 준 철병을 얻어 차를 시험함

센 불로 강한 쇠 녹여 내어
이같이 완고하고 굳은 것을 쪼개어 만들었네.
부리는 갸름하여 학이 우러러 돌아보는 듯하고
불룩한 배는 개구리가 노여움을 내뿜듯
손잡이는 뱀 꼬리처럼 꼬부라지고
모가지는 오리목에 혹이 생긴 듯
입 좁은 항아리처럼 움푹하니
다리 긴 솥보다 편안하다네.
내 문원의 재주 없으면서
한갓 문원의 병만 얻었으니
오직 차 찾는 것만 생각하고
이미 주성 되기 멈췄다.
비록 양자강의 물은 없지만
다행히 건계의 차는 있으니
시험 삼아 사내 중놈 불러서
차가운 우물물 길어와
벽돌 화로에 손수 달이노니
밤 누각에 등불 반짝이네.
처음에는 마치 목멘 소리 같더니
점점 생황 소리 길게 나네.
삼매의 솜씨 이미 익었으니
일곱 잔의 맛인들 어찌 물리치랴.

이로써 낙을 삼기에 넉넉한데
어찌 날마다 술에 취하랴.

猛火服悍鐵　劑作此頑哽
喙長鶴仰顧　腹脹蛙怒甹
柄似蛇尾曲　項如鳬頸癭
窪却少口甌　安於長脚鼎
我無文園才　徒得文園病
唯思喚酪奴　己止中酒聖
雖無楊江水　幸有建溪茗
試呼平頭僕　敲波寒氷井
塼爐手自煎　夜閣燈火焖
初如喉聲焖　漸作笙韻永
三昧手己熟　七勤味何並
特此足爲樂　胡用日酩酊

• 卜居鶯溪偶書草堂閑適　敍兩家來往之樂　西鄰閣敎 / 鶯溪에 살며 우연히 초당의 한적함을 쓰고 겸하여 두 집이 서로 오가던 즐거움을 서술하여 서편 이웃의 있는 양각교에게 주다.

앵계에 와서 거처하니
곡령이 마루에서 마주 보이네.
늙은 전나무는 남쪽 골목에 울창하고
푸른 소나무 조그만 담장에 덮였네.
뽕과 삼이 들 가득하고
울타리는 산마을을 실감케 하네.
창문은 선궁의 탑을 마주 보고

누각은 주점 문에 임해 있네.
복숭아나무 옆에 푸르른 대를 심고
가시나무 베어내고 꽃다운 향 풀을 보호한다네.
차에 도취했던 육우(陸羽)를 닮아 가고
밭농사 배우려던 번지(樊遲)가 되고 싶네.
거나한 주흥(酒興)으로 세월을 보내고
흠뻑 취하여 세월을 보내려 하네.
무너진 벽엔 굳은 이끼 끼었고
텅 빈 뜰엔 잡초만 우거졌네.
어지러이 펼쳐진 천 권의 서책 속에
편복으로 한 몸 의젓이 있고
상자에는 가늘게 쓰인 책이 가득하고
장대에는 쇠코잠방이가 걸려 있네.
훌륭하다 그대의 적당한 마음
언제나 나의 마음 끌게 하는구려.
검은 사모는 반쯤 벗겨 쓰고
백옥 잔을 자주 기울이며
담소(談笑)가 무르익다 보니 밝은 달 기울고
바둑을 마치고 나니 푸른 산 어두워지네.
약포(藥圃)에 물 줄 적엔 한 우물 사용하고
오이 모종할 땐 전원(田園)을 함께하려 하네.
문사(文詞)는 움키는 호랑이의 기세를 과시하고
금곡은 날아가는 고니의 슬픔을 노래했네.
주렴밖엔 미풍이 불고
처마 앞에는 해가 한창 따스하네.
꾀꼬리는 노래 소리 조절하고
나비는 꽃 그리던 숙원을 푸는구나.

그대 부디 이곳을 찾아주게
시끄러운 세상 원만히 피할 수 있다오.

鶯溪來卜宅　鵠嶺正當軒
老檜森南巷　靑松覆小垣
桑麻饒野壟　籬落似山村
窓對禪宮塔　樓臨酒店門
傍挑裁翠竹　剪棘護芳蓀
漸作顚茶陸　甘爲學圃樊
沈酣消日月　曠坦老乾坤
壞壁頑苔合　空庭旅草繁
亂書千卷裏　便腹一身尊
篋有蠅頭字　竿懸犢鼻褌
多君心個儻　許我日攀援
半脫烏紗帽　頻斟白玉樽
語闌明月側　棋罷碧山昏
灌藥常同井　移瓜欲共園
詞場誇攫虎　琴曲弄離鵾
箔外風微颺　檐前日正暄
鶯調啼柳舌　蝶雪戀花冤
來往君何憚　猶堪避世喧

• 宿雙嶺 / 쌍령에 묵으며

우거진 숲속으로 들어가니 해지는 것 겁나는데
홀연히 개 짖는 소리 들리니 인가 있음을 알겠구나.
외로운 마을에도 도적이 두려워 오히려 창을 비끼고

옛 사원에서 승을 만나 잠깐 차를 맛본다오.
만 리에 돌아가는 구름은 한가하게 학을 보내고
시내의 높은 버들에는 고요하게 까마귀 깃들었네.
이 몸이 마침내 강산의 주인이 되리니
황효(黃驍)가 영가와 같단 말 들었노라.

路入荒榛怯日斜　忽聞啼犬認人家
孤村畏盜猶橫戟　古院逢僧暫試茶
萬里歸雲閑送鶴　一溪高柳靜藏鴉
此身會作江山主　聞道黃驍似永嘉

- 八月二日 / 8월 2일

선방에서 밥을 먹고 잠깐 차를 마시었는데
산 중턱의 붉은 햇살이 벌써 서쪽으로 비끼었네.
앉아서 뜰 가의 사람에게 길든 학을 부르고
누워서 문 앞에 도적을 경계하는 거위 소리를 듣네.
수많은 버들 그림자 속에는 남북으로 길이 갈라지고
한 시내 건너편에 두세 집이로다.
갑자기 시구를 얻으면 벽에 쓰며
사리에게 말을 전하노니 사(紗)로 덮지 마오.

食罷禪房暫啜茶　半山紅日已西斜
坐呼階畔馴人鶴　臥聽門前警盜鵝
萬柳影中南北路　一溪聲外兩三家
卒然得句聊題壁　奇語闍梨莫冪紗

• 宿瀕江村舍 / 강가 마을에서 묵으며

강가에 방랑하여 스스로 형체를 잊고
날마다 갈매기와 친하여 물가로 가네.
묵은 서적은 다 흩어지고 약보가 남았고
남은 저축을 점검해 보니 茶經이 있네.
흔들리는 나그네 마음 바람 앞의 기와 같고
떠다니는 외로운 종적 물 위의 마름이로세.
장안의 예전 친구에게 부쳐 사례하노니
객중의 두 눈이 누구를 위하여 푸르렀느뇨.

江邊放浪自忘形　日狎游鷗傍渚汀
椷盡舊書留藥譜　撿來餘畜有茶經
搖搖旅思風前纛　泛泛孤蹤水上萍
寄謝長安舊知己　客中雙眼爲誰靑

• 憩施厚館 / 시후관에서 쉬다

평소에 문원 병이 있었는데
한여름에 다시 멀리 유람한다네.
시험 삼아 한 사발의 차를 맛보니
얼음과 눈이 내 목으로 들어가네.

舊有文園病　盛夏復遠遊
試嘗一甌茗　氷雪入我喉

• 復和 / 다시 화운함

깊은 밤 종소리 댕그랑 울릴 제
그대여 삼어2)로서 같고 다름 말해 주오.
오랜 세월 도를 닦았으나 자신도 구제하기 어렵고
한번 슬쩍 보고 나니 모두가 허사일세.
한자(韓子)의 이조부(二鳥賦)는 듣기가 싫고
장생의 이충설(二蟲說)3)엔 몹시 기뻐하네.
타오른 불에 향기로운 차는 참으로 도의 맛이고
흰 구름과 밝은 달은 곧 가풍이었네.
생공(生公)4)의 법설은 말 기운이 날카롭고
열자(列子)의 어풍(御風)5)은 육신이 해탈됨일세.
우연히 만나 서로 잊고 뜻을 펴니
당일의 늙은 방공(龐德公)에 부끄럽지 않구려.

夜深蓮漏響丁東　三語煩君別異同
多劫頭燃難自救　片時目擊摠成空
厭聞韓子題雙鳥　深喜莊生說二蟲
活火香茶眞道味　白雲明月是家風
生師演法機鋒說　禦冠乘風骨肉融
邂逅忘形聊得意　不慙當日老龐公

---

2) 삼어(三語): 사도(司徒) 왕융(王戎)이 완첨(阮瞻)을 처음 만나 성인(聖人)의 명교(名敎)와 노장(老莊)의 차이점을 물었을 때, 완침이 "아마 같지 않을 것이다(將無同)."라고 대답하자, 왕융이 한동안 감탄하다가 추천하여 관속으로 삼았으므로 사람들이, 세 마디 대답으로 얻어진 연(三語掾)이라고 했다.《晉書 阮瞻傳》
3) 이충설(二蟲說):《장자(莊子)》소요유(逍遙遊)에 "조그만 매미와 비둘기가 어찌 큰 붕새의 뜻을 알겠느냐."고 한 논설을 말한다.
4) 생공(生公): 양(梁)의 고승(高僧) 도생(道生)을 말한다.
5) 어풍(御風):《장자(莊子)》소요유(逍遙遊)에 "열자(列子)가 바람을 타고 날아 다녔다."고 하였다.

• 又分韻得嶽字 / 다시 운을 나누다가 '嶽'자 운을 얻다.

성동의 작은 움막집에 살면서
추위가 무서워 머리를 파묻고 지내네.
어쩌다 흥이 나서 성 밖에 나가면
석 자 깊은 눈에 다리가 묻히누나.
절간에 와서 툭툭 문을 두드리니
한 마디 기침 소리가 골짜기에 메아리치네.
문안에 드니 대각을 본 듯 아찔하고
마치 소공을 보러 선각을 따르는 듯하네.
숲 사이로 불 놓으니 사는 새 떨어지고
목마른 사람 茶 찾기를 샘물 말릴 듯이.
이 속에서 하룻밤 즐겁게 지냄은
여악은 삼소(三笑)보다 훨씬 낫도다.

卜居城東蝸一殼　怯寒無奈縮頭角
偶然乘與閑出郭　三尺雪心寒蘸脚
內打禪扉聲剝剝　警咳一聲虛谷答
入門眩悅見臺閣　似見小空隨善覺
隔林吹火棲鳥落　渴漢求茶泉欲涸
一夕忘懷這裏樂　大勝三笑游廬嶽

• 和宿德淵院 / '덕연원에서 묵다'라는 시에 화답하다.

잔잔한 호수 파란 물결 넘실거리고
꽃다운 풀은 멀리 우거졌네.
삼천리 곳곳에 길을 물었고

이름 알려 진지 사십 년이 되었구나.
서늘함이 좋아서 물가 난간에 기대었고
먼 데를 보려고 높은 봉우리에 오르네.
늙은 중들 일도 많구나
차 맛도 평하고 또 샘물도 평하려니.

碧湖晴瀲欄　芳草遠芊綿
問路三千里　知名四十年
愛凉憑水檻　眺遠上雲巓
老衲渾多事　評茶復品泉

• 訪嚴禪老 用壁上書簇詩韻 / 엄 선로를 찾아 '벽에 걸린 족자 시' 운을 써서 짓다.

동화의 짧은 영광을 웃으며 물리치고
홀로 낙타털 옷 입고 남선의 혜능을 찾았다오.
조용한 가운데 얻은 시구 부처님께 바칠 만하고
벼루에 서린 얼음 입김으로 녹였다네.
돌솥에 茶를 달여 술 대신 마시며
화로를 끼고 둘러앉아 찬 옷을 말리누나.
향불은 뭉실뭉실 파란 연기 날아오르고
귤을 쪼개니 하얀 즙이 이슬처럼 흐르네.

笑却東華一餉榮　獨披駝褐訪南能
靜中得句堪呈佛　欲寫時呵玉硯氷
石鼎烹茶茶酒厄　擁爐圍坐熨寒衣
香畦縈穗靑煙直　橘腦分漿玉露飛

• 次韻聆首座寄林工部 / 수좌가 임 공부에 보낸 병서를 듣고 차운함

경실은 짐승 우리처럼 지저분하고
길가 풀은 멋대로 우거졌구나.
시냇가에 차 따는 사람이 없어
아예 다완(茶盌)에 들어오지 않네.
여보 선사 무엇이 그리도 그리워
그 흰 눈썹을 펴지 못하시나요.

經室鞠爲囿　旅草生油油
谿茗人不採　阻入紫花甌
問師何苦戀　未展雪眉修

• 元曉房 / 원효방

산을 따라 높은 사다리 건너고
발을 포개며 좁은 길 걷는다.
위엔 백 길의 산마루가 있으니
원효 성인이 일찍 방을 지었도다.
신령스러운 발자취 어디인지 아득하고
고인의 초상은 비단에 머물러 있다네.
茶泉은 찬 구슬처럼 고였는데
한 모금 마셔보니 물맛은 젖 같은 단맛이라.
그 옛날이 이 땅에는 물이 없어
스님들이 살기가 어려웠으나
원효께서 한번 와서 붙어살자

단 진액이 바위 물길에서 솟았네.
우리 스님이 높은 절도를 이어서
짧은 갈옷으로 이곳에 와서 사네.
돌아보니 여덟 자 방인데
오직 신발 한 켤레가 있을 뿐이라네.
또한 시중들며 사는 이도 없으니
홀로 앉아 아침저녁을 사는구나.
소성이 다시 세상에 태어난다면
감히 허리 굽혀 절하지 않을 손가.

循山度危梯　疊足行線路
上有百仞巓　曉聖曾結宇
靈蹤杳何處　遺影留鵝素
茶泉貯寒玉　酌飮味如乳
比地舊無水　釋子難栖住
曉公一來寄　甘液湧巖竇
吾師繼高蹲　短葛比來寓
環顧八尺房　惟有一雙屨
亦無侍居者　獨坐度朝暮

• 次板上資玄居士韻 / 시판에서 자현거사의 운을 써서 짓다.

능가산 높이 솟았으니
삼백 리 먼 길에 찾아와 보았네.
두 대사의 진영 방에 머물러 있고
천년의 연기는 숲에 어려 있네.
신운 머물 수 없으나

성품은 달처럼 잠기지 않는다네.
연사에서 날 용납 하겠는가?
공문에 옛 인연 깊다네.
좋은 일 오래전부터 들었지만
신통한 자취 아득하여 찾을 길 없네.
숨었던 쥐 배고파 벽에서 나오고
외로운 학 늦게 숲속에 깃드네.
탑 그림자 그늘에 닿자 끊어지고
종소리는 멀리 가서 사라지누나.
어느 때나 와서 띠집을 짓고 살아볼까.

楞迦山迴秀　百舍試來尋
二聖影留室　千年煙鎖林
身雲雖不住　性月本無沈
蓮舍容吾否　空門宿習深
勝事聞來久　神蹤杳莫尋
幽鼯飢出壁　獨鶴倦投林
塔影侵陰斷　鍾聲度遠沈
何當解墨綬　聊此結茅深

• 是日宿普光寺 用故王書記儀留題詩韻 贈堂頭 / 이날 보광사에서 묵으며 고 서기 왕의가 남긴 시에 차운하여 주지에게 주다.

잠 깨니 선창에 달빛조차 가셨는데
어깨 곧추세우고 해 저물 때까지 읊었구나.
땅 기운 따뜻하니 아직 푸른 숲이 남았고
정원이 오래되어 유달리 누른 버섯 많다.

일곱 잔 향긋한 차 겨드랑이에 바람이 일고
한 쟁반 차가운 과일은 창자에 눈이 스미는 듯.
만약 석가와 노자를 부을(鳧乙) 같다고 본다면
우리 유가(儒家)에서 백양(伯陽)6)을 숭상하는 것 탓하지 마라.

夢斷山窓落月光　聳肩吟倒日蒼凉
地溫尚有林衣綠　園古偏多木耳黃
七盌香茶風鼓腋　一盤寒菓雪侵腸
若將釋老融鳧乙7)　莫斥吾家祖伯陽

• 又次絶句韻 / 다시 절구의 운을 차운함

늘그막에 세월 보내긴 맛 좋은 술뿐이요
사람들 놀래는 건 철 늦은 꽃이로다.
악수에게 차를 빌고
이웃집의 대나무 구경한다.

送老唯芳酒　驚人忽晩花
乞茶憑岳叟　看竹賴隣家

• 苦雨歌 雙韻下 訊傍韻 / 고우가 쌍운 아래 방운을 적다

무성한 쑥대밭에 푸른 방동사니
때 만났다 기승 하여 산 둔덕에 찼구나.
아깝다 남쪽 논의 벼 포기가 물 위에 떴으니

---

6) 백양(伯陽): 老子의 자(字)
7) 鳧乙(鳧乙): 부새와 을새를 말함. 비슷하다는 뜻.

사해의 백성들은 어찌해야 할 것인가.
독 안의 좋은 술 향기 이미 변했으니
어찌 마실 것이며 마신들 취하겠나?
상자 속의 좋은 茶는 맛이 많이 변했으니
달여 먹은들 잠을 쫓지는 못 하리라.

蓬蒿蕭艾與綠莎　時哉得意盈山阿
可惜南畝漂嘉禾　其柰四海蒼生何
甕中味酒香已訛　詎何酣飮令人酡
箱底芳茶貿味多　不堪烹煮軀眠魔

• 又次新賃任草屋詩韻 / 다시 '새로 초가집을 빌리다'라는 시의 운자를 써서 짓다.

문 닫았으나 손은 오지 않고
차를 끓여 먹자고 스님하고 나 약속하네.
쟁기 메고 다시 농사 배우니
전원에 돌아갈 날 있으리라
가난하니 빨리 늙는 것이 좋고
한가하니 더디 지는 해가 싫구나
점차로 늙고 병들어가니
등한하고 게으름 이뿐 아니라
차라리 농사짓는 늙은이 될지언정
돈 주고 벼슬하기 부끄럽게 여겨진다네.
녹을 타 먹는 것은 우리에 갇힌 원숭이니
세상일 잊고 새와 함께 사네.
깊이 숨길수록 옥은 절로 돋보이고

캐가지 않는다고 난초가 어찌 슬퍼하랴.
혼자 즐거워하는 일은 어린 까마귀들이
빙빙 돌며 춤추며 내 평상에 둘러앉는 것이네

杜門無客到　煮茗與僧期
荷耒且學圃　歸田當有時
貧甘老去早　閑厭日斜遲
漸欲成衰病　疎慵不啻玆
寧爲學稼老　恥作出貨郎
賦食籠狙類　忘機入鳥行
深藏玉自貴　不採蘭何傷
獨喜童烏輩　蹁躚繞我床

• 雲峯住老珪禪師 得早芽茶示之 予目爲孺茶師請詩爲賦之 / 운봉에 있는 노규선사가 조아차를 얻어 내게 보내주며 '유다'라는 이름을 붙였는데 선사가 시를 청함에 써서 답하다

인간이 온갖 맛 일찍 맛봄이 귀중하니
하늘이 사람 위해 절후를 바꾸었네.
봄에 자라고 가을에 성숙함이 당연한 이치이니
이에 어긋나면 괴상한 일이건만.
근래의 습속에 기이하고 좋아 선례가 되니
하늘 또한 인정 따라 즐기는 바이라.
시냇가 차 잎새 이른 봄에 싹트게 하여
황금 같은 노란 움 눈 속에 자라났네.
남방선사 맹수도 두려워하지 않아
험난함을 무릅쓰고 칡넝쿨 휘어잡아

간신히 채취하여 봄에 말려서
남보다 앞서 임금님께 드리려 하네.
선사는 어디에서 이런 귀중품을 얻었는가?
손에 닿자 향기가 코를 찌르는구려.
이글이글한 풍로 불에 직접 달여
꽃무늬 자기에 색을 자랑하누나.
입에 닿자 달콤하고 부드러워
어린아이의 젖 냄새 비슷하구나.
부귀의 가문에도 찾아볼 수 없는데
우리 선사 이를 얻음이 괴이하구려.
남방의 동승 선사의 처소 알지 못하니
찾아가 맛보고 싶은들 어이 이를쏜가?
이는 아마도 깊은 구중궁궐에서
높은 선사 대우하여 예물로 보냈었겠지.
차마 마시지 못하고 아까고 간직하다가
임금의 봉물(封物) 중사시켜 보내왔다네.
세상살이를 모르는 쓸모없는 나그네가
더구나 좋은 산수까지 감상하였네.
평생 만나지 못해 만년을 탄식했는데.
일품을 감상함은 오직 이것뿐일세.
귀중한 孺茶 마시고 어이 사례 없을쏜가
공에게 맛있는 봄 술을 빚기 권하노니.
차 들고 술 마시며 평생을 보내면서
오락가락 풍류놀이 시작해 보세.

人間百味貴早嘗　天肯爲人反候氣
春榮秋熟固其常　苟淚於此卽爲異

邇來俗習例好奇　天亦隨人情所嗜
故教谿茗先春萌　抽出金芽殘雪裏
南人曾不怕髼彤　冒險衝深捫葛虆
辛勤採摘焙成團　要趁頭番獻天子
師從何處得此品　入手先驚香撲鼻
塼鑪活火試自煎　手點花瓷誇色味
黏黏入口脆且柔　有如乳臭兒與稚
朱門璇戶尚未見　可怪吾師能得致
蠻童曾未識禪居　雖欲見餉何由至
是應藥闌九重深　體貌禪英情禮備
愛惜包藏不忍啜　題封敕遣中使寄
不分人間無賴客　得嘗況又惠山水
平生長負遲暮嗟　第一來嘗唯此耳
餉名孺茶可無謝　勸公早釀春酒旨
喫茶飲酒遣一生　來往風流從此始

• 復用前韻贈之 / 다시 앞의 운을 써서 보냄

서북쪽은 혹한(酷寒)에 손가락 빠지는데
남방에는 섣달 기후 봄과 같구나.
좁쌀 같은 누런 싹 마디마다 맺혔으니
같은 하늘 아래 지방 절후가 각기 다르네.
선가의 격조 너무나 높으니
시고 단 맛 속세 따라 즐길쏜가.
쓸쓸한 방장(方丈)에 한 물건도 없고
솥에서 茶 달이는 소리만 듣기 좋네.
茶와 물을 평론하는 것이 불교의 풍류이니

양생하는 천년의 복령(茯苓)이 필요치 않네.
茶잎 일찍 싹틈이 귀여우리니
늙은 선사(禪師)에게 먼저 바치려 함인 듯.
잠꾸러기 종놈도 훔쳐 마시니
전날의 우레처럼 코 고는 소리 잠잠하구나.
옛날 남쪽 나라 한가히 유람할 적에
사시의 철 따라 새로운 맛 기억되는구려.
한식 전 茶라 많이 얻지 못했어도
소반에 가득한 봄 죽순과는 판이하네.
수많은 잎 따서 한 뭉치 이루었으니
한 뭉치에 천금인들 어이 쉽게 구할 손가?
더구나 이제 서울에서 곤경에 빠졌으니
뉘라서 나를 위해 발이 부르트며 찾아올 손가?
우리 선사는 승도(僧徒) 가운데 영수(領袖)라
계율(戒律)에 어김없고 덕행도 구비 하여.
산같이 쌓인 금백도 시주(施主)하려 해
뉘라서 향기로운 茶 아껴 보내오지 않으리.
부디 간직하여 남에게 함부로 주지 말지니
마음의 티끌 씻어 물같이 맑게 한다오,
선사께 봄 술을 빚으라고 권함이 어이 잘못이겠나?
만취한 후에야 茶의 참맛을 알기 때문이지.
굶주린 서생 오래도록 군침을 흘려
입과 배를 위해 진미(珍味)를 생각하였다오.
만약 유다(孺茶)를 보내주고 술도 생긴다면
거룩한 일 우리로부터 시작되리.

西北寒威方墮指　南方臘月如春氣
金栗黏枝已結纇　均天所覆地各異
禪家調格大高生　豈把酸甛隨俗嗜
肅然方丈無一物　愛聽笙聲號鼎裏
評茶品水是家風　不要養生千歲虆
鄰渠給給抽早芽　似欲先供老衲子
睡鄕癡漢亦偸嘗　失却從前雷鼾鼻
憶昔閒遊蠻國天　四時隨分嘗新味
火前香茗得未多　不似盆盤春爭稚
敵將萬粒成一餅　一駢千錢那易致
況今憔悴京華中　爲我何人重跡至
吾師也是僧中龍　梵行無虧禪德備
山堆金帛尙欲施　誰秘新香忍不寄
收藏愼勿輕與人　除却靈臺澄似水
勸師早釀豈妄云　欲識茶眞先醉耳
書生寒餓長流涎　只將口腹營甘旨
若遣孺茶生稚酒　勝事眞從吾輩始

• 孫玉堂得之, 李史館允甫, 王史館崇, 金內翰轍, 吳史館柱卿 見和, 復次韻答之 / 옥당 손득지, 사관 이윤보, 사관 왕관숭, 김내한 철, 오사관 주경의 화운을 보고 다시 차운하여 답함

옛날에 신농씨 온갖 초목 맛보고
방경을 저술함은 기혈을 보충하기 위함일세.
유독 차만은 기록 없이 버려두어
온갖 품종과 공효(功效)를 논하지 아니하였네.
성인이 말하지 않은 바를 누가 먼저 평론했던가?

견혼석연[8]이 더욱 즐겨하던 바로세.
요사이 사고파는 데 속임수 많아
간상(奸商)의 수중에 모두 떨어졌구나.
세속의 의원들이 선방에 어두운 것과 같아
망령되게 산머루를 가리켜 칡넝쿨이라네.
그 가운데 품평에 정묘한 자 있으니
오직 운봉에 숨은 한 선사일세.
섣달에 움트는 싹 평생에 가장 사랑하여
맵고 강렬한 향기 코를 찌르는구나.
몽산에서 먼저 딴 차 우연히 구하여
끓기도 전에 우선 맛보았네.
미치광이 손 한번 맛보고 유다(孺茶)라 이름했으니
늙은 나이에 어린애처럼 탐내는 데야 어이하리.
강남 눈 속에서 따지 않았다면
이월 중에 어이 서울 당도하리.
물건 팔림이 모두 사람에 달렸으니
구슬도 다리 없지만 스스로 찾아오네.
시로써 논평하고 보계(譜系)에 대신하고 싶지만
붓끝에 혀 없으니 자세히 진술할 수 없구나.
유선(儒仙)들이 그 정수(精粹)를 발췌하게 하여
허술한 종이와 추솔한 글씨로 써서 보내오.
다섯 친구 연원 찾는 데 노력하였기에
거울에 비치듯 조금도 어긋남이 없네.
시를 감상해 보니 다경(茶經)보다 낫고
육생(陸生)이 품평한 것도 찌꺼기에 불과하구료.

---

8) 견혼석연(鋗昏釋䭰) : 승려의 이름인듯하나 미상

격조 높아『이소경(離騷經)』에 붙이기 옳지 않고
시편에 실려 사성(四聲)에 연결함은 마땅하리.

昔者神農嘗草木　著之方經要補氣
獨於茗飮棄不收　不與萬品論同異
聖所未到誰唱先　鐲昏釋餚尤所嗜
近遭販鬻多眩眞　競落點商謀計裏
有如俗醫迷仙方　妄把蘡薁云是虆
箇中評品妙且精　唯有雲峯一禪子
平生自笑臘後芽　辛香辣氣堪掩鼻
偶得蒙山第一摘　不待烹煎先嚼味
狂客一見呼孺茶　無奈老境貪幼稚
不是江南冒雪收　京華二月何能致
物之自售皆由人　珠玉亦猶無脛至
作詩論詰欲代譜　筆端無舌莫詳備
要令儒仙抉其精　硬牋麤字書以寄
五君騁思探淵源　毫髮莫逃如印水
見詩猶勝見茶經　陸生所品糟粕耳
調高未合綴離騷　當繫詩篇聯四始

• 孫翰長復和 次韻寄之 / 손 한장이 다시 화운하여 같은 운자를 써서 지어 보냄

옛날부터 지금까지 수많은 문장가
초목을 품제(品題)하여 호탕한 기개 발휘했네.
장구(章句)를 마탁하여 스스로 기이함을 자랑했는데
사람들의 읊조림은 취미 각각 다르구나.

장원의 시 홀로 대중을 뛰어났으니
아름다운 문장 뉘라서 찬탄하지 않으리.
임금이 구중궁궐에 불러들여
은대(銀臺)의 요직(要職)에 등용하였네.
그대는 낙락한 천 길 소나무라면
불초한 이 몸은 칡덩굴 같으니
우연히 유다(孺茶)의 시를 지었는데
그대에게 전해짐을 어이 뜻했으리.
시를 보자 화계 놀이 홀연히 추억되어
옛일 생각하니 처연하여 콧등이 시큰하네.
운봉의 독특한 향취 맡아 보니
남방에서 마시던 맛 완연하구나.
따라서 화계에서 茶 따던 일 논하느니
관에서 감독하여 노약(老弱)까지 징발(徵發)하였네.
험준한 산중에서 간신히 따 모아
머나먼 서울에 등짐 져 날랐네.
이는 백성의 애끓는 고육(膏肉)이니
수많은 사람의 살쩍 가르며 바야흐로 이르렀네.
한편 한 구절이 모두 뜻이 있으니
시의 육의(六義)9) 이에 갖추었구나.
농서(隴西)의 거사는 참으로 미치광이라
한평생을 이미 술 나라에 부쳤다오.
술 얼큰하매 낮잠이 달콤하니
어이 茶 달여 부질없이 물 허비할쏜가.
일천 가지 망가뜨려 한 모금 茶 마련했으니

---

9) 육의(六義);『詩經』六體의 분류법. 風, 雅, 頌, 賦, 比, 興을 가리킨다.

이 이치 생각한다면 참으로 어이없구려.
그대 다른 날 간원에 들어가면
내 시의 은밀한 뜻 부디 기억하게나.
산림과 들판 불살라 茶의 공납(貢納) 금지한다면
남녘 백성들 편히 쉼이 이로부터 시작되리.

古今作者雲紛紛　調戲草木騁豪氣
磨章啄句自謂奇　到人牙頰甘苦異
壯元詩獨窮芳腴　美如熊掌誰不嗜
玉皇召人蓬萊宮　揮毫吮墨銀臺裏
君村落落千丈松　攀附如吾類縈䋷
率然著出孺次詩　豈意流傳到吾子
見之忽憶花谿游　懷舊凄然爲酸鼻
品此雲峰味嗅香　宛如南國曾嘗味
因論花溪採茶時　官督家丁徵老稚
瘴嶺千重眩手收　玉京萬里頳肩致
此是蒼生膏與肉　臠割萬人方得至
一篇一句皆寓意　詩之六意於此備
隴西居士眞狂客　此生已向糟丘寄
酒酣謨睡業已甘　安用煎茶空費水
破却千枝供一啜　細思此理眞害耳
知君異日到諫垣　記我詩中微有旨
焚山燎野禁稅茶　唱作南民息肩始

・房壯元衍寶見和 次韻答之 / 방 장원 연보의 화운 시를 보고 차운하여 답함

거사가 근년 들어 일만 인연 마쳤는데
오직 시광(詩狂)만은 옛 기품 남아 있구려.
세상에는 범연히 다루지 못할 물건도 있으니
정밀히 분석하여 그 기이함을 기록했구나.
이 茶가 고급품인데 어이 시 없을쏜가
하물며 평생에 가장 즐기던 것이랴?
멀리 이 자리에 반입됨은 뉘 공궤 함이런가
아마도 연무(煙霧) 장풍(瘴風) 한 강회에서 보내왔으리.
맑은 향취 새어 나갈까 염려하여
상자 안에 겹겹이 간직하고 칡넝쿨로 묶었어라.
깊이 숨겨 정든 친구에게도 보이지 않으니
녹록한 나머지 사람들이야 말할 게 있나?
마음에 간직하여 茶 알아주는 사람만 기다렸으니
지기(知己)가 아니라면 뉘라서 그 진가(眞價)를 알아주리.
쟁개비 부시고 센 불에 오래 달이지 말지니
경망한 아이들 훔쳐 마실까 염려되네.
비유컨대 부귀의 집 깊은 규중에서
어린 까치머리 아리땁게 길렀듯 했네.
눈이 높아 범상한 신랑에게 시집갈까 두려워
동상(東牀) 아름다운 낭군(郞君) 만나기를 원하였네.
내가 누구기에 감히 귀한 茶를 맛보는가.
뜻밖에 신선의 연분 만나서이네.
방공(房公)은 어엿한 하늘 위 사람이라
저부(褚裒)의 가슴속에 춘추(春秋) 의리 갖추었네.
인물 평론하는 여가에 茶 언급하여
그 내력 해설하여 보내왔구나.
읊어 보매 모든 번민 말끔히 씻겨 버려

만취한 얼굴에 찬물 뿌린 듯하네.
茶를 대하고 술 찾음은 미치광이 같으니
우습다 먼저 말함은 참으로 희롱이라오.
다른 날에 그윽한 암자 찾아가
두어 권 서책 펼치고 현묘한 이치 토론하리.
이 몸 늙었으나 오히려 물길을 수 있으니
한 잔 마시고 바로 참선 시작할까 하노라.

居士年來了萬緣　唯有詩狂餘習氣
物或不類尋常看　窮搜細剖狀其異
此茶品絶可無詩　況復平生所酷嗜
悠然到此誰所餉　想自江淮烟瘴裏
爲恐淸香先發洩　牢縅縹箱纏紫虆
秘之不敢示情親　碌碌何會數餘子
萬心獨待識茶人　不是風斤誰斲鼻
碎鐺撲火久不煎　正怯兒曹輕品味
譬如富貴深閨中　養得嬌姹鴉頭稚
眼高深恐嫁凡婿　着意東床期欲致
我今何者敢來試　意外忽逢仙分至
房公落落天上人　褚裒皮裏陽秋備
評人餘論移於茶　說脈論源聊見寄
讀了冷冷洗煩悶　恰如醉面酒寒水
對茶索酒頗似狂　可笑前言眞戲耳
草庵他日叩禪居　數卷玄書討深旨
雖老猶堪手汲泉　一甌卽是參禪始

• 遊九品寺迫晚 / 구품사에서 놀다가 날이 저물다.

산이 험하니 말이 터덕거리고
길은 멀어서 사람 쉬 피곤하네.
놀란 날다람쥐 풀 속으로 들어가고
잘 새는 벌써 제 가지에 앉았구나.
텅 빈 집에 가을이 일찍 오고
가파른 봉우리엔 달뜨는 것도 더디네.
한가한 스님 일도 없어
차 마심도 잊었구나.

山險馬猶蹶　路長人易疲
驚鼯潛入草　宿鳥已安枝
虛閣秋來早　危峯月上遲
僧閒無一事　除却點茶時

• 謝人贈茶磨 / 차 맷돌을 기증한 이에게 사례함

돌을 쪼아 바퀴 하나 이뤘으니
돌리는 덴 한 팔만 쓰누나.
자네도 차를 마시면서
왜 나에게 보내 주었나
특히 내가 잠을 즐기는 줄 알고
이것을 나에게 보낸 것이리라.
갈수록 푸른 향기 나오니
그대의 뜻 더욱 고맙네그려.

琢石作孤輪　廻旋煩一臂
子豈不茗飲　投何草堂裏
知我偏嗜睡　所以見寄耳
研出綠香塵　益感吾子意

• 訪安和寺幢禪師師 請賦一篇 / 안화사의 당 선사를 찾으니 시 한편을 청하다.

청산이 참 친구라
내 오는 걸 즐기는 듯
내 올 때 맑은 경치 보여주니
바람과 햇볕이 정녕 곱고도 아름다워라.
산에 오른 지 오래지 않아
빗소리 다시 좋기도 하네.
머리 풀고 바람 부는 난간에 누웠으니
코 고는 소리 한바탕 천둥 같구나.
일어나서 다시 맑게 갠 하늘을 보니
둥근 해가 나무 끝에 걸렸구나.
매미는 잎에 숨어 가냘프게 울고
다투는 새들은 부서진 가지에서 싸운다네.
스님이 손수 차를 달여
나에게 향기와 빛깔 갖추어졌다 자랑하네.
나는 말하노니 늙고 목마른 놈이
어느 겨를에 차 품질 가리랴.
일곱 사발에 또 일곱 사발 마시니
바위 앞의 물을 말리고 싶네.
때는 마침 초가을이라

늦더위 다하지 않았다네.
정오엔 비록 푹푹 쪄도
저녁의 서늘한 기운 더욱 좋구나.
수정 같은 푸른 오이 맛보니
얼음같이 찬 액체에 이빨이 시리다.
볼처럼 붉은 복숭아
씹어 먹으니 잠 쫓기에 딱이네.
누워서 한가로이 쉬며 돌아가길 잊으니
이 놀이 참으로 내 뜻에 맞구려.

靑山眞故人　似喜幽人至
來時貺淸景　風日正姸媚
到山未云機　蕭蕭雨聲美
散髮臥風軒　一場雷鼾鼻
起視復澄霽　木末掛規燧
鳴葉翳葉嘈　鬪雀爭枝墮
衲僧手煎茶　誇我香色備
我言老渴漢　茶品何暇議
七椀復七椀　要涸巖前水
是時秋初交　殘暑未云弭
當午雖敲烝　晚涼聊可喜
靑瓜嚼水精　水液寒侵齒
碧桃雙頰紅　嚼罷堪祛睡
偃仰自忘還　茲遊眞適意

• 與玄上人遊壽量寺 記所見 / 현 상인과 수량사에서 놀고 본 것을 적음

달 비친 난간엔 느슨한 피리 소리 생각나고
바람 부는 헌함에는 겹 갑옷 연연하네.
처음엔 차 마시러 갔다가
도리어 술좌석에 머물게 되었네.

月欄思慢笛　風攬戀重裘
初爲嘗茶至　還因有酒留

• 飮兪侍郎家 明日以詩謝之 雙韻廻文 / 유시랑 집에서 술을 마시고 이튿날 쌍운회문시로 사례함

푸른 시냇물 얼음처럼 맑고
복사꽃 살구꽃은 붉은빛으로 흠뻑 물들었네.
발은 미풍에 나부끼고 서늘한 정자 고요한데
짹짹거리는 새소리 졸음을 깨우도다.
쟁반에 쌓인 맛 좋은 안주에
술병 더해가며 자꾸만 권하누나.
세 사람은 차만 마시는데
부끄럽다 나만 술을 마시니
비뚤어진 의관 다시 바로 잡고
담소 끝나 돌아오니 석양이로세.

藍翠潑溪氷破鏡　藍紅浸暈生桃杏
簾颭輕風凉榭靜　喃喃啼鳥呼睡酷
兼味佳肴飣盤皿　添壺頻勸督嚴令
三人高絶清飮茗　慙我獨傾杯倒罄
衫帽着顚斜復整　談罷始還方側景

• 遊天磨山有作 / 천마산에 노닐며 짓다

바람은 속인의 얼굴 쓸어버릴 듯 불어오고
골짜기는 사람 소리에 대답하듯 메아리치네.
울퉁불퉁 돌 밭길 따라가다가
되돌아서 소나무 사립 두드렸네.
산승이 문에 나와 웃으며 손을 맞으니
고고한 그 모습은 늙은 소나무에 천년 학일세.
노곤한 산 달이 솔 난간에 누웠네
바위샘 말랐는지 차 달이랴 묻지도 않네.
내 시름 잊는 즐거움에 스님은 껄껄대며
본래 없는 시름인데 누가 이리 즐기시나?

風吹俗面似掃掠　谷答人聲如唯諾
初從石徑行犖确　旋向松扉敲剝啄
山僧出門笑迎客　貌古松頭千歲鶴
困臥松軒算月白　煎茶不問巖泉涸
我樂忘憂師大噱　本自無憂誰是樂

• 兪公見和訪來 因置酒復答 / 유공이 화답하고 찾아왔기에 술상을 차리고 다시 답함

검은 머리 백발 되어 거울 보고 수심 겹더니
불그스레 취한 얼굴 살구꽃 일래.
발 걷힌 창문에 평상(平床)은 고요하고
짹짹거리는 새소리에 술이 깨는구나.
술과 안주 그릇에 가득하니

등불 밝히고 시를 짓도다.
석 잔 술 다 들고 다시 차 달이는데
나는 시상(詩想)이 떠오르지 않아 부끄럽네.
흐트러진 의관 여미고 바르게 앉아
담소 무르익어 좋은 광경 선뜻 떠날 수 없네.

藍換雪鬢愁曉鏡　酣顔仗得佯紅杏
簾卷半窓閑揖靜　喃喃話到醉還腥
兼酒與肴盈器皿　添燈夜席詩開令
三杯淺酌交湯茗　憨愧吾腸詞竭罄
衫生皺任坐欹整　談劇未輕抛好景

• 暫遊感佛寺 贈堂頭老比丘 / 잠시 감불사에서 놀다가 늙은 노비구에게 주다.

뜬소문 믿은 탓으로 남쪽 고을에 이사 갔다가
자비롭고 화평한 부처님을 뵈었다네.
어찌 무늬를 자세히 가르고 돌길을 걸어
숲의 틈을 굽이지게 뚫고 절을 찾았네.
바다 복천의 먼 섬에서는 등불 심지를 돋우고
집 모퉁이에 다듬어진 대숲의 창은 칼끝처럼 솟았네.
도를 묻다가 이미 귀양살이 한을 잊었는데
초나라 신하는 어찌하여 상강에 빠졌던고
작은 나라 흥망이 꿈처럼 덧없는데
승방에선 도리어 함께 담소하네.
뜬 이름은 다 마음 밖에 멀어졌고
오묘한 진리는 오히려 목전에 있네.

돌솥에 차를 달이니 향기로운 젖이 희고
벽돌 화로에 불을 붙이니 저녁노을처럼 붉구나.
인간의 영욕을 대략 맛보았으니
이제부터 강산의 방랑객이 되리라.

賴因飛語落蠻鄕　得見慈和大法王
細破蘇紋行石徑　曲穿林罅覓蓮莊
海心搖島燈抽炷　屋角修篁槊聳鋩
問道己忘流謫恨　楚臣胡奈浪沉湘
蟻國升沉一夢空　却因僧舍笑談同
浮名摠落心虛外　妙道猶存目擊中
石鼎煎茶香乳白　塼爐撥火晚霞紅
人間榮辱粗嘗了　從此湖山作浪翁

• 題黃驪井泉寺誼師野景樓 / 황려 정천사에 있는 의 스님의 야경루에 적다.

갠 하늘에 노을은 불보다 붉고
새벽 주점의 안개는 쪽빛처럼 푸르네.
일찍 청유를 점유하였으니 그대는 자적하고
늦게 좋은 경치 만났으니 나는 바야흐로 부끄럽네.
마음 씻고 절에 들어 같이 은거한다면
물 긷고 차 끓이는 일도 감당하리.
혹 화두에 음미할 곳이 있으면
때로 이 늙은이 불러 참여시킴도 무방하리.

霽天霞色殷於火　曉店烟光翠似藍
早占淸幽君自適　晚逢佳勝我方慙
洗心投社如同隱　汲水煎茶尙可堪
儻有話頭鑽味處　不妨時喚老龐參

• 謝逸庵居士鄭君奮寄茶 / 일암거사 정분 군이 차를 보내줌에 사례함

그리운 소식 수천 리를 날아왔는가.
흰 종이 바른 함 붉은 실로 얽었구나.
내 늘그막에 잠 많은 줄 알고서
새로 나온 새 찻잎을 달여 마시라 구해주었네.

芳信飛來路畿千　粉牋糊櫃絳絲纏
知予老境偏多睡　乞與新芽摘火前

벼슬 높아도 가난하기 더 없는 나인데
먹을 것도 없는데 하물며 선다이랴.
해마다 홀로 인연의 덕을 입으니
이제야 이 세상이 재상집 구실 하누나.

官峻居卑寞我過　本無凡餉況仙茶
年年獨荷仁人貺　始作人間宰相家

　선생은 차가 잠을 줄여주는 효능이 있음을 알고 있었다. 그대가 나에게 차를 보내 준 것은 잠이 많은 줄을 알아 잠을

줄이라는 것이라고 한 것이 바로 그 점이다. 정군은 남해 대장경분사의 도감 일을 맡아 대장경을 간행함에 크게 관여한 정안(鄭晏) 이다.

차 맷돌을 보내준 이에게도 이와 같은 표현을 쓴 적이 있고,「잠꾸러기 종놈이 차를 훔쳐 마신 후로는 우레처럼 코 골던 소리가 잠잠해졌다」라고 쓴 적도 있다.

언젠가 남원의 운봉(雲峰)에 살던 노규선사(老珪禪師)가 조아다(早芽茶)를 얻어서 선생에게 보내면서 유다(孺茶)라는 이름을 붙이고 시를 청한 적이 있는데, 이에 다음의 시를 지었다.

• 訪嚴師 此師稀置酒, 見我必置 故以詩止之 / 엄선사를 예방하니 때로 酒宴을 베푸는데 내게는 반드시 베풀어 詩로 저지하련다.

내가 지금 산방을 찾아온 것은
술을 마시려고 해서가 아닌데.
올 때마다 술자리 베푸니
얼굴이 두꺼운들 어찌 땀이 안 나겠소?
스님의 격조 높은 것은
오직 향기로운 차를 마시기 때문.
몽정의 차 새싹 차를 따서
혜산의 물로 달인 것이 제일일세.
차 한 잔 마시고 담소를 나누어
점점 심오한 경지에 들어가네.
이 즐거움 참으로 청담하니
굳이 술에 취할 필요가 있겠나.

我今訪山家　飮酒本非意
每來設飮筵　顔厚得無泚
僧格所自高　唯是茗飮耳
好將蒙頂芽　煎却惠山水
一甌輒一話　漸入玄玄旨
此樂信淸淡　何必昏昏醉

• 復次韻李侍郎重和雪詩廻文 / 이 시랑이 거듭 회운 한 '雪詩'에 다시 차운함

산사의 승방에는 스님이 문을 닫았고
토원의 연석에는 객이 노래를 부르네.
뱃속에 따스한 마음 들다 차 달여 한 사발
발밑에 물기 스며드는 모래 다리 밟누나.
오래 소외된 어설픈 적삼은 한가히 걸렸는데
새로 넣은 새까만 숯은 맹렬히 타오르며
곳집에는 쌀알 줄어드는 게 놀라운데
땅 위에는 비단 쌓이는 모습이 기쁘네.

鷲廬梵室僧關閉　兎苑梁筵客詠謠
腸納暖漿煎茗盌　脚沈融汁履沙橋
涼衫拂曠仍閑掛　熾炭添新認猛燒
倉欠自驚空積粒　地盈方喜正堆綃

• 井泉寺 / 정천사

갠 하늘에 노을빛은 불보다 붉은데
새벽 주점 연기 빛은 푸르기 남빛 같네.
일찍이 맑고 그윽함을 점령하여 그대 스스로 유쾌한데
늦게야 아름다운 명승을 만나니 내 바야흐로 부끄럽네.
마음 씻고 투사에 들어 같이 숨을 수 있다면
물 긷고 차 달임 오히려 감당할 만하니
혹시 재미나는 화두 있다면
때로 늙은 방 거사 불러 참구해도 무방하리.

霽天霞色殷於火　曉店煙光翠似藍
早占淸幽君自適　晚逢佳勝我方慙
洗心投社如同隱　汲水煎茶尙可堪
儻有話頭鑽味處　不妨時喚老龐參

• 天和寺 / 천화사

한 막대 녹태전을 뚫어 깨뜨리니
시냇가 청둥오리 자다가 깨어난다.
차 달이는 삼매 솜씨 힘입으니
찬 사발에 눈 녹인 물로 달여 번뇌 씻어준다.

一筇穿破綠苔錢　驚起溪邊彩鴨眠
賴有點茶三昧手　氷甌雪液細煩煎

• 天龍寺 / 천룡사

온 집이 푸른 산 옆에 와서 사니
얕은 모자 가벼운 옷으로 침상에 누워 있네.
패장이 마르니 촌술 맛이 더욱 좋고
정신이 몽롱하니 들 차 향기 또한 좋다.
대 뿌리 땅에 흩어져 뻗으니 용이 꿈틀거리는 것 같고
파초 잎이 창 앞에 닿으니 봉의 꼬리처럼 길다.
삼복이 일찍 그치고 백성의 송사가 적으니
이때 다시 부처님을 섬김도 무방하리라.

全家來奇碧山傍　矮帽輕衫臥一牀
肺渴更知村酒好　睡昏聊喜野茶香
竹根迸地龍腰動　蕉葉當窓鳳尾長
三伏早休民訟少　不妨時復事空王

• 興聖寺 / 흥성사

만사 도무지 한 웃음 끝에 비웠는데
오히려 오수가 속이는 방만한 관리라 하네.
암반에 이은 우물 난간 늘 구름에 젖는데
땅은 차 달이는 창 가까워 잔설 쉽게 녹네.
한가하게 걸린 승장(僧杖) 결하(結夏)의 여름 겪고
광직(狂直)하게 목불 태워 겨울 추위 막았네.
청산은 타일에 응당 구면이 되려니와
꺼림 없는 유계 자세히 바라보네.

萬事都空一笑端　尙欺鰲叟漫爲官
巖連井榻雲長濕　地近茶窓雪易殘

閑掛鐵君經夏結　狂燒木佛禦天寒
靑山佗日應爲舊　不憚幽谿子細看

• 草堂端居和子美新賃草屋韻 / 초당에 단정히 기거하며 두자미의
'새로 세든 초가'를 화운 함

두문불출 찾아오는 객도 없으니
승과 나 기약해서 차를 달이네.
가래를 메고 농사나 배워 볼까?
전원에 돌아갈 때 있으려니
가난하니 빨리 늙어 감 좋으나
한가하니 더디 해 기우는 것 싫구나.
차차 쇠해지고 병이 들려 하니
게으른 그 탓만은 아니라네.

杜門無客到　煮茗與僧期
荷耒且學圃　歸田當有時
貧甘老去早　閑厭日斜遲
漸欲成衰病　疏慵不啻玆

8. 동산수 최자(東山叟 崔滋)

① 생애(生涯)

　최자(崔滋; 1188~1260)는 고려의 문신으로 국자감 학유 때 인정받아 문한을 맡았으며, 권신 최우의 신임을 얻었다. 고종 때 사간원정언을 거쳐 상주 목사가 되어 선정을 베풀었다. 충청도, 전라도 안찰사를 지냈고 벼슬이 판이부사에 이르렀다. 시문에 뛰어나 문명을 크게 떨쳤는데, 특히 한국 문학평론 사상 이인로(李仁老)와 더불어 중요한 위치를 차지한다. 저서에 보한집(補閑集) 등이 있고, 동전신정위선사관고(同前神定爲禪師官誥), 무제(無題) 등의 다시를 남겼다.

② 차시(茶詩)

• 同前神定爲禪師官誥 / 앞과 같음. 신정을 선사로 삼는 사령장

총림의 법규가 모두 베풀어지니
도마의 무리가 기쁘게 따랐노라.
주리면 밥 먹고 목마르면 차 마시고
사치를 금하고 양생을 이롭게 하였네.

고요하면 앉아서 참선하고 움직이면 염불해서
힘을 합쳐 도를 닦았네.

叢林之規華擧　稻麻之列悅從
飢飡飯渴飮茶　禁豊利養
靜坐禪動念佛　同力修眞

• 李眉叟僧院茶磨 / 이 미수가 승원다마를 읊은 시에

풍륜은 관계함이 없고 접행(蝶行)은 더딘데
달처럼 둥근 공이를 굴리니 옥 같은 차 가루가 날린다.
법희란 본래부터 변화가 저절로 있는 것
갠 하늘에 우레는 울고 눈이 펄펄 날리네.

風輪不管蟻行遲　月斧初揮玉屑飛
法戱從來眞自在　晴天黿吼雪霏霏

• 승원(僧院)의 茶 맷돌을 읊음

풍륜엔 관족(管足)이 없어 개미 행열은 더디고10)
월부 휘두르자 곧 옥설이 날린다.11)
법희12)란 본래부터 자제한 수진(修眞)인가
갠 하늘 우레소리에 눈이 펄펄 내린다.

---

10) 풍륜(風輪)은 풍력(風力)으로 도는 바퀴, 즉 수 맷돌. 管足은 극기동물(棘皮動物)의 연한 肉管, 해삼 따위. 蟻行은 개미 걸음.
11) 月斧, 玉屑 : 월부는 大茶를 깎는 큰 자귀. 玉屑은 옥가루, 곧 차 가루를 말한다.
12) 법희(法戱) : 불교적 작희

瘦鶴靜翹松頂月　閑雲輕逐嶺頭風
箇中面目同千里　何更新飜語一通
　　　　　　　（補閑集）

9. 영헌공 김지대(英憲公 金之岱)

① 생애(生涯)

 김지대(金之岱: 1190~1266)는 고려 고종에서 원종 대의 인물이며 청도 김씨의 시조로 초명은 중룡(仲龍), 시호는 영헌(英憲)이다. 신라 경순왕의 넷째 아들 대안군 김은열(金殷說)의 7세손이며 고려 시중(侍中) 김여흥(金餘興)의 셋째 아들이다.
 1218년(고종 5) 문과에 장원 급제하여 여러 관직을 거쳐 1260년(원종 1) 정당문학(政堂文學)·이부상서(吏部尙書),
 1261년 추밀원지사·지공거(知貢擧)를 지냈으며, 조정에서는 수태부중서시랑평장사(守太傅中書侍郎平章事)로 올려 치사(癡事)하고 오산군(鰲山君: 鰲山은 청도의 옛 지명)에 책봉하였으므로 후손들이 청도를 관향으로 삼았다.
 29세에 아버지를 대신하여 군문(軍門)에 입영하여, 원수(元帥) 조충(趙沖)을 따라 출정(出征)한다. 그는 방패 머리에 "국가의 어려움은 신하의 어려움이요, 어버이의 근심은 자식의 근심할 바이다. 어버이를 대신하여 나라에 보답한다면 충과 효를 닦을 수 있을 것이다."의 순두시(楯頭詩)를 방패에 써넣고 전투에 임한 것으로 유명하다.

② 차시(茶詩)

• 瑜迦寺 / 유가사

안개와 노을이 고요한 가운데 자리 잡은 절
어지러운 산 푸른 물방울은 가을빛 무르익고.
구름 사이에 가파른 길은 6, 7리나 뻗었는데
하늘 끝의 먼 멧부리 천만 겹이네.
차 마시기 끝나니 솔 처마에 초승달 걸렸고
강론이 끝난 서늘한 탑에 종소리 울려오네.
흐르는 시냇물은 나 같은 벼슬 꾼을 웃으리
홍진의 찌든 때를 씻으려 해도 못 씻나니.

寺在煙霞無事中　亂山滴翠秋光濃
雲間絶嶝六七里　天末遙峯千萬重
茶罷松簷掛微月　講闌風榻搖殘鐘
溪流應笑玉腰客　欲洗未洗紅塵蹤

　깎아지른 돌길을 6, 7리 가면 유가사가 자리 잡고 하늘까지 펼쳐진 산봉우리는 겹겹이 쌓여있다. 차를 마시고 나니 솔 처마에 달이 걸려 있고 바람 타고 종소리가 들려온다. 흐르는 물에 세상에 물든 때를 씻고자 하지만 결국 티끌을 씻지 못한다. 어쩌면 자신의 처지를 솔직히 비유한 것으로 보인다.

• 寄尙州牧伯崔學士滋 / 상주 목사 최자에게 부침

작년에는 강변 누각에서 나를 전송하더니
금 년에는 그대도 목사가 되어 떠나는구려.
전에는 그대의 얼굴이 옥같이 고왔었지
우리 더 늙기 전에 다시 한번 놀아보세.
낙읍(尙州)의 계산이 비록 좋기는 하지만
그래도 진양의 풍월이 신선의 고향이지.
두 고을은 길이 멀어 만나기 어려우니
잠깐 헤어지면 이별의 아쉬움 오래가지.
거문고와 책을 가지고 옛 친구 찾고픈 마음
발과 장막치고 첫 가을 아니 알리랴.
공이 중추에 만나는 약속을 잊었으니
다시 약속하여 중양절에 국향을 마시세.

去歲江樓餞我行　今年公亦到黃堂
曾爲管記顔如玉　復作遨頭鬢未霜
洛邑溪山雖洞府　晉陽風月亦仙鄕
兩州歸路開何許　一村離懷久已傷
欲把琴書尋舊要　況看廉幕報新凉
嗟公虛負中秋約　更約重陽飮菊香

위 시는 같은 시대에 상주 목사와 중서시랑평장사를 지낸 최자에게 보낸 시로 서거정의 「동문선」에 실려 있다. 진주에서 쓴 최초의 시라고 일컬어지고 있다.

10. 이연종(李衍宗)

① 생애(生涯)

　이연종(李衍宗)은 제왕운기(帝王韻紀)의 저자로 유명한 가리이씨(加利李氏: 가리는 경북 성주에 있던 지명)의 시조(始祖) 이승휴(李承休 1224-1300)의 아버지이다. 그는 문과에 급제한 후 충정왕 때 감찰대부(監察大夫)가 되었고, 1351년 공민왕이 즉위한 후에는 밀직사(密直司)와 감찰대부를 겸하기도 했다.

　이연종이 치암(恥庵)으로부터 신차를 선물 받고 그 고마움을 전하기 위해 썼던 이 시는 동문선(東文選)에 전한다. 치암은 충목왕 때 찬성사(贊成事)가 되어 왕에게 정관정요(貞觀政要)를 시강 하였던 박충좌(朴忠佐:)의 호다. 벼슬길에 연연해하면서 바쁜 날을 보내던 그가 한 잔의 차로써 신선의 경지에서 한가한 여유를 맛보고, 세상 근심을 모두 씻고 마음을 맑히는 모습을 이 시에 그렸다.

　어느 봄날 치암이 초당으로 신차를 보내 주었을 때 그 차를 두강(頭綱), 자용(紫茸) 등으로 표현하면서 기뻐했는데, 두강은 중춘(仲春) 전에 보내온 신차를 의미하고, 자용은 최상품의 차를 의미하는 자용향(紫茸香)이라는 차의 이름이다.

　그는 소년 시절 영남사(嶺南樓 부근에 있었던 절)에서 명전회(茗戰會)에 참여하기도 했었다. 명전은 차 맛의 우열을 겨루는 풍속으로 고려시대 사원에서 좋은 차와 좋은 물로써 차의 솜씨를 겨루는 일이 종종 있었다. 차 솥에서 물 끓는 소리를 솔바람 소리로 선비들은 매우 즐겼다. 소나무처럼 푸르고 봄바람처럼 싱그러운 솔바람 소리를 자연이 들려주는 가장 아름다운 음악으로 여겨 스스로 마음이 맑아진다고 느꼈다.

② 차시(茶詩)

· 謝朴恥庵惠茶 / 박치암이 보낸 차에 사례함

소년 시절 영남의 절간에서 손님 되어
명전(茗戰), 한가한 유희 여러 번 했지.
용암 바위 봉산(鳳山) 기슭에서
대숲에서 중들 따라 매부리 같은 찻잎을 따서
한식 전에 만든 차가 제일 좋다는데
더군다나 용천 봉정의 물까지 있음에야.
사미승(沙彌僧) 시원스러운 삼매의 손길
찻잔 속에 설유를 쉬지 않고 따랐었지.
돌아와 벼슬길의 풍진세상 치달리면서
세상살이 남북으로 두루 맛보았지.
이제 병들어 한가한 방에 누웠으니
쓸데없는 분주함은 나의 할 일 아니로다.
양락(羊酪)도 순챗국도 생각 없고.
화려한 집에서의 풍류 또한 부럽지 않다네

죽창(竹窓)은 햇빛에 차 끓이는 연기 비끼었고
낮잠에서 깨어나면 한잔 차 간절하다.
남녘에서 차 달이던 일 추억하기 몇 차례
산중의 친구는 소식조차 없거니
어찌 당시의 경상(卿相)들이랴
소원한 사람 기억하고 하사품 나누어주랴.
치암 상국은 홀로 잊지 않으시고
두강차(頭綱茶)를 초당으로 보내주었네
봉함 열어 자용향(紫茸香) 살필 틈도 없이
종이에 베인 향내 이미 코에 와 닿네.
차의 고아한 품격 다칠세라 염려하면서
타는 불에 끓이기를 손수 시험하며
솔바람이 솥에 들어 솨솨 하니
그 소리만 들어도 마음 맑아진다네.
찻잔 가득 피어나는 짙은 그 맛
마셔보니 시원하여 골수를 바꾸는듯하구나
영남에서 놀던 옛 시절은 동몽(童蒙)이어서
차 마셔 깊은 경지 이르는 것은 몰랐었지.
이제야 공의 선물 용차로 인하여
옥천자와 같이 통령(通靈)했소이다
때때로 두 겨드랑이 바람을 타고
봉래산 상봉으로 날아 올라가
서왕모(西王母)의 자하상 한번 기울여
종전 연화의 누를 말끔히 씻고
다시 구전 진단금(신선이 되는 약) 가지고 와
공(公)의 진중한 마음 보답하고 싶구려.

少年爲容嶺南寺　茗戰履從方外戲
龍巖巖畔鳳山巖　竹裏隨僧摘鷹觜
化前試焙云最佳　況有龍泉鳳井水
沙彌自決三味手　雪乳飜甌點不巳
謁來從官走風塵　世味遍嘗南北嗜
如今裵病臥閑房　碌碌營營非我事
不思羊酪與蓴羹　不羨華堂擁歌吹
竹窓日午篆煙斜　一甌要及睡新起
幾回回首億南烹　山中故人無信使
何況唐詩卿相門　肯記疎頑分內賜
恥庵相國獨不忘　寄與頭綱草堂喪
未暇開緘見紫茸　巳覺透紙香薰鼻
銅灰雖恐損標格　活火煎烹手自試
松風入鼎發凱凱　聽之足可淸心耳
滿椀悠楊氣味濃　啜過爽然如換髓
南遊昔時方童蒙　不識茗飲有深致
今日因公輒賜龍　通靈也似玉川子
亦欲時乘兩腋風　飛向蓬萊山上墮
一傾王母紫霞觴　洗盡從前煙火累
還將九轉眞金丹　來謝我公珍重意

11. 근재 안축(謹齋 安軸)

① 생애(生涯)

　안축(安軸: 1287~1348)은 순흥 안씨로, 가계는 시조 안자미(安子美)에게 아들이 셋이니 큰아들인 영유(永儒)의 후손들을 1파로, 둘째 아들 영린(永麟)의 후손들을 2파로, 셋째 아들 영화(永和)의 아들들을 3파로 구분한다. 각파에는 파조(派祖)가 있으니 1파는 4세인 문성공 안향(文成公 安珦), 2파는 5세(世)인 문의공 안문개(文懿公 安文凱), 3파는 6세(世)인 문정공 안축(文貞公 安軸; 1287~1348)을 파조라고 한다. 흔히 현조(顯祖)라고도 하는데, 선생은 셋째 아들인 영화(永和)의 계통(系統)인 석(碩)의 아들로서 1282년(고려 충렬왕 8)에 태어났다.

　선생의 자(子)는 당지(當之), 호는 근재(謹齋)이며 문과(文科)에 급제하여 금주사록(金州司錄), 사헌규정(司憲糾正), 단양부주부(丹陽府注簿)를 거쳐, 1324년 (충숙왕 11) 원나라에서 급제하여 그곳 요양로개주판관(遼陽路蓋州判官)에 임명되었으나, 부임하지 않고 고려에 돌아와 성균악정(成均樂正)이 되었으며, 또한 우사의대부(右司議大夫))를 거쳐 충혜왕 때 강릉도존무사(江陵道存撫使)가 되었으며, 이때 ≪관동와주(關東瓦注)≫라는 문집을 남겼다.

1332년 (충숙왕 1) 판전교지전법사(判典校知典法事)를 거쳐 감찰대부(監察大夫)에 올랐고, 교검교평리(校檢校評理)로서 상주 목사를 지냈으며 1344년 (충목왕 원년)에 지밀직사사(知密直司事)를 거쳐, 1344년(충혜왕 5) 밀직사지사에 이어 첨의찬성사(僉議贊成事)가 된다.

뒤에 민지(閔漬)가 만든 《편년강목(編年綱目)》을 이제현 등과 개찬(改撰)하였고, 충렬·충선·충숙 3조(朝)의 실록(實錄)의 편찬에 참여하였으며, 경기체가인 《관동별곡(關東別曲)》《죽계별곡(竹溪別曲)》을 남겨 문명(文名)을 세상에 드날렸다. 흥녕군(興寧君)에 봉해진 뒤 소수서원(紹修書院)에 제향 되었고, 시호는 문정(文貞)이다.

② 차시(茶詩)

· 題寒松亭 / 한송정에 적음

네 국선이 일찍 여기 모였으니
종자가 맹상군 문객만 하였으리.
구슬 신 신은 분들 구름처럼 다 가고
푸른 수염 난 관송은 불에 타 안 남았네.
선경을 찾으려니 푸른 숲 그립구나.
옛날을 회상하여 황혼에 서 있네.
남은 것 오직 차 끓이던 우물
아직도 돌부리 옆에 그대로 있구나.

四仙曾會此　客似孟嘗門
珠履雲無迹　蒼官火不存
尋眞思翠密　懷古立黃昏
唯有煎茶井　依然在石根

• 竹藏古事 / 대숲에 감춰진 옛 절

긴 대 여러 해 되어 울타리 이루었고
손수 심은 스님들 지금은 이미 없다네.
선탑과 다헌은 깊어서 보이지 않고
숲을 뚫은 푸른 날개 돌아갈 줄 안다네.
골짜기에 솟은 누각 수부에 임했고
담을 격한 선당은 바위에 붙어 있네.
스님이 아끼는 참뜻은 아는 이가 없고
멀리 걸친 다연은 바람에 나부끼네.

脩篁歲久已成圍　手種居僧今已非
禪榻茶軒深不見　穿林翠羽獨知歸
聳壑郡樓臨水府　隔墻禪舍倚巖叢
愛僧眞趣無人識　十里茶煙颺竹風
　　　　　　　　(新增東國輿地勝覽)

• 隔墻呼僧 / 담 너머로 僧을 부른다

구렁에 솟은 발군한 누각 바다에 임했고
담을 격한 절집은 바위 숲에 기대있다.
스님을 좋아하는 참뜻 아는 사람 없고

십 리에 뻗은 茶煙 대숲의 바람에 나부낀다.

聳壑羣樓臨水富 隔墻禪舍倚巖叢
愛僧眞趣無人識 十里茶煙丑竹風
　　　　　　（新增東國輿地勝覽）

12. 익재 이제현(益齋 李齊賢)

① 생애(生涯)

　이제현(李齊賢; 1287~1367)은 고려 충렬왕 13년에 檢校政丞 李瑱과 朴氏 부인 사이에 개성에서 태어나 1367년 공민왕 16년에 돌아갔는데 초명은 지공(之公)이고 자는 중사(仲思), 호는 익재(益齋), 실재(實齋), 역옹(櫟翁)이라 했으며 본관은 경주(慶州)이고 시호(諡號)는 문충(文忠)이다.

　1301년 성균시(成均試)에 장원, 이어 문과에 급제하였다. 1314년 백이정의 문하에서 정주학(程朱學)을 공부, 원나라 학자 요수염 조맹부 등과 함께 고전을 연구하기도 했으며, 1362년 홍건적의 침입 때 왕을 청주에 호종하였으며, 계림부원군(鷄林府院君)에 봉해졌다. 당대의 명문장가로 외교문서에 뛰어났고 정주학의 기초를 확립했으며 원나라 조맹부의 서체(書體)를 고려에 도입하여 널리 유행시켰다. 익재난고(益齋亂稿) 소악부(小樂府)에 17수의 고려 민간 가요를 한시(漢詩) 칠언절구로 번역하여 이것이 고려가요 연구의 귀중한 자료가 되고 있다. 저서로는 익재난고, 효행록(孝行錄), 서정록(西征錄) 등이 있다.

　묘련사 석지조기(妙蓮寺 石池竈記)는 익재난고의 시문집에 수록되어 있는데, 충숙왕 6년(1337, 至元 3)에 익제 이제현이 순암 법사의 초청을 받고 묘련사에서 달 밝은 추석날 밤에 모여 차회(茶會)를 하면서, 순암 법사가 석지조를 얻게 된 경위를 설명하고 익제에게 기문을 지어 줄 것을 청하자 익제가 지어 올린 기문이다.

내용은 순암 법사가 금강산에 가서 불공을 드리고 나서 동해안 일대를 유람하였는데, 이때 강릉 한송정에 들렸다가 정자 옆에서 돌로 만들어진 석지조를 보고, 돌아와서 묘련사 뒷산 중턱에 있는 석지조(石池竈)를 찾아서 뜰 앞에 옮겨놓고 추석날 밤에 익제 이제현 등 선비들을 초청해서 차회를 열었다.

• 妙蓮寺石池竈記 (묘련사의 석지조 기문)

삼장순암법사(三藏順菴法師)가 천자의 조서를 받들어 금강산(楓岳)의 절에 가서 불공을 드리고, 그 길로 강릉의 한송정(寒松亭)을 유람하였다. 그때 정자 위에 석지조(石池竈)가 있으므로 주민에게 물으니, 대개「옛날 사람들이 차 끓여 마시던 것인데, 어느 시대에 만든 것인지는 모른다고 하였다.
법사는 혼자서 생각하기를 어릴 때 일찍이 묘련사에도 두 개 돌그릇이 풀 속에 있는 것을 보았는데, 그 형상됨을 생각하면 어찌 물건이 아니었든가 하였다. 이내 돌아와서 찾아보니 과연 있었다.

그 한쪽은 네모나게 갈아서 말(斗)같이 하였고 그 가운데를 둥글게 하여 절구(臼) 같으니, 샘물을 담는 곳이요, 그 아래에는 구멍이 있어 입(口) 벌린 것 같으니, 흐리고 막힌 것을 뽑아 맑은 물을 고이게 하는 것이다. 다른 하나는 두 곳이 움푹하고 둥근 대가 있는데, 이것은 불을 때는 곳이요 그

릇을 씻는 곳이다. 또 구멍을 좀 크게 하여 움푹하고 둥근데 통하게 하였으니 바람이 들어오게 한 것으로서 합하여 이름하여 『석지조』라는 것이다.

여기서 십여 명 인부를 시켜 굴려다 처마 아래에 놓고 손님을 초청하여 거기에 둘러앉게 한 다음 백설같은 샘물을 길어다 황금 같은 움싹(芽) 차를 끓이면서, 익제(益齋)에게 일러 말하기를, 옛날 최정안(崔靖安: 고려 희종 때 문신 崔讜)이 일찍이 쌍명기로회(雙明耆老會)13)를 열었는데, 그곳이 지금 이 절의 북쪽 산으로 절에서 가깝기 수백 보이니, 이것이 그 당시의 물건인지요. 목암(牧菴) 무외국사(無畏國師)가 이 절에 주석하였으니, 삼암(三菴)같은 이가 일찍이 왕래한 일이 있고 한번 글로 평가하였다면 이 물건의 값이 반드시 3배는 되었을 것인데, 어찌하여 묵은 풀 속에 묻혀 있게 된 것이오.

쌍명회로부터 지금까지는 200년이나 되는데, 처음으로 나를 위하여 한 번 나와서 앞으로 소용이 있게 되는 것이니 기문(記文)을 써서 이 물건의 그동안 불우했던 것을 위로하고, 내가 능히 얻게 된 것을 경축하여 주시오」하는 것이었다.

가만히 생각해 보니 쌍명 회합에 대하여는 이학사 미수(眉叟: 李仁老)라는 이가 있어, 한 포기 풀, 한 그루 나무의 미세한 것에 이르기까지도 그것이 담소(談笑) 거리가 될 만한 것이면 모두 시문(時文)에 적었는데, 지금 그 문집 중에서

---

13) 쌍명기로회(雙明耆老會) : 쌍명재 이인로가 주맹이 되어 기로회를 베풀어 당시의 시인 묵객이 모두 모였고, 명사들이 모여 보름 동안 시회와 다회를 열어 풀 한 포기 나무 한 그루가 시의 명제가 될 것이면 모두가 시구로 읊어서 당대에 새로운 형태의 시회(詩會)나 계회(契會), 다회(茶會)의 시원이 되었다. 이후로 기로회나 계회가 매우 성행하였다.

찾아보아도, 여기에 대해서는 한마디 말도 없었으니 어찌 된 일인가.

　그 후에는 일 만들기를 좋아하기로 최태위(崔太慰: 崔怡를 말함)의 형제 같은 이가 있어 이곳에 집을 짓고 살았다는 말은 아직 듣지 못했다. 이들이 「지조(池竈)」로 된 것이 쌍명회 전의 일이라면, 저 한송정의 것과 어느 것이 먼저가 되고 뒤가 될지 모를 일이니, 무릇 그것이 묻혀서 불우하게 된 지가 오래이다. 어찌 삼암에게 만이리오, 미수에게도 역시 만나지 못했던 일이다. 그런데 거의 삼백 년 전에 묻혔다가 하루아침에 나타났으며, 삼암과 미수로도 만나지 못하였던 것인데, 법사와 만남이 있게 되었으니, 만나는 것도 이른바 운수라는 것이 그 사이에 있는 것 같다.

　물건과 사람이 항상 서로 그 이름을 내게 되는 것으로서, 가정(柯亭)의 피리와 풍성(豊城)의 검(劍)이 옹(邕)과 환(煥)을 기다려서 널리 알려지게 되었으니, 원래 두 사람이 알아보는 식견이 천년 뒤에서라도 감탄하는 바이지만, 그 이름이 난 것은 두 물건 때문이기도 한 것이다. 법사는 벌빙(伐氷) 하는 명문의 자손으로 머리를 깎기는 하였지만, 원래가 부귀한 사람이다. 지금 천자의 사신이 되어 와서 한 나라의 임금으로도 공경하고 친애하기를 사우(師友)같이 하는데, 도리어 소인묵객(騷人墨客)들과 음풍농월하는 장소에 거닐고 있으니, 그 도량을 알 만한 일이다. 장차 뒷날에 가서 오늘 일을 미처 보지 못한 이들도 그 이름을 듣고서 이 두 석물(石物)을 알게 하려는 것이니, 이것이 혹시 옹과 환의 피리와 검과 같을 것인가 하였다.

② 차시(茶詩)

• 松廣和尙寄惠新茗 順筆亂道 寄呈丈下 / 송광 화상이 차를 보낸 은혜에 붓 가는 대로 써서 장하에 부쳐드림

마른 창자 술 끊으니 연기가 나려고 하고
늙은 눈 책을 보니 안개가 가린 것 같네.
뉘라서 이 두 병을 자취 없이 보낼 건가
나는 좋은 약을 얻어 온 데가 있네.
동암은 옛날 녹야에 노닐었고
혜감은 조계주가 되어 갔네.
좋은 차 보내오고 안부를 물을 때면
장편 글로 보답하여 깊은 흠모 표하였네.
두 늙은이 풍류는 유불의 으뜸
백 년 동안 생사가 아침저녁 같구나.
사부의 의발을 받아 이 산에 머물러 있어
남들이 그의 규승 조사(祖師)보다 낫다고 하네.
내 평생 부족한 학문 후회하지 않으나
사업을 간고하기 참으로 부끄럽네.
향화 인연은 대를 이어 전해왔으나
속세에 끌려 장구를 모실 수 없네.
외로운 신세까지 물어줄 줄 어찌 뜻했으랴
가는 길 다르다고 싫어하지 않네.
서리 내린 수풀의 규모 일찍이 붙여주고
봄볕에 말린 작설 여러 번 보내왔네.
대사는 옛 정분을 못 잊어 그렇지만

나는 공도 없이 많이 받기 부끄럽네.
낡은 집 몇 칸 풀이 뜰에 우거지고
유월의 궂은 장마 진흙이 길에 가득
박탁 소리 놀라보니 대바구니 보내와
옥과 보다도 더 좋은 신선한 차를 얻게 되었네.
맑은 향기는 한식 전에 딴 것이요
고운 빛깔은 숲속의 이슬을 머금은 듯
돌솥에 끓는 소리 솔바람 부는 듯
자기 잔에 도는 무늬 망울을 토한다.
산골짜기의 운용을 자랑할 수 있겠는가
설당의 월토차 보다 월등함을 깨달았네.
서로의 친분은 혜감의 기풍 남았고
사례를 하려 하나 동암의 시귀 없구려.
붓 솜씨도 노동을 본받을 수 없는데
하물며 육우를 좇아 다경(茶經)을 쓰겠는가?
원 중에 화두[公安]랑은 다시 찾지 마오.
나도 지금부터 시에 전념해야겠소.

枯腸止酒欲生煙　　老眼看書如隔霧
誰敎二病去無從　　我得一樂來有素
東菴昔爲綠野遊　　慧鑑去作曹溪主
寄來佳茗致芳訊　　報以長篇表深慕
二老風流冠儒釋　　百年存沒猶晨暮
師傅衣鉢住此山　　人道規繩超乃祖
生平我不悔雕蟲　　事業今宜慚幹蠱
傳家有約結香火　　牽俗無由陪杖履

豈意寒暄問索居　不將出處嫌異趣
霜林虯卵寄曾先　春焙雀舌分亦屢
師雖念舊示不忘　我自武功愧多取
數間老屋草生庭　六月愁霖泥滿路
忍驚剝啄送筠籠　又獲芳鮮渝玉胯
香淸曾摘化前春　色嫩尙含林不露
搖颸石磴松籟鳴　眩轉瓷甌乳花吐
肯容山谷託雲龍　便覺雪堂差月兔
相役眞有慧鑑風　欲謝只欠東菴句
未堪走筆效盧仝　況擬著經追睦羽
院中公案勿重尋　我亦從今詩入務

　처음에 혜감(惠鑑)이 동암(東菴: 이진)에 차를 보내면서 안부를 물었고, 동암은 때마다 시로서 답하곤 하였는데 차와 시로서 맺은 유불의 교유였다. 이처럼 차와 시로서 맺은 깊은 인연이 대를 이어 전하여, 동암의 아들 이제현과 혜감의 제자 경호(景瑚: 혜감의 법제자) 사이에도 차와 시가 오갔던 것이다. 이제현은 이 시에서 대를 이어 전해진 이 같은 풍류를 무척이나 흐뭇하게 여기고 있었다. 이 시에서 「아버님의 일을 계승한다」라고 한 것이나 「향화의 인연이 대를 이어 전한다」라고 한 것, 또한 「서로의 교분에는 혜감의 유풍이 남았다」라고 한 것 등이 그것이다.
　이제현은 돌솥에서 끓는 물소리를 솔바람 소리로 들으면서 차를 끓여서 자기(瓷器)로 만든 찻잔에 따라서 맛본다. 그 차 맛의 뛰어남과 소동파가 설당(雪堂)에서 끓이며 자랑했던 월토차보다 월등하다고 찬사를 보냈다. 이처럼 좋은 차를 보내준 스님의 고마움에 보답하려 하나, 동암이 썼던 그 아름다운 시귀도 자기는 쓰기 어렵고, 다가(茶歌)로 유명한 노동이나, 다경의 저자로 이름난 육우를 흉내 낼 재주도 없으니 이제부터라도 다시 시 공부에 전념해야 하겠다고 적고 있다.
차와 시를 인연 하여 뛰어난 유학자와 고승들 사이에 대를 이어 맺어지는 교유의 전형이 아닌가 싶다.

• 偶成 / 우연히 짓다

술이 덜 깨어 정신 흐리고 눈은 머리에 가득한데
차 끓는 소리에 해는 서쪽에 기우네.
귀여워라 어린 딸 시름없이
어린 뽕 썰어 누에 치기 배우네.

殘酒憒勝雪滿簪　煮茶聲裏日西南
最憐稚女無愁思　手剪柔桑學餧蠶

13. 급암(及庵) 민사평(閔思平)

① 생애(生涯)

　민사평(閔思平; 1295~1359)의 본관은 여흥(驪興)이고 자는 탄부(坦夫)이며 호는 급암(及庵)이다. 찬성사 민적(閔頔)의 아들이다. 어려서부터 재능과 도량이 있었다. 학문이 일취월장하여 산원·별장에 임명되었으나 취임하지 않았으며, 충숙왕 때 문과에 급제, 예문춘추관수찬(藝文春秋館修撰)을 거쳐 예문응교(藝文應敎)·성균대사성이 되고, 1344년(충혜왕 5) 감찰대부(監察大夫)를 역임한 뒤 여흥군(驪興君)에 봉해졌다.
　충정왕을 따라 원나라에 들어갔던 공으로 충정왕이 즉위한 1348년 도첨의참리(都僉議參理)가 되었으며, 그 뒤 수성병의협찬공신(輸誠秉義協贊功臣)의 호가 부여되고, 찬성사상의회의도감사(贊成事商議會議都監事)에 이르렀다.
　성품이 온아하며 친척들과 화목하고 교유를 잘하였으며, 관직에 있을 때도 일을 처리하는 데 모나지 않았다. 시서를 즐기고 학문에 열중하여 당시 이제현(李齊賢)·정자후(鄭子厚) 등과 함께 문명(文名)이 높았다. 『동문선(東文選)』에 그의 시 9수가 전한다. 저서로는 『급암집(及菴集)』이 있다.

② 차시(茶詩)

• 送善住聰法師遊楓岳 / 풍악으로 유람하는 선주 총 법사를 전송하다.

속세의 인연 아직 다하지 못해
머리 돌려 또 머뭇거리네.
스님께 청하면 차 마시고 가라니
나도 내 집이 좋기는 하지

塵緣尚未盡　回首且趑趄
請師喫茶去　吾亦愛吾廬

• 摠智寺 / 총지사

한 잔 향차에 스님 말씀 맑고
두어 칸 낡은 불당엔 등불이 환하네.

一椀香茶僧語淡　數間老屋佛燈明

• 送雲上人 / 운 상인을 보내며

앞뒤 개울엔 산 꽃으로 그림 그렸고
버들 위의 자고새는 봄바람 타고 우네.
어느 해인가 차 마시러 간다고 약속했는데
지금은 조주 스님 동원 옆에 있다고 하네.

山花綉畵南北溪　春風柳上鷓鴣啼
它年有約喫茶去　知在趙州東院西

위의 차시 세수(三首) 모두 사찰과 스님을 연계한 차시이다. 차는 가정이나 사무실에서도 마시지만, 사찰에서 세속의 번잡함을 멀리하고 고요하고 정갈한 분위기에서 마시면 더욱 고아한 풍취가 있을 것이다. 산사에서 스님과 마주 앉아 탈속의 경지에서 차를 마시면 자연과 동화되고 새소리 바람소리와 자연이 주는 말 없는 무한설법을 들을 수 있을 것이다.

• 謝丹溪先生寄香茶 / 단계 선생이 향차를 보내옴에 사례함

그리워 남쪽을 바라보니 그대와는 아득하구나
입이 마를 땐 다만 침을 삼켜 적실뿐인데
거사께선 금주령을 알고서
은근히 한식 전의 차를 보냈었구려.

相思南望隔情人　舌本乾時只嚥津
居士似知禁酒令　殷勤送與火前春

14. 가정(稼亭) 이곡(李穀)

① 생애(生涯)

이곡(李穀, 1298~1351)은 고려 말의 학자로 목은 이색의 아버지다. 초명은 운백(芸白), 자는 중부(仲父), 호는 가정(稼亭)이다. 이제현과 함께 『편년강목(編年綱目)』을 중수하고 충렬, 충선, 충숙 3조의 실록을 편찬했다. 주객이며 다인인 이곡은 차의 성품을 술과 대비시켜 나타내고 있다. 저서로는 『가정집(稼亭集)』 20권이 있다. 기행문인 「동유기(東遊記)」에는 사선(四仙)의 차 도구에 관한 기록이 있다. 「한송정(寒松亭)」「음주일수동백화부우덕린작(飮酒一首同白和父禹德麟作)」, 「소차재(小茶齋)」, 「차강릉객사동헌(次江陵客舍東軒)」 등의 차시가 전한다.

② 차시(茶詩)

• 醴泉君所題韻 次寒松亭 / 한송정에서 예천군이 지은 시에 차운함

뜻은 오로지 뛰어난 경치 찾으려고
일찍 옛 성문 밖으로 나섰네.
선인들은 어디 가고 솔숲에 정자와
산에는 돌 부뚜막만 남았구나.

인정에는 고금이 있어도
물상은 아침저녁을 따라 세월이 덧없음이여
이곳에 우연히 오지 않았다면
들은 말이 근거 없다고 하리라.

意專尋勝景　早出故城門
仙去松亭在　山藏石竈存
人情有今古　物像自朝昏
不是會來此　聞言謂不根

• 飮酒一首同白和父禹德麟作 / 음주시 한수. 백화부 우덕린과 함께 짓다.

인사는 원래 어긋남이 많아
예의 화살도 맞추지 못할 때가 있네.
잔을 드는 최종지
수레바퀴 뽑는 진맹공
노동이 일곱 잔 차에 웃음으로 답하고
두 겨드랑이에 맑은 바람이 일어난 듯함을.

人士古多違　　羿彀或未中
擧觴崔宗之　　投轄陳孟公
應笑盧仝七椀茶　誤疑兩腋生淸風

• 小茶齋 / 소차재

새로 지은 작은 집은 고요하여 이웃이 없고

깨끗한 책상, 밝은 창은 더럽혀져 티끌과 떨어졌네.
찻사발은 여인의 섬세한 손으로 만들게 하지 마오
집 안엔 저절로 진짜 흰옷이 있다네.

小齋新構寂無隣 淨几明窓絶點塵
茶椀莫敎纖手捧 堂中自有白衣眞

• 次江陵客舍東軒 / 강릉객사 동헌에 있는 시운에 차운함.

경포호 위 술잔 안에 밝은 달 비치고
돌 부뚜막에 차 끓이니 자색 연기 바람 타고 오르네.
다만 가혹한 정치만 없다면
이곳 백성 원래 신선인 것을.

鏡湖載酒搖明月 石竈煎茶颺紫煙
但自不逢苛政虎 州民元是一群仙

15. 사암(思庵) 유숙(柳淑)

① 생애(生涯)

　유숙(柳淑; ?~1368)은 고려 말기 문신으로 본관은 서산이며, 자는 순부(純夫), 호는 사암(思庵), 시호는 문희(文僖)이다. 서산을 본관으로 하는 대표적 성씨 중 하나이며, 서산(령) 유씨와 서산 정씨가 양대 산맥을 이루고 있다. 그리고 이 두 문중은 걸출한 인물을 많이 배출한 지방의 명문 세족이기도 하다.

　사암 유숙은 고려 충혜왕(1340) 때 과거에 급제해 안동사록(安東司錄)에 임명되었으며, 이어 강릉대군(江陵大君 : 후에 공민왕이 됨)을 시종해 4년간 원나라에 있었다. 1351년 공민왕이 즉위하자 함께 고려에 돌아와 좌부대언(左副代言)이 되었다. 그리고 이듬해에 강릉대군(공민왕)을 원나라에서 충심으로 보필한 공을 인정받아 연저수종(燕邸隨從) 1등 공신의 호를 받았다. 이어 우대언, 좌사의대부를 역임하다가 조일신의 무고로 인해 관직을 파직당하여 향리로 돌아왔다.

　이후 조일신이 죽은 뒤에 다시 중용되어 1356년에 추밀원학사(樞密院學士)가 되었다. 이어서 동지추밀원사(同知樞密院使)에 임명되었고, 1359년에는 지추밀원사로 재직하면서 혁혁한 공로로 안사공신(安社功臣)이 되어 관직이 추밀원사에까지 이르렀다.

또한 사암 유숙은 홍건적의 난 때 왕에게 건의하여 남으로 피신하게 하였고 그 공으로 서령군(瑞寧君)에 봉해졌다. 이어 한림학사 승지 수국사를 역임하였으나, 안우 등의 모함으로 동경유수로 나가기도 한다. 또 김용(金鏞)이 흥왕사(興王寺)에서 변란을 일으켰을 때 공을 세워 정당문학 겸 감찰대부(政堂文學兼監察大夫)가 되어 1등 공신에 책록 되었다.

1365년 그의 충절을 두려워하던 승려 출신의 정치가 신돈(辛旽)의 모함으로 영광에 유배되어 있다가 영광에서 신돈(辛旽)이 보낸 자객에게 암살당하였다. 이후 그의 뜻을 기려 공민왕의 묘정(廟庭)에 배향이 되었고, 또 서산에 있는 성암서원에도 배향되어 오늘에 이르고 있다. 그리고 사암 유숙의 신도비가 가야산 넘어 예산군 덕산면 상가리에 1999년 다시 개수되어 서 있다.

② 차시(茶詩)

• 次伽倻寺住老詩 / 가야사의 주지 노스님 시를 차운함

소년 시절에 노래하고 춤추면서 좋은 집에 취할 제는
한가히 운수향에 노닐 줄이야 생각이나 하였으리.
늙어지니 변화한 거리 달리기 힘들고
물러나 분수대로 명아주 평상에 앉았노라.
한가한 속에 어울리는 맛은 차가 석 잔이고
꿈속의 공명은 종이 한 장.
외로움 달래주는 시 아주 고마워
스님의 깊은 뜻 짐작할 것 같구려.

少年歌舞醉華堂　肯想淸遊雲水鄕
老去不堪趨綺陌　退來隨分坐藜床
閑中氣味茶三椀　夢裏功名紙一張
多謝新詩慰幽獨　上人深意若爲量
　　　　　　　　　　　(東文選)

· 遊昭陽江 / 소양강에서 놀다.

인생의 모이고 헤어짐을 일러 무엇 하리
세상일은 잠깐 스쳐 지나가는 티끌인 것을
옛것 찾아 서성이며 길이 탄식하노니
천년전 깨진 비석 풀 속에 묻혀 있네.
시와 술로 봄날을 즐길 일이지
꽃도 없이 적막할 때를 기다리지 마라.
뉘 집에 단 샘과 대숲이 있어
멀리서 집 없는 나그네 불러줄꼬.

人生聚散何足道　世事過眼隨飛埃
徘徊弔古空歎息　千年斷碣埋山菜
要將詩酒酬春色　莫待無花空寂寞
誰家泉甘有竹林　招此無家遠有客

　사암은 평소에도 주관이 뚜렷하여 근원적인 것에 확고한 신념을 가지고 있었다. 그가 원나라에 있을 때 어머니가 위독하다는 소식을 듣고 귀국하려고 하자 주위에서 만류하니, "충신과 효자는 이름만 다를 뿐 실제는 똑같다. 본체와 끝은 차례가 있으니, 더구나 임금을 모실 날은 길지 만 부모를 모실 날은 짧은데, 만일 잘못된 후에 후회한들 유익함이 무엇인가?"하고 귀국했다. (忠臣孝子 名異實同 本末則有存 況事君日長 事親日短 萬一不諱 悔之何益 遂東歸.『高麗史』)

그는 생사관도 분명하여, 좋을 때 즐기고 적막할 때를 기다릴 것 없이 감천(甘泉)을 길어 대숲 앞에 앉아 차를 마시려고 했다. 신돈이 그를 죽이려 할 때 주변에서 피하라고 하니, "임금과 어버이는 하늘인데 하늘을 어찌 피하겠는가? 살고 죽음이 운명이니 마땅히 따라야 한다. 피한들 어디를 가겠는가?"하고 죽으니 안색이 평시와 같이 평온하여 눈물을 흘리지 않는 이가 없었다. (君父天也 天可逃乎 且死生有命 固當順 受亡將何之 就死 顔色如平時 人皆爲之流涕.『高麗史』).

이상과 같은 사상과 행실은 모두 일이관지(一以貫之)하는 차 정신에서 나온 것이리라. 결구에서 좋은 샘물과 죽림을 찾는 것은 어려울 때 자신의 지금 선 자리를 돌아보고, 남은 시간 어떤 마음가짐으로 살 것인가를 생각하는 차 한 잔이 필요했기 때문이리라.

16. 둔촌 이집(遁村 李集)

① 생애(生涯)

고려 말기 성남 지역 출신의 문신으로 본관은 광주(廣州). 초명은 원령(元齡). 자는 성노(成老)·호연(浩然)이며, 호는 묵암자(墨岩子)·둔촌(遁村)이다. 고려수절신(高麗守節臣)의 한 사람으로 정몽주(鄭夢周)·이색(李穡) 등 당대의 거유(巨儒)들과 교유하였다.

광주 향리 생원 공 이당(李唐)과 어머니 인화 이씨 사이의 다섯 아들 중 둘째로 출생하였다. 아들은 탄천(炭川) 이지직(李之直)이고, 선조는 신라 17대 내물왕 때 내사성령을 지낸 이장성 이다.

안보(安輔)의 문하에서 수학했으며, 특히 경서(經書)에 밝았다. 1347년(충목왕 3) 문과에 급제하였고, 1368년(공민왕 17)에는 왕의 측근인 신돈(辛旽)을 논박하다가 미움을 사 생명의 위협을 받자, 아버지를 업고 영천(永川)으로 도피하여 최원도(崔元道)의 집에서 은거하였다. 1371년 신돈이 주살되자 개경으로 돌아와 판전교시사(判典校時事)에 임명되었으나 곧 사직하고, 이름과 호를 이집과 둔촌으로 바꾸고 여주 천녕현(川寧縣)에서 자연을 벗 삼아 시와 학문에 전념하였다.

시에 특히 뛰어나 꾸밈과 가식이 없고, 직설적이면서도 자연스러운 시풍으로 당대에 이름을 얻었다. 저서로는 『둔촌유고(遁村遺稿)』가 있다. 아단문고에서 소장본 2권 1책의 『둔촌유고』는 1995년 4월 3일 보물 제1218호로 지정되었다.

둔촌 이집의 묘역은 경기도 성남시 중원구 하대원동 산7-1에 있으며, 2008년 5월 경기도 기념물 제219호로 지정되었다.

조선시대에 의정부좌찬성(左贊成)에 추증되었다. 1669년에 광주(廣州) 암사(岩寺) 강상 [현재의 암사동]에 시원을 세우고, 1697년에 구암서원이라는 사액을 받아 이곳에 제향 되었으나 1870년 흥선 대원군의 서원철폐령에 따라 훼철되었다.

② 차시(茶詩)

• 念惜 呈諸君子 / 옛날을 생각하며 군자들에게 드림

지난해 산사의 경신년 밤에
단란한 가운데 세월 흐름 함께 안타까워했다네.
사경인데 산의 달 밝게 비치고
모든 골짜기 솔바람 솨솨 울렸다네.
고승 들어와 좌정하더니 잠자코 말이 없고
사미승 차 달이는데 향기로운 연기 떠오르네.
함께 노닌 빈객 모두 다 우아한 선비라
한 잔에 한 번 읊조리며 기쁘게 노래하였다네.
당시의 두 공 지금 양부(議政府와 中樞府)에 있었고
나머지는 누대에 올라 애오라지 근심 풀었다네.
돌아와 서로 돌아보니 머리 아직 검은데
흰 머리 나는 지금 한 언덕 지키고 있다네.
모였다 흩어짐 슬픔과 기쁨 언제 끝나려나?
다시 촛불 잡고 산속에서 노닒을 기억한다네.

去年山寺庚申夜　團欒共惜歲月流
四更山月照炯炯　萬壑松風鳴颼颼
高僧入定默不語　沙彌煮茗香煙浮
同遊賓客眞儒雅　一觴一詠爲歡謳
當時二公今兩府　餘子登樓聊消憂
歸來相顧頭尙黑　白首吾今守一丘
聚散悲歡幾時極　更期秉燭山中遊

• 次敬之韻 / 경지가 지은 시의 운을 써서 짓다.

먼 숲 아스라한데 저녁 빛 밝고
서늘한 매미 맴맴 막 개였음 알리네.
술자리 파하여 객 떠나니 산의 집 고요하고
베개에 기대니 오직 시내 물소리 들린다네.

遠樹依依夕照明　涼蟬咽咽報新晴
酒闌客去山堂靜　欹枕唯聞澗水聲

산의 사립문 적막하여 지나는 사람 적고
그대 만나 해후하니 더욱 기쁘다네.
높은 분 머무시니 오늘 저녁 긴데
오히려 한 잔 차 차고 싱거움 싫어하네.

山扉闃寂少人過　邂逅逢君喜有加
留得高軒永今夕　猶嫌冷淡一杯茶

등불 돋우며 옛이야기 하다가 날이 밝았는데
밤비 처마에 이어지니 오래도록 아직 개지 않았네.
흥 다하여 문 나서며 다시 손잡으니
해 언무 낀 절에 지는데 저녁 종소리 울리네.

挑燈話舊到天明　夜雨連簷久未晴
興罷出門還握手　日沈煙寺暮鐘聲

한가한데 던져지니 몇 번이나 서로 지나칠 수 있으리?
말년에 정 나누니 더욱 늙었다네.
달 비친 강에 배 타고 모름지기 술 싣고
산에 가을 드는데 절에서 노닐며 곧 차 달인다네.

投閑能有幾相過　末路交情老更加
江月乘舟須載酒　山秋遊寺卽煎茶

17. 목은 이색(牧隱 李穡)

① 생애(生涯)

　이색(李穡: 1328~1396)의 본관은 한산(韓山). 자는 영숙(穎叔), 호는 목은(牧隱). 포은(圃隱) 정몽주(鄭夢周), 야은(冶隱) 길재(吉再)와 함께 삼은(三隱)의 한 사람이다. 아버지는 찬성사 이곡(李穀)이며 이제현(李齊賢)의 문인이다.
　1341년(충혜 복위 2)에 진사(進士)가 되고, 1348년(충목 4) 3월 원나라에 가서 국자감(國子監)의 생원(生員)이 되어 성리학을 연구하였다. 1351년(충정 3) 아버지 상을 당해 귀국하였다. 1352년(공민 1) 4월 전제(田制)의 개혁, 국방계획, 교육의 진흥, 불교의 억제 등 당면한 여러 정책의 시정개혁에 관한 건의문을 올렸다.
　이듬해 향시(鄕試)와 정동행성(征東行省)의 향시에 1등으로 합격해 서장관(書狀官)이 되었다. 원나라에 가서 1354년 제과(制科)의 회시(會試)에 1등, 전시(殿試)에 2등으로 합격해 원나라에서 응봉 한림문자 승사랑 동지제고 겸 국사원편수관(應奉翰林文字承事郎同知制誥兼國史院編修官)을 지냈다.
　제과에 합격한 뒤 곧 귀국길에 올라 한산으로 돌아왔고, 같은 해 12월 통직랑(通直郎), 전리 정랑(典理正郎), 예문응교(藝文應敎), 지제교 겸 춘추관편수관(知製敎 兼 春秋館編修

官)에 임명되었으며, 이듬해 윤 정월 내서사인(內書舍人)으로 승진했다. 같은 해 3월 사은사 윤지표(尹之彪)의 서장관으로 원나라에 가서 한림원에 등용되었으며 어머니를 봉양한다는 구실로 1356년(공민 6) 1월 고려로 돌아와 중산대부(中散大夫) 이부시랑(吏部侍郞) 한림직학사(翰林直學士) 지제교 겸 춘추관편수관겸병부낭중(知製敎兼春秋館編修官兼兵部郞中)이 되어 인사행정을 주관하고 개혁을 건의해 정방(政房)을 폐지하게 하였다.

1357년 2월 국자좨주(國子祭酒), 7월 우간의대부(右諫議大夫)가 되어 유학에 의거 삼년상 제도를 건의하여 시행하도록 하였다. 이듬해 7월 추밀원우부승선(樞密院右副承宣) 한림학사가 되고, 1360년(공민 9) 3월 추밀원 좌부승선 지예부사(知禮部事)에 이르렀다. 1361년 홍건적의 침입으로 왕이 남행할 때 호종하였다. 이후 좌승선(左承宣)·지병부사(知兵部事)·우대언(右代言)·지군부사사(知軍簿司事)·동지춘추관사(同知春秋館事)·보문각(寶文閣)과 예관(禮官)의 대제학(大提學) 및 판개성부사(判開城府事) 등을 지냈다. 1362년(공민 11) 원으로부터 정동행중서성유학제거(征東行中書省儒學提擧)에 임명되었고, 고려에서는 밀직제학 동지춘추관사로 승진하였으며, 단성보리공신(端誠保理功臣)에 봉해졌다.

1363년 윤3월에는 1361년의 호종한 공으로 신축호종공신(辛丑扈從功臣) 1등에 봉해졌으며, 1365년 3월 첨서밀직사사에 임명되었으며, 그해 윤10월 동지공거가 되어 처음으로 예부시를 주관하였다.

1365년부터 시작된 신돈 집권기 동안 그는 1367년 5월 중영(重營)된 성균관의 교육 부흥과 관련하여 12월 판개성부사로서 겸 성균대사성(兼 成均大司成)에 임명되어 대사성(大司成)이 되어 김구용(金九容)·정몽주(鄭夢周)·이숭인(李崇仁) 등을 학관으로 채용해 신유학(주자학·정주학·성리학의 이칭)의 보급과 발전에 공헌하였다. 같은 달에 원으로부터 정동행성 좌우사낭중(左右司郞中)에 임명되었고, 이후 삼사좌사, 삼사우사를 거친 후 이듬해 4월 친시(親試)의 독권관(讀卷官)이 된 것을 시작으로 1369년 6월과 1371년 3월 예부시의 시관을 역임하였다. 1371년(공민 20) 5월 지춘추관사로서 감춘추관사인 이인복(李仁復)과 함께 금경록(金鏡錄)을 증수(增修)하였으며, 7월 신돈 축출 이후 정당문학(政堂文學)에 임명되고, 문충보절찬화공신(文忠保節贊化功臣)에 봉해졌지만, 모친상을 당해 9월 관직에서 물러났고, 이듬해 기복(起復)되었으나 곧 병을 핑계로 사직을 청하여 1373년(공민 22) 11월 면직되면서 한산군(韓山君)에 봉해졌다. 1375년(우왕 1) 왕의 요청으로 다시 벼슬에 나아가 정당문학(政堂文學)·판삼사사(判三司事)를 역임하였다. 1377년에 추충보절동덕찬화공신(推忠保節同德贊化功臣)의 호를 받고 우왕(禑王)의 사부(師傅)가 되었다.

  1388년 철령위문제(鐵嶺衛問題)가 일어나자 화평을 주장하였다. 1389년(공양왕 1) 위화도회군(威化島回軍)으로 우왕이 강화로 쫓겨나자 조민수(曺敏修)와 함께 창왕(昌王)을 옹립, 즉위하게 하였다. 판문하부사(判門下府事)가 되어 명나라에 사신으로 가서 창왕의 입조와 명나라의 고려에 대한 감국(監國)을 주청해 이성계(李成桂) 일파의 세력을 억제하려 하였다.

이 해에 이성계 일파가 권력을 잡자 오사충(吳思忠)의 상소로 장단(長湍)에 유배되었다. 이듬해 함창(咸昌)으로 옮겨졌다가 이초(彛初)의 옥(獄)에 연루되어 청주의 옥에 갇혔는데 수재(水災)가 발생해 힘창으로 다시 옮겨 안치(安置)되었다.

1391년에 석방되어 한산부원군(韓山府院君)에 봉해졌으나, 1392년 정몽주가 피살되자 이에 연루되어 금주(衿州: 현재 서울시 금천구 시흥)로 추방되었다가 여흥(驪興: 현재 경기도 여주)·장흥(長興) 등지로 유배된 뒤 석방되었다. 1395년(태조 4)에 한산백(韓山伯)에 봉해지고, 이성계의 출사(出仕) 종용이 있었으나 끝내 고사하고 이듬해 여강(驪江)으로 가던 도중에 죽었다.

원·명 교체기 때 천명(天命)이 명나라로 돌아갔다고 보고 친명정책을 지지하였다. 또 고려 말 신유학(성리학)이 수용되고 척불론(斥佛論)이 대두되는 상황에서 유교의 입장을 견지하여 불교를 이해하고자 하였다. 즉 불교를 하나의 역사적 소산으로 보고 유·불의 융합을 통한 태조 왕건 때의 중흥을 주장했으며, 불교의 폐단을 시정하는 것을 목적으로 하는 척불론을 강조하였다. 따라서 도첩제(度牒制)를 실시해 승려의 수를 제한하는 등 억불정책에 의한 점진적 개혁으로 불교의 폐단을 방지하고자 하였다.

한편 세상이 다스려지는 것과 혼란스러워지는 것을 성인(聖人)의 출현 여부로 판단하는 인간 중심, 즉 성인·호걸 중심의 존왕주의적(尊王主義的) 유교사관을 가지고 역사서술에 임하였다. 아울러 이색의 문하에서 고려 왕조에 충절을 지킨 명사(名士)와 조선 왕조 창업에 공헌한 사대부들이 많이 배출되었다. 정몽주(鄭夢周)·길재(吉再)·이숭인(李崇

仁) 등 제자들은 고려 왕조에 충절을 다하였으며, 정도전(鄭道傳)·하륜(河崙)·윤소종(尹紹宗)·권근(權近) 등 제자들은 조선 왕조 창업에 큰 역할을 하였다. 이색·정몽주·길재의 학문을 계승한 김종직(金宗直)·변계량(卞季良) 등은 조선 왕조 초기 성리학의 주류를 이루었다. 저서에는『목은문고(牧隱文藁)』와『목은시고(牧隱詩藁)』등이 있다.

장단(長湍)의 임강서원(臨江書院), 청주의 신항서원(莘巷書院), 한산(韓山: 현재 충청남도 서천)의 문헌서원(文獻書院), 영해(寧海: 현재 경상북도 영덕)의 단산서원(丹山書院) 등에 제향(祭享)되었다. 시호는 문정(文靖)이다.

② 차시(茶詩)

· 秋日書懷 / 가을날에 회포를 씀

쓸쓸한 가을비가 서늘함을 보내오니
창 아래 앉아 있는 흥미가 진지하여라.
벼슬살이 나그네 신세 모두 잊어버리고
한 심지 향불 아래 한 잔 새 차를 마시네.

秋雨蕭蕭送薄凉　小窓危坐味深長
宦情羈思都忘了　一椀新茶一炷香

· 靈泉 / 영천

학이 부리 쪼아 맑은 샘물이 솟아

차갑게 폐부(肺腑)를 적시네.
마시니 뼈를 신선으로 되게 하고
사람으로서 현포(玄圃)를 생각게 한다오.
어찌 시 짓는 창자만을 씻으랴
가히 이수(二竪)까지도 물리치리라.
내 평생에 맑은 일을 사랑하여
다보(茶譜)의 속집 저술을 생각했네.
당연히 돌솥을 가지고 가서
소나무 가지에 비 날리는 것을 보아야지.

　　鶴啄淸泉出　冷然照肺腑
　　飮之骨欲仙　令人想玄圃
　　豈惟洗詩脾　可以却二竪
　　平生愛淸事　有意續茶譜
　　當衞石鼎去　松梢看飛雨

• 杏店途中風雪 / 행점(杏店)의 도중에 눈보라가 침

평생에 가장 좋아한 건 절집에서 잠잘 때
송죽엔 바람 불고 하늘엔 구름 가득할 제
화롯불에 얼굴 발갛게 비추며 차를 달이어
조금 마시고 모기소리로 조용히 읊음일세.
이런 낙을 아는 사람은 천하에 나뿐이니
암곡에서 소요하여 늙는 것이 합당하거늘
누가 멀리 달려와 벼슬하길 배우게 했나?
요컨대 세간의 행로 어려움을 알아야겠네.

平生最愛僧窓眠　松竹蕭蕭雲滿天
煎茶爐火照面紅　淺斟低唱飛蚊同
已知此樂天下獨　便合逍遙老巖谷
誰敎遠走學爲官　要識世間行路難

• 煎茶卽事 / 차를 달이며 짓다

봄에 계산(鷄山)에 드니 대낮같이 밝고
뇌성이 하룻밤을 울리더니 이내 빈 듯이 잠잠하네.
눈같이 흰 꽃무늬 자기 그릇에 아침밥을 먹고 난 뒤
돌솥에 송풍성을 들으며 여가에 낮잠을 즐기네.
달을 즐기니 완연한 기운이 친한 사람을 보는 듯
바람을 타고 두소(頭蘇)에 이르러 묻고자 하나.
수염이 좋은 사람 세상사 뜻을 잊고 가슴을 맑게 씻어
다섯 수레(五車)의 책을 보았네.

내 일찍이 절에 가서 사여(四如)를 물을 때
차 향기 가득한 방에 작은 창이 있을 뿐.
심신의 모든 괴로움 다 함이 없는데
차의 달콤한 맛 아직도 입 안에 남아 기쁘네.
방황하며 이중(二仲)을 찾을 때
문장은 하필이면 송나라 삼소(三蘇)를 배우리.
주나라 서백(書伯)은 지금 편하게 계시느냐
비웅(非熊) 등 짐승을 위치에 실었네.

春入溪山畫不如　輕雷一夜動潛虛
花甆雪色朝飡後　石銚松聲午睡餘
弄月宛然親面見　乘風欲問到頭蘇
鬢絲誰是忘機者　淨洗胸中書五車

曾向空門問四如　茶香滿座小窓虛
心身衆苦知無盡　齒頰微甘喜尙餘
放曠却須尋二仲　文章何必擬三蘇
欲師西伯今安在　卜得非熊載後車

• 雪 / 눈

창 아래 조용히 앉으니 생각은 끝없는데
눈 올 기미 한창 부풀고 날은 저물어가네.
두 뺨이 붉은 건 한창때라서가 아니요
납전의 삼백[14])은 이것이 풍년의 조짐일세.
죽옥에 뿌릴 때는 소리만 들어도 추운데
차 솥에 떠 있으면 차 맛은 더욱 좋구나.
쭈그려 앉아 읊조리긴 정말 쓸쓸하지만
외로운 배에 삿갓 쓴 이가 되려 위태롭네.

小窓淸坐思綿綿　雪意方酣欲暮天
頰上雙紅非壯歲　臘前三白是豊年
洒來竹屋聲猶凍　點入茶鐺味更姸

---

14) 납전(臘前)의 삼백(三白) : 납일(臘日) 이전에 세 차례 눈이 내리면 풍년이 든다고 한다.

抱膝高吟正牢落　孤舟蓑笠轉危然

• 用前韻 / 앞의 운을 사용하여 읊다

생각이 허무 적적한 태극에 들어가서
향 사르고 백운편을 조용히 읽노라니
차 끓는 작은 솥은 날린 비를 몰아온 듯
오래된 해진 적삼은 솜덩이가 갈기갈기
세상에선 재주 없어 의당 움츠릴 뿐이요
책 속엔 맛이 있으니 맘으로만 전한다네.
어느 때나 다시 오계의 붓15)을 내려쓸꼬
무경을 주하여 이전16)을 사사하고 싶어라.

思入虛無太極前　焚香細讀白雲篇
茶餘小鼎卷飛雨　歲久破衫多斷綿
世上無才宜手縮　書中有味只心傳
何時更下浯溪筆　欲註武經師李筌

• 茶後小詠 / 차를 마시고 난 후에 짧게 읊음

작은 병에 샘물을 담아가지고

---

15) 오계(浯溪)의 붓 : 공덕을 칭송하는 문장을 쓰는 것을 의미한다. 당 나라 원결(元結)이 대당중흥송(大唐中興頌)을 지어서 숙종(肅宗)의 공덕(功德)을 가송(歌頌)하여 이것을 오계(浯溪) 곁의 절벽 위에 새겼던 데서 온 말로 전하며, 훈적비(勳績碑)가 세워진 것을 의미한다.
16) 이전(李筌) : 당 나라 때 장략(將略)이 뛰어났던 사람으로, 일찍이 병서(兵書)인 《태백음부경(太白陰符經)》을 저술하였고, 만년에는 신선술(神仙術)을 좋아하여 수도(修道)를 하기 위해 산에 들어간 이후 죽은 곳을 모른다고 전해진다.

깨진 그릇에 노아차를 달이네.
귓불에 청정한 기운이 돌때
코에서는 신선의 자하를 보노라.
별안간 눈에 이른거리는 것이 사라질 때
밖의 경지는 조그만 티도 없구나.
혀로 차 맛을 음미하며 삼키니
뼈와 살이 참으로 달라지는 듯.
영대의 아주 작은 땅이라도
교교히 밝아 사기(邪氣)가 없구나.
어느 여가에 천하에 이 기운 미치리.
군자는 응당 자기 집을 바로 잡아라.

小甁汲泉水　破鐺烹露芽
耳根頓淸淨　鼻觀通紫霞
俄然眼翳消　外境無纖瑕
舌辨喉下之　肌骨正不頗
靈臺方寸地　皎皎思無邪
何暇及天下　君子當正家

• 幽去自詠 / 은거하면서 스스로 읊음

한적한 삶에 한적한 맛 넉넉한데
산이 가까워 수목도 층층이로다.
한낮엔 처마의 고드름이 떨어지고
추운 밤엔 벼룻물이 얼어붙네.
술집에선 통달한 선비를 생각하고

차 자리에선 고승을 생각하는데
흥취 푸는 일을 시 구에 의탁하여
붓을 휘둘러 종이 가득 써 내리네.

幽居足幽味　山近樹層層
日午簷氷落　更寒硯水凝
酒樓思達士　茶榻憶高僧
遣興憑詩句　揮毫滿剡藤

・朝吟 / 아침에 읊음

나이 오십 여세가 되고 보니
귀밑털이 점차 희끗희끗해지는데
지붕 모서리엔 한 소나무가 푸르고
담장 모퉁이엔 늙은 냉이가 푸르러라
먼지는 서책 속에 끼어 있고
눈 녹인 물은 다경(茶經)에 적혀 있네.
맑은 흥취가 아침에 더하여라
꽃병에 매화꽃이 비치는구려.

行年餘五十　鬢髮漸星星
屋角寒松碧　墻隈老薺靑
素塵棲竹簡　雪水紀茶經
淸興朝來甚　梅花照膽瓶

・卽事 / 즉사

병든 몸 걱정 많음은 논할 것도 없거니와
오는 손 물리치고 자주자주 문을 닫아라.
기와 조각 찜질해도 허리는 또 아프고
차 싹으로 씻고 나도 눈은 그대로 어둡네.
흥겨울 때 술을 만나면 어찌 사양하리오
늙어감에 글 보는 건 절로 온습이 되는구나.
필경 영고성쇠를 장차 어디에 쓰리오
마을 흔드는 새 버들이나 기꺼이 보자꾸나.

病軀多患不須論　麾客頻頻掩却門
瓦片慰餘腰又痛　茶芽洗後眼仍昏
興來得酒寧辭滿　老去觀書只自溫
畢竟乘除將底用　喜看新柳欲搖村

・雪 / 눈

사씨가 일찍이 설부 한편을 지은 것이17)
지금까지 독보적으로 세상에 전하고 있네.
삼천장의 귀밑털 위에 어지러이 날리고
성남의 오천 척을 촉촉하게 적셔주누나18)
이 물로 차 달여 불타는 심장에 붓고자하나
산을 마주해도 눈 흐림은 제거하기 어렵네.

---

17) 사씨는 남조 송(南朝 宋)나라의 시인 사영운(謝靈運)을 가리키는데, 그는 일찍이 설부(雪賦)를 지었다.
18) 척오(尺五)는 일척 오촌(一尺五寸)의 약칭으로, 당(唐)나라 때 성남의 위씨(韋氏)와 두씨(杜氏)가 모두 임금을 가장 가까이 모시어 부귀영화를 누렸던 것을 이르는데, 여기서는 눈이 지세(地勢)의 고하(高下)를 막론하고 어디에나 내린 것을 의미한다.

나의 시 생각 극도로 찬 것을 누가 알리요
나귀 타고 읊던 맹호연19)이 거듭 생각나네.

謝氏曾題贐一篇　至今獨步世相傳
亂飄鬢上三千丈　低濕城南尺五天
煎茗欲澆心地赤　對山難刮眼花玄
詩腸冷極誰能識　重憶騎驢孟浩然

• 題益齋先生妙蓮寺趙順菴石池竈記後 / 익재 선생이 지은 묘련사 조순암 법사가 발견한 석지조기 기문의 뒤에 적다.

허정당(虛淨堂) 안의 늙은이
마음이 맑으니 물건이 스스로 나타나네.
어릴 적 묘련사에서 노닐었고
손님 되어 한송정에 들렀네.
얼핏 보니 마치 산이 내린 듯
오래도록 감추어져 땅의 신령함 어리네.
마음은 맑은 물같이 담담하고
입에서는 서늘한 바람이 나오네.
피리는 가정(柯亭)20)에서 만났고
칼은 풍성(豊城)21)의 감옥(監獄)에서 찾았네.

---

19) 당 나라 때 시인 맹호연이 일찍이 눈 속을 나귀를 타고 시를 읊었던 고사인데, 소식(蘇軾)의 시에, "그대는 보지 못했나, 눈 속에 나귀 탄 맹호연이, 눈썹 찌푸리고 시 읊을 제 어깨가 산처럼 솟은 것을.〔君不見雪中騎驢孟浩然 皺眉吟詩肩聳山〕"이라고 하였다.
20) 동한 시대에 채옹이 호계현 가정에서 대나무를 얻어 피리를 만들어 기이한 소리가 나게 하였다고 함.
21) 삼국시대 전설로 오(吳)나라 때 두(斗), 우(牛), 두벌 사이에 항상 자색

예나 지금이나 마찬가지로
천년이 지나도 맑은 향기를 띠네.

虛淨堂中老　心淸物自形
兒戱妙蓮寺　客過寒松亭
乍見若神授　久藏應地靈
心涵水淡淡　口引風冷冷
笛向柯亭遇　劍從豊獄呈
古今同一轍　千載挹淸響

• 書政堂記後 / 정당기의 뒤에 쓰다.

유하혜(柳下惠)22)의 온화함과
백이(伯夷)의 맑은 기운이요.
자막(子莫)은 중도에 집착했다지만
그렇지 않음이 분명하구려.
명성과 이익은 본시 달콤한 꿈이요
산과 숲 역시 편벽의 정일세.

　　기운이 어려 있었다. 예장(豫章) 사람 뇌환(雷煥)은 천문지리에 밝았는
　　데, 말하기를 예장, 풍성에 보검(寶劍)의 정기가 어려 있다고 하였다.
　　상서령(尙書令) 장화(張華)가 즉시 뇌환에게 풍성령의 보직을 주어 밀
　　명을 내려 찾도록 하였다. 뇌환이 부임하여 감옥의 터에서 쌍검을 얻
　　었는데 하나는 용천(龍泉)이고, 다른 하나는 태아(太阿)였다. 그날 밤
　　부터 다시는 자색 정기가 보이지 않았다. 급기야 장화와 귀환이 죽은
　　뒤에는 쌍검이 용(龍)으로 변해서 날아갔다. 진서(晋書) 장화전(張華
　　傳)에 나오는 이야기다.
22) 유하혜(柳下惠); 춘추시대 노국대부(魯國大夫). 자는 금(禽)이고 이름은
　　전획(展獲)으로, 식읍으로 유하(柳下)를 받았음. 그래서 유하(柳下)라고
　　하였으며, 시호로 혜(惠)를 받아 유하혜(柳下惠)라고도 함.

중도(中道)를 따라야만
그런 뒤에 대성(大成)한다네.
이단을 어찌 책망하리오
영원히 다툼이 없는 때를 그리네.
어느 때 누대 위에 앉아서
차를 달여 마시며 배 속을 편안케 하리.
아! 짧은 글귀를 지어서
천년동안 누대의 영광으로 삼는다네.

柳下惠之和　伯夷乃是淸
子莫却執中　然非權也明
聲利固酣夢　山林亦偏情
從容乃中道　然後集大成
異端豈足責　永慨時靡爭
何當坐樓上　啜茶腸胃平
哦成短長句　千載爲樓榮

· 憶甘露寺 / 감로사를 생각함

한 줄기 긴 강물이 섬돌 밑으로 흐르니
절벽 곁한 창호들이 모두 맑고 그윽하네.
꽃을 뿌려라. 오범엔 스님이 경쇠를 치고23)
차를 마시고 시 읊는 손은 누각을 기대었네.

---

23) 꽃을 뿌린다는 것은 스님이 공불(供佛)에 꽃송이를 흩뿌리는 것을 말하고, 오범(午梵)은 스님이 한낮에 경(經)을 읽어 여래(如來)의 공덕을 찬양하는 것을 말한다.

방초의 뿌연 연기는 목동의 젓대에 연하고
비낀 바람의 가랑비는 고깃배에 가득해라[24]
성 저쪽 길을 분명하게 기억하고 있나니
필마로 그 언제나 다시 홀로 노닐어 볼꼬.

一帶長江砌下流　傍崖軒戶儘淸幽
散花午梵僧敲磬　啜茗春吟客倚樓
芳草淡煙連牧笛　斜風細雨滿漁舟
分明記得成書路　匹馬何時更獨遊

• 述懷 / 회포를 서술함.

지금은 몸과 세상 둘 다 아득하지만
그윽한 흥취 이끄는 건 스스로 소년이라네.
낮에 서책 열람한 건 한가한 때의 일과요
소나무에 눈 날릴 땐 취하여 잠을 잔다오.
언덕 위의 긴 휘파람은 원량[25]을 생각하고
바다를 밟겠다던 높은 풍도는 중련[26]을 생각하네.
돌솥에 차 끓인 게 삼절 중의 으뜸인데

---

24) 당나라 은사(隱士) 장지화(張志和)의 어부사(漁父辭)에, "푸른 대삿갓 쓰고 푸른 도롱이 입었으니, 비낀 바람 가랑비에 굳이 돌아 柳下惠갈 것 없네.〔靑篛笠綠簑衣 斜風細雨不須歸〕"라고 한 데서 온 말이다.
25) 元良은 陶潛의 字인데, 그의 귀거래사(歸去來辭)에, "동쪽 언덕에 올라 휘파람을 불고, 맑은 시냇가에서 시를 짓기도 한다〔登東皐以舒嘯 臨淸流而賦詩〕."고 한데서 따온 말이다.
26) 전국시대 齊나라의 노중련(魯仲連)이 포악한 진(秦)나라를 증오하여 말하기를, "저들이 방자하게 황제(皇帝)가 되어 천하에 군림한다면, 나는 차라리 바다를 밟아 빠져 죽을지언정, 차마 그 나라의 백성은 될 수 없다." 한 데서 온 말이다.

아이가 대 사이의 샘물을 막 길어오누나.

祇今身世兩茫然　幽興相牽自少年
縹秩畫翻閑裏課　蒼松雪落醉中眠
登臯長嘯思元亮　蹈海高風想仲連
石鼎煎茶三絶最　小童新汲竹間泉

• 演雅 / 연아체로

오랫동안 용사의 숨는 것 배웠으나
두려운 심정은 두견처럼 곡을 하네.
차 끓는 소리는 구인규에서 나고[27]
문사의 격조는 자고천[28] 이로세.
삼한 땅은 만 리가 고요하고요
책력은 천년을 전해왔도다,
반딧불 촛불이 광휘를 더하니[29]
태양 빛이 산천에 두루 퍼지네.

久學龍蛇蟄　危情哭杜鵑
茶聲蚯蚓竅　詞格鷓鴣天

---

27) 한유(韓愈)의 석정연구(石鼎聯句)에 "때로는 지렁이 구멍에서, 파리 울음소리 가늘게 들리네.〔時於蚯蚓竅 微作蒼蠅鳴〕"한데서 온 것으로, 여기서 석정(石鼎)은 곧 차를 달이는 돌솥을 가리키고, 구인규(蚯蚓竅)는 지렁이 구멍처럼 생긴 돌솥의 구멍을 비유한 것이다.
28) 당나라 때 유행했던 가곡(歌曲)의 이름이다.
29) 반딧불과 촛불은 미력(微力)을 비유한, 삼국 시대 위(魏)나라 조식(曺植)의 구자시표(求自試表)에, '반딧불 촛불은 하찮은 빛이지만, 해와 달에 광휘를 더하리라.〔螢燭末光 增輝日月〕'한 데서 온 것이다.

萬里鯤岑靜　千年鳳曆傳
增輝有螢燭　烏彩遍山川

• 微雪 / 기랑눈이 내리다.

일기는 춘분 이후로 일전했는데
구름이 한낮을 지나 일어나더니
나부끼는 눈꽃이 빙빙 돌아내려
가벼운 태도는 짐짓 느릿느릿하네.
차 솥엔 겨우 물을 더할 만한데
산마을엔 화전이 다 묻혀 가누나.
조그만 시편에 재료가 넉넉하니
그윽한 집에 맑은 흥취 가득하네.

氣轉春分後　雲興日午餘
飛花自回薄　輕態故虛徐
茶鼎才添水　山村欲沒畬
小詩材料足　淸興滿幽居

• 奉答松廣和尙惠茶及扇 / 송광 화상이 차와 부채를 보낸 데 답함

청정한 안개가 그침에
고요한 달빛만 어른거린다.
나의 스승은 오래오래 수행하셨기에
연꽃을 들으매 곧 미소를 짓네.
많은 생애 맺은 교분이기에

내가 병들어 아픈 것을 불쌍히 여기네.
부채로 내 배를 시원하게 하고
차를 마셔 내 간장을 맑게 하네.

淸淨煙斷滅　寂寥月盤桓
我師業白久　拈花曾破顔
多生托交契　憐我病骨酸
扇以涼我肌　茶以淸我肝

• 卽事 / 즉사

밝은 창 아래 붓 잡고 망령되이 높은 체하니
다행히도 지금은 찾아오는 친구가 적네그려.
난국에 말을 다 한 건 역사에서 징계하였고[30]
위방에 들지 않는 건 논어에서 증험하였네.[31]
역마 달리는 요서에는 백사장 달빛이 하얗고
관어대 아래엔 바다와 하늘이 어두워지누나.
백발에 비로서 노고가 병이 된 걸 후회하여
나날이 차 달여 마시며 채원에 물을 주노라.

把筆明窓妄自尊　幸今朋友少過門

---

30) 춘추시대 제(齊) 나라 대부(大夫) 국무자(國武子)가 어지러운 나라에서 할말을 다하여 남의 허물을 들추어내기 좋아하다가 끝내 제 나라에서 죽임을 당했던 데서 온 말이다.
31) 공자(孔子)가 이르기를, 위태로운 나라에는 들어가지 않고, 어지러운 나라에는 살지 않는 것이다. 천하에 도가 있으면 세상에 나가고, 도가 없으면 숨는 것이다.〔危邦不入　亂邦不居　天下有道則見　無道則隱〕' 한 데서 온 말이다.

盡言亂國徵齊史　不入危邦驗魯論
馳驛遼西沙月白　觀魚臺下海天昏
白頭始悔勞成病　日日煎茶灌菜園

• 雪 / 눈

올겨울은 비가 많고 따사로운 봄 같아서
길 마르길 기다려 유촌을 가려 하는데
갑자기 눈꽃이 창문 밖에 흩날리더니
이내 은빛 바다가 천원에 불어나네.
돌솥엔 찻물 끓어 시율은 청신하고
강교엔 매화 피어 사립을 꼭 닫았네.
북정을 되돌아보니 바람 정이 급하여라
적막한 변경에 해가 곧 저물려 하는구나.

今冬多雨似春暄　欲候路乾行柳村
忽見玉霙飄戶牖　已敎銀海漲川原
茶鳴石鼎淸詩律　梅發江郊掩蓽門
回望北庭風正急　寂寥區脫日將昏

• 得同甲開天曇禪師書茶 / 동갑인 개천사의 담선사가 보낸 서찰과 차를 얻다

개천사는 아득히 하늘 안쪽에 있는지라
연래에 남쪽 바라보다 두 귀밑이 희었네.
스스로 꿈인가 했더니 꿈은 분명 아니로다

두어 줄의 서찰과 한 봉의 차가 왔구려.

開天渺渺在天涯　南望年來兩鬢華
自아夢耶非是夢　數行書札一封茶

• 因憶無說 / 인하여 무설32)을 생각하다

소상 동정호 두루 보고 바닷가에 당도해라
돌아온 뒤엔 시구가 온 경성에 가득했네.
지금은 병석에 누워 아무 일도 없는지라
도를 묻는 사람이 와서 차만 마시는구려.

遊遍湖湘到海涯　歸來詩句滿京華
如今臥病無他事　問道人來只喫茶

• 上永嘉君權皐 / 영가군(永嘉君) 권고(權皐)에게 올리다

비단 같은 봄꽃은 내가 꺾고자 하는 바요
물결 같은 가을 달은 내가 좋아하는 바요.
얼음 같은 봉우리와 대자리는 내가 앉는 바요
눈 녹인 물로 끓인 차는 내가 마시는 바이라.
공을 따라 함께 놀기를 그리도 원하건만
크고 작은 역량이 서로 다름을 어찌할 손가.
공은 팔순 나이로 인간 상서를 이뤘거니와

---

32) 무설(無說) : 고려 말기의 선승 무설 장로(無說長老)를 가리키는데, 그는 진원산(珍原山) 가상사(佳祥寺)에 있었다고 한다.

나는 지금 오십 나이로 곤궁함을 잊었다오.

春花如錦我所折　秋月如波我所悅
氷峯竹簞我所坐　雪水茶甌我所啜
甚願從公共盤桓　奈此鵬鴳難同觀
公乎期頤作人瑞　我今知命忘酸寒

• 卽事 / 즉사

동풍이 솔솔 불어 답청 날이 가까워지니
산승이 음식 준비해 빈 대청에 모이었네.
언제나 신륵사 차 연기 어린 선탑 아래
장강수 가득한 질그릇 병을 등에 멜꼬.

習習東風近踏靑　山僧具食集虛廳
何時神勒茶煙榻　擔得長江滿瓦瓶

• 謁鄭政堂問疾 鄭公設茶 / 정 정당(鄭政堂)을 배알 문병(問病)했더니, 정공(鄭公)이 차를 내왔다.

봄 들어선 찾아뵌 게 전보다 더디었는데
멀리 시통 전한 것 또한 예가 아니었네.
시냇물 조금 붇자 곧 비는 처음 개었고
나무숲은 서로 비쳐라. 꽃이 피려는 때로세.
공은 응당 병도 없이 병을 보임이거니와[33)]

---

33) 석가(釋迦)의 속가 제자(俗家弟子)인 유마힐거사(維摩詰居士)는 본래

나는 돌아가려 하면서도 아직 못 돌아가네.
가장 좋은 건 푸른 송산에 삼림욕을 하며
찻잔 기울이면서 얼굴 활짝 펴는 거로세.

春來上謁比前遲　遙遞詩筒禮又非
溪水纔添初雨霽　樹林相映欲花時
公應示病元無病　我政思歸尙未歸
最愛松山翠如濕　茶甌傾了更幹眉

• 洪守謙尙書見訪 / 홍수겸(洪守謙) 상서(尙書)가 방문함.

총각 시절부터 친하여 백발에 이르도록
중간에 서로 헤어진 게 그 몇 년이던고.
다만 가난하여 술이 없는 게 한스럽구나
조용히 차 마시며 옛 얘기 나눌 뿐이네.

總角相親到白頭　中間乖隔幾經秋
家貧只恨無樽酒　細嚼茶芽話舊游

인도(印度)의 비아리성에 거주했는데, 석가가 일찍이 그곳에서 설법(說法)할 때 유마힐은 아프지 않으면서도 짐짓 병을 칭탁히여 법회에 나가지 않고 텅 빈 방의 한 와상에 누워 있었으므로, 석가가 문수보살9文殊菩薩)을 보내어 문병(問病)하게 하였다. 문수보살이 유마힐에게 문병을 가서 묻기를 "어떤 것이 바로 보살(菩薩)의 입불이법문(入不二法門)입니까?" 하니 유마힐은 아무런 대답도 하지 않으므로, 문수보살이 감탄하여 말하기를 "아무런 문자(文字)나 언어(言語)가 없는 지경에 이르러야만 이것이 참으로 불이법문 이로다."고 했다는 데서 온 말인데, 여기서는 곧 병이 없다는 의미로써 환자를 위로하여 한 말이다.

• 有感 / 느낌이 있어 읊음

우물물 길어다 새 차를 강한 불에 달여서
창 앞에서 한잔 마시니 기분이 날 것 같네.
경쾌히 날아 밝은 달을 안기는 어렵지만
탁 트인 기분은 선경에 오른 듯하네.
한가히 읊는 건 사물을 감촉함에 따르지만
병든 뒤의 출처는 모두 천명에 맡긴다오.
붓 빼 듦은 다만 흥취를 서술하기 위함인데
봄빛이 한창 무르녹은 또 한 해이로세.

汲井新茶活火煎　晴牕一啜意翛然
飄飄難得抱明月　蕩蕩却如凌紫煙
閒裏吟哦由觸境　抽毫只管紓情興
病餘行止摠關天　春色方濃又一年

• 迦智英公 惠茶走筆奉謝 / 가지산 영공이 차를 보내주어 붓을 휘둘러 삼가 사례함.

하늘과 땅의 맑은 기운은 아무 부족함이 없이 완전하고
보내 준 신령스러운 차는 익숙한 선(禪)과 짝할만하네.
많은 병 어지러움이 심한데 함께 고치고자 하여,
타심통(他心通)을 한 스님께서 애련하게 여기시네.

乾坤淸氣十分全　寄向靈芽伴老禪
多病同庚昏耗甚　他心通處示哀憐

• 柳萬戶請名三子 / 유만호가 셋째 아들의 이름을 청하다

손님을 맞아 찻잔 밑바닥까지 깨끗하게 하고
문득 놀랐네. 빗방울이 날려 낮에도 시원하네.
격조 높은 흥취 남은 경사는 다 함이 없고
세 아들은 훗날에 모두 유명해지리다.

對客茶甌徹底淸　忽驚飛雨午凉生
高興餘慶應無盡　三子他年摠有名

• 奉謝松廣夫目和尙避倭靈臺寺寄茶 / 송광사 부목 화상이 영대사로 왜적을 피해 가서 차를 부침에 삼가 사례함

봉화불은 하늘가의 전쟁 소식을 알리고
스님은 신라 땅 깊은 곳에 몸을 숨겼네.
지응(秪應)과 전탈(縛脫)이 원래 둘이 아닌데
내가 늙어서야 유연한 도(道)의 참맛을 알겠네.

烽火天涯吹戰塵　設蘿深處却藏身
秪應縛脫元無二　老我悠然味道眞

• 奉謝河安部寄茶鮑 / 하 안부가 차와 절인 어물을 보내준 데 대하여 삼가 사례함

차 향기는 치통을 물리치고
생선포는 쇠약한 창자를 채워주네.
남쪽을 바라보니 푸른 하늘이 환하고

영중(營中)에서는 세월만 길구나.

茶香吹病齒　海味補衰腸
南望靑天闊　營中歲月長

• 因記自燈巖來宿甘露寺 / 동암사로부터 감로사로 와서 묵은 일이 기억나서

감로사의 앞 강물은 거울같이 맑아
거울 속으로 때때로 작은 배가 다니는 것을 보았네.
늦게 와서 스님의 창문가에서 차를 마시니
어찌 하리요 지금같이 백발이 나는 것을

甘露寺前江水明　鏡中時見小舟行
晚來更啜僧窓茗　豈料如今白髮生

• 代書答開天行齋禪師寄茶走筆 / 개천사의 행재 선사가 차를 보내왔기에 주필로 대서하여 답함

동갑 되는 친한 노인이 많은데
영아차 맛이 진실하구나.
청풍이 양쪽 겨드랑이에서 나오는 듯
즉시 찾아가 고인을 뵙고 싶네.

同甲老彌親　靈芽味自眞
淸風生兩腋　直欲訪高人

• 韓上黨邀 同謁執政 言光岩碑事 因賦 / 한 상당이 불러 함께 집
정언을 만나 광암사의 비석에 관한 일로 말하고 읊음.

나라의 은혜를 입어 한가롭고 편하나
병이 들어 쇠잔해져서 집에서 공부하네.
부끄럽구나, 문체가 없음이
사람들은 모두 턱이 빠지게 웃는구나.
정당(政堂)이 전서(篆書)를 쓰고
첨원(簽院)이 비문(碑文)을 쓰셨네.
먹글씨는 선탑(禪榻)을 열고
차 달이는 연기는 턱수염에 얽히네.

國恩閑更重　家學病來衰
自塊文無體　人皆笑脫頤
政堂工作篆　簽院謹書碑
墨本披禪榻　茶煙繞鬢絲

• 無分發 / 분발(分發)34)이 없다

누추한 시골에 한 해가 다해가는데
높은 마루에서 잠시 차를 마시노니
집은 가난한데다 시장까지 멀고
학문은 퇴보하고 나이만 더하네.
산빛은 처음으로 눈빛을 머금었고

---

34) 조보(朝報)를 발행하기 전에 각 관아의 하인들이 그 요점을 종이쪽지
에 적어 관원들에게 돌리는 것을 말한다.

바람 소리는 모래를 말려 하는데
온몸에 부끄러운 땀을 흘리면서
백발로 조정을 향하여 가는구나.

陋巷將窮歲　高斬暫啜茶
家貧兼市遠　學退但年加
山色初含雪　風聲欲捲沙
通身流愧汗　白髮向東華

· 記事 / 기사

은그릇에 활활 타는 불로 풍다(楓茶)를 끓이니
빛깔과 맛과 향기가 모두 삿되지 않네.
백발의 쇠잔한 늙은이가 재주가 많아서
다시금 눈동자를 가리는 어두운 것을 씻으리.

銀盂活火煮楓茶　色味香全可却邪
白髮衰翁多伎倆　更楷眸子洗昏花

· 得堂弟李友諒書及茶鐘一雙 / 당제 이우량의 편지와 찻종 한 쌍을 받고

평안하다는 소식을 듣고 더욱 기쁘고
보내준 찻종을 눈여겨보니 삿됨이 없구나.
공주 계룡산 아래에는 인가가 적고
앉아 생각해 보니 긴 강물에 달빛만 젖어 들리라.

得閒平安喜已多　茶鐘照目便無邪
鷄龍山下人煙少　坐想長江浸月華

• 詠雨 / 비를 읊음

작은 비가 새벽부터 저녁까지 내리니
조용히 앉은 늙은이는 생각이 유연하네.
자욱한 비는 창밖의 산악을 묻어버리고
빗방울은 뜰 앞에 계곡물을 보내오누나.
주막 깃발 다 적시어 술기운 더해 주고
찻잔 걸상에 뿌리자 참선도 끝내는구려.
시 쓰는데 새로운 말이야 없거나 말거나
장차 큰 풍년 들 일만이 워낙 기쁘고말고.

小雨崇祖至暮天　老翁危坐思悠然
溟濛窓外藏山岳　點滴階前送澗泉
濕盡酒帘添得醉　酒來茶榻罷參禪
題詩任是無新語　絶喜行看大有年

• 詠流頭會 / 유두회(流頭會)에 대하여 읊음

기분 상쾌한 오늘은 나쁜 기운 없어
뱃속까지 시원하고 티끌 한 점 없는데
넘실넘실 옥 술잔엔 죽엽청을 기울이고
깊디깊은 은 사발엔 좋은 차를 마시자면
완연히 밝은 달밤 쌍계의 물과 흡사하고

맑은 바람 일곱 잔의 차보다 월등히 낫구려.
위하여 묻노니 채소밭에 양은 있었던가?
찬 음료랑 흰 떡만 어지러이 놓여졌겠지.

爽然今日自無邪　冷徹肝腸絶滓查
灩灩玉杯傾竹葉　深深銀鉢吸瓊花
宛如明月雙溪水　絶勝淸風七椀茶
爲問菜園羊在否　氷漿雪餠亂交加

• 紅柿子歌 / 홍시자가

홍시가 멀리 성산의 동쪽에 있었던 것을
대바구니에 담아서 광명궁에 진상했는데
나머지를 나눠 봉하여 제공에게 내리고
다행하게도 쇠한 늙은이에까지 미치었다네.
명창 아래서 눈을 닦고도 흐릿하던 차에
언뜻 보니 붉은 광채가 공중에 비치누나.
처음엔 의심하길 적제가 충심을 내리어[35]
살결이 막 어려서 어리고 약한 듯하다
또 의심하길 규정의 알[36]이 속에 들어서
외면은 둥그렇고 속은 영롱한가 하였네.
씹어 먹으니 단맛이 갈수록 끝없어라

---

35) 적제는 상고 시대 제왕(帝王)인 염제 신농씨(炎帝神農氏)를 가리키고, 또는 화신(火神)인 축융씨(祝融氏)를 가리키기도 하는데, 모두 붉은빛의 상징이므로, 여기서는 곧 홍시(紅柿)에 빗대어 한 말이다.
36) 정규는 붉은 홍시 규룡(虯龍)을 칭한 것으로, 붉은 규룡의 알이란 데서 홍시를 비유한 것이다.

꿀은 꿀벌에서 이루어진 게 가련하구려.
여지(荔枝) 감람(橄欖)37)과는 격조가 서로 다르고
먼 길 믿고 변덕이 많아 간웅과도 같건만
홍시의 순일한 맛이 어찌 그리 농후한지
순진한 자연미를 다시 연려할 것 없어라.
목옹은 지금 고통 참고 충어를 주(註)하면서38)
쑥대강이 꼴로 혀와 입술이 마르던 차에
찬 홍시가 열기를 씻어줌에 문득 놀라라
몸이 가벼워 봉래궁39)을 알현하고도 싶네.
우습기도 하여라 차 마시던 늙은 노동은
일곱 잔 만에 비로서 청풍이 일었던 것이40)

紅柿遠在商山東　翠籠擎獻光明宮
分封羨餘進諸公　幸哉亦及衰老翁
明窓揩目尙朦朧　乍見爛漫光浮空
初疑赤帝所降夷　膚理始凝方屯蒙
又疑矴蚪卵在中　團圓外面中玲瓏
嚼之味甘愈不窮　可憐崖蜜成於蜂

---

37) 荔枝와 橄欖은 남방의 열대 지방에서 나는 과실(果實) 이름이다.
38) 한유(韓愈)의 독황보식공안원지시서기후(讀黃甫湜公安園池詩書其後) 시에 '아이는 충어를 주낸 것이니, 보통 뜻이 큰 사람이 아니다.〔爾雅住蟲魚 定非磊落人〕'한데서 온 말로, 전하여 문자의 번쇄(繁碎)한 일에 종사하는 것을 의미한다.
39) 동해 가운데 신선이 살고 있다는 봉래산(蓬萊山)의 선궁(仙宮)을 말한다.
40) 노동(盧仝)의 다가(茶歌)에 "첫째 잔은 목과 입술을 적셔주고, 둘째 잔은 외로운 시름을 떨쳐 주고, ---- 일곱째 잔은 다 마시기도 전에 두 겨드랑이에 청풍이 이는 것을 깨닫겠네.(一碗喉吻潤 兩碗破苦悶 ---- 七碗喫不得 唯覺兩腋習習淸風生)"한 데서 온 말이다.

荔枝橄欖調不同　恃遠多變如奸雄
柿也一味何其濃　純眞不復愁天工
翁今忍苦註魚蟲　舌乾吻燥頭如蓬
忽驚氷雪洗熱烘　身輕欲謁蓬萊宮
笑殺喫茶老盧同　七椀始得生淸風

• 點茶 / 점다

차가운 우물물을 두레박으로 길어다가
맑은 창가는 차 달이기 편리해라.
목구멍에 넘어가면 오열(五熱)을 다스리고
뼛속에 스미면 온갖 사악함을 제거하네.
차가운 난간은 달 속에 떨어지고
푸른 구름은 전각 밖으로 기우네.
이미 빼어난 진미(眞味)를 알기에
다시 어지러운 눈꽃을 씻네.

冷井才垂綆　晴窓便點茶
觸喉攻五熱　徹骨掃群邪
寒磵月中落　碧雲殿外斜
已知眞味永　更洗眼昏花

• 卽事 / 즉사

눈이 많이 내리기 전에 바람이 또 불어오니
하얀 봉우리에 언제나 도성 거리를 비출꼬

따뜻한 겨울이 좋아라. 궁한 신세는 가련한데
저문 해를 상심하는 건 썩은 선비 몫이로세.
야외의 구름은 캄캄해 산이 온통 묻혔는데
연못엔 봄기운 동하여 만물이 소생하누나.
그윽한 생활이 절로 속세와는 다르기에
소나무 가지로 불 때서 찻물을 끓이노라.

雪未包荒風又呼　玉峯何日照天衢
冬溫得意憐窮漢　歲暮傷心屬腐儒
野外雲昏山盡沒　池中春動物潛蘇
幽居自是非塵世　燎得松枝瀹茗甌

- 遺家童索茶於懶殘子 去後 吟成 / 가동을 보내서 나잔자(懶殘子)에게서 차를 얻어 오게 하고 가동이 떠난 뒤 한 수를 읊어 이루다.

대로 깎은 꼬챙이 메밀떡을 꿰어가지고
거기에 간장을 발라서 불에 구워 먹다가
옥천자의 차를 얻어 마시고만 싶어라
어찌 향적반41)이 소화 안 될까 걱정하랴!
땀 흐르는 한여름에 서음 시 뿌릴 텐데
상서로운 납설이 또 곡식을 보호했으니42)

---

41) 불가(佛家)의 용어로 향적여래(香適如來)가 먹는다는 식물을 말하는데, 《유마경(維摩經)》에 의하면 향적여래가 뭇 바리때의 향반(香飯)을 가득 담아 보살(菩薩)들에게 주어 교화시켰다는데서 온 말로, 전하며 향적은 승사(僧舍)의 주방(廚房)의 뜻으로 쓰이고, 향적반은 또한 승려들의 제반(齋飯)의 뜻으로 쓰인다.
42) 납설(臘雪)은 일반적으로 동지(冬至) 이후, 입춘 사이에 오는 눈을 말하는데, 《본초강목(本草綱目)》에 의하면, 동지 이후 셋째 술일(戌日)이

내년에는 가서 농촌의 즐거움을 맛보면서
배 두들기고 노래하여 성조에 감사하리.

削竹串穿麥饍　　仍塗醬汁火邊燒
玉川欲得茶來喫　　香積何憂食不消
汗滴火雲初下種　　呈詳臘雪又藏苗
明年往試田家樂　　鼓腹長歌謝聖祖

• 懶殘子送茶來 又吟 拜謝 / 나잔자(懶殘子)가 차를 보내왔기에 또시 한 수를 읊어 감사드림.

늙어서 먹을 것 탐하기 그 누가 나만 하랴
좋고 나쁨과 정밀하거나 거칢도 문득 잊고
먹을 것 만나면 구덩이 채우듯 배 불리지만
호구책은 평생토록 전혀 융통성이 없었네.
내장의 열은 차로 씻을 수 있음을 알거니와
하초의 허함은 오직 술로만 치유가 되는데
아침에 연꽃의 이슬[43]을 한번 마시고 나니
두 겨드랑이 청풍을 외칠 것도 없네그려.

老去口궤誰似吾　　頓忘宜忌與精麤
逢場火飽如填塹　　謀食平生似守株
內熱只知茶可洗　　下虛唯遣酒相扶

　　납일(臘日)인데, 납일 이전까지 세 차례 눈이 내리면 그해의 채소와 보리(菜麥)가 아주 잘되고, 또 살충 효과가 있다고 한다.
43) 승사(僧舍)에서 보낸 차이므로 차를 특별히 예찬하여 일컬은 것이다

朝來一啜蓮花露　兩腋淸風不用呼

• 內願堂以廣平侍中書 邀僕山水屛風詩 因吟 / 내원당(內願堂)에서
광평(廣平) 시중(侍中)의 글을 가지고 와서 나에게 산수화 병풍의
시를 청하기에 이를 인하여 읊음

어제 사미가 내원당에서 찾아왔을 때
그림을 보고 오랜만에 함박웃음이 터졌구려.
광평의 산수화 병풍 어찌나 마음에 드는지
공손히 붓 잡고 시를 써서 상공에게 바쳤다오.

아침에 세수하니 세상 밖으로 벗어난 듯
송산으로 늙은 선승 문득 찾아가고 싶네.
지금 세상에 고륙44)과 같은 단청 솜씨 없으니
뒷날 이런 그림 누가 또 전할지 모르겠네.

병든 뒤로 높이 노닐며 매양 자부하였나니
푸른 산 어딜 가든 간에 범왕의 집이라오.45)
조계의 한 방울 물 참으로 얻기 어려우니

---

44) 동진(東晉)의 화가 고개지(顧愷之)와 남조(南朝)시대 송(宋)나라의 화가 육탐미(陸探微)의 별칭이다. 고개지는 화절(畵絶) · 치절(癡絶) · 재절(才絶)의 삼절(三絶)로 일컬어지고, 육탐미는 인물 및 산수화에 독보적(獨步的)인 존재로 일컬어졌는데, 《역대명화기(歷代名畵記)》에서 장회관(將懷瓘)이 "고개지는 정신을 얻고 육탐미는 골수를 얻었다.〔顧得其神 陸得其骨〕"는 평을 했다.
45) 청산 전체가 하나의 사찰이라는 뜻으로, 산하대지(山河大地) 모두가 부처의 화신이라는 말과 같은데, 목은 자신의 마음이 청정하기 때문에 발을 딛는 곳 모두가 불국토로 변하는 불교 최고의 경지를 이루었다는 말이다. 범왕의 집은 불교 사원을 가리킨다.

귀옹이나 찾아가서 함께 차 한 잔 마셔볼까.46)

昨日沙彌芮院來　眼中一笑粲然開
廣平山水屛風好　筆法詩聯照上台
朝來盥櫛思飄然　欲向松山訪老禪
當世丹靑無顧陸　不知他日有誰傳
病後高游每自誇　靑山到處梵王家
曹溪一滴眞難得　欲問龜翁共喫茶

• 晩歸馬上 / 늦게 돌아오며 말 위에서

병풍은 다 만들었으나 산천이 너무 좋아
아직도 시정이 넘쳐 눈앞에 가득하네.
우스워라 나의 삶은 특별한 흥도 없는데
그 누가 말했던가 신이 도와 시 지었다고47)

---

46) 이 세상에서 경지가 높은 진정한 선승(禪僧)을 찾아보기 어려우니, 목은 자신이 믿는 귀옹을 찾아가서 한번 호흡을 나누고 싶다는 말이다. 귀옹은 귀곡 각운(龜谷覺雲)을 가리키는데. 목은은 환암 혼수(幻菴混修)와 함께 그의 선(禪)의 경지를 높이 평가하면서 친하게 교류한 인물이다. 육조대사(六祖大師)로 불리는 당나라 혜능(慧能)이 조계산(曹溪山) 보림사(寶林寺)에서 선종의 정통으로 일컬어지는 남종(南宗)을 개창 하였기 때문에 조계가 선종의 별칭으로 쓰이게 되었는데, 오대(五代)의 고승인 법안(法眼)에게 승려가 찾아와서 "어떤 것이 조계의 한 방울 물(曹溪一滴水)이냐."고 물었다가 "이것이 바로 조계의 한 방울 물이다."라는 대답을 듣고는 활연 대오했다는 일화가 전한다. 《釋氏通鑑 卷12 韶國師》 또 당나라의 조주 종심 선사(趙州從諗禪師)가 누구에게나 "차 한 잔 마시고 가라(喫茶去)."고 하여 일상생활 속에 선(禪)의 묘리(妙理)가 들어 있음을 보여 준 선종의 화두(話頭)가 전한다.
《五燈會元 卷 4 趙州從諗》
47) 남조(南朝) 시대 송나라의 시인 사영운(謝靈運)이 꿈에 족제(族弟)인 사혜련(謝惠連)을 만나보고 '지당생춘초(池塘生春草)'라는 명구(名句)

밥상에 부족한 것은 단지 연명의 술48)이요
차를 마시노라면 육우의 샘물 맛49) 이로세
뒷날 조계에 들러 하룻밤을 자고 나면
허깨비 몸 굴리는 것도 천연이 되련마는.50)

屛風賦罷好山川　尙有詩情滿眼前
自笑吾生無逸興　誰言神助得新聯
盤飡只欠淵明酒　茗飮眞同陸羽泉
他日曹溪如一宿　幻身流轉亦天然

• 金按廉送茶適至 / 김 안렴이 보낸 차가 마침 이르다.

내가 시를 지어 보내고자 했는데

　　　를 얻은 뒤에 "이 시구는 신이 도와준 덕분이지 나의 말이 아니다.
　　　〔此語有神功 非吾語也〕"라고 술회한 고사가 있다. 《南史 卷19 謝惠
　　　運列傳》
48) 귀거래사(歸去來辭)를 지은 진(晉)나라의 은자(隱者) 도연명(陶淵明)이
　　너무도 술을 좋아해서 술과 관련된 일화가 즐비하고, 또 음주(飮酒)
　　시 20수를 짓기까지 하였으므로 이렇게 말한 것이다.
49) 당나라의 은자로《다경(茶經)》3편의 저술을 남겨 다신(茶神)으로 추
　　앙받는 육우(陸羽)가 강소성(江蘇省) 오현(吳縣)의 호구산(虎口山)에서
　　나오는 샘물로 차를 끓였는데, 뒤에 그 샘물 이름을 육우천(陸羽泉)
　　혹은 관음천(觀音泉)이라고 한다.
50) 깨달은 사람의 눈으로 보면 부처와 중생이 따로 없이 허깨비 같은 이
　　몸으로 행하는 모든 일이 자연스럽게 법신(法身)의 현현(顯現)이 될
　　것이라는 말이다. 당나라 선승(禪僧) 영가 현각(永嘉玄覺)이 조계산(曹
　　溪山)으로 육조대사(六祖大師) 혜능을 찾아가서 하룻밤을 자고 떠났기
　　때문에 일숙각(一宿覺)이라는 이름을 얻었는데, 그가 지은 증도가(證
　　道歌) 첫머리에 "그대는 보지 못했는가. 배움이 끊어져 하릴없이 한가
　　한 도인은, 망상도 없애지 않고 참됨도 구하지 않나니, 무명의 참 성
　　품이 바로 불성이요, 허깨비 같은 빈 몸이 바로 법신이로다."라는 말
　　이 나온다.

그대가 마침 차를 보내왔구려
오늘 하루는 정말 뜻이 맞아서
다행하고 참으로 일치이지만
만족스러움은 의심할 여지가 없소.
정이 깊어 서로가 감응했으니
옛날 말에 삼촌(三寸)은 통한다 했소.
맑은 바람이 불면 돌아앉아 맞고
참새는 뜰 가운데 이끼를 쪼고 있네.
적조한 대낮이 길기도 한데
그림자를 잡고자 허공을 배회하네.
질그릇에 시원한 샘물을 길어다가
죽창 아래 먼지가 없는 곳에서 끓여
한 잔 마시니 오장이 모두 상쾌해지고
온갖 구멍에서 우레소리 나는듯하구나.

我欲寄詩去　君方送茶來
適在一日間　幸哉眞幸哉
雖云偶然爾　足見無疑猜
情親卽相感　故曰通三才
淸風吹座隅　雀啄庭中苔
寥寥白晝永　携影空徘徊
瓦盆汲冷泉　竹窓無纖埃
一啜爽五內　萬竅呼風雷

• 自嘆 / 스스로 탄식하다

내 몸이 쇠했어도 걱정할 게 뭐 있으랴
조석으로 밥 먹여 주는 맹광51)이 건재할 걸세
아이가 배와 밤 찾는 것이 뭐가 이상하랴.52)
나도 손님 올 때마다 차를 홀짝거리는 걸세
살림살이 졸렬한 책임을 어떻게 면하랴마는
봉급을 꽤나 받는 것도 감히 잊어선 안 되겠지.
어쩌면 티끌 세상 그물망을 벗어나서
자지 향내 맡으며 세월을 보낼까.53)

我身衰後亦何傷　朝夕饗飧有孟光
不怪兒童索梨栗　每因賓客啜茶湯
營生甚拙那辭責　請奉之多豈敢忘
安得破除塵土網　紫芝香裏送殘陽

• 奉謝雲巖尊者送茶走筆 / 운암 존자가 차를 보내왔기에 붓을 달려 사례함.

---

51) 후한(後漢) 양홍(梁鴻)의 처의 이름인데, 가난한 집에 시집을 와서 부부가 동고동락하며 서로 경애(敬愛)하였으므로, 현처(賢妻)의 대명사로 쓰인다. 《後漢書 卷83 梁鴻列傳》
52) 도연명은 자기 아이들을 책망하면서 '통이란 놈은 나이가 아홉이 다 되었는데도, 배와 밤만 찾고 있다.〔通子垂九齡 但覓梨與栗〕"고 넋두리를 늘어놓았지만, 목은이 볼 때 아이들의 그러한 행동은 자연스러운 현상으로서 괴이하게 여길 것이 없다는 말이다. 《陶淵明集 卷3 責子》
53) 인적이 드문 곳에 은거하면서 여생을 마치고 싶다는 뜻을 토로한 것이다. 진(秦)나라 끝 무렵에 상산사호(商山四皓)가 남전산(藍田山)에 숨어 살면서 자지가(紫芝歌)를 지어 불렀는데, 그중에 "색도 찬란한 영지버섯이여, 그것만 먹어도 배고픔이 사라지지〔嘩嘩紫芝 可以療飢〕"라는 말이 나온다. 《高士傳 卷中》

근년 들어 유난히도 더워 참기 어려운데
어딜 가야 더위 피해 서늘바람 쐬어 볼까
산문이 굳게 닫힌 구름 낀 깊은 산골짝
돌솥에선 차가 끓고 솔바람만 불어오네.
지은 업이 탁해서 병들어 누워 있소 마는
마음은 통하니 나눠 준 은혜 알고도 말고
한 모금 마시자 저절로 시원해지는 뱃속이여
뵙고서 감사드릴 일을 그저 시로만 때우네요.

畏熱近年甚　追凉何處宜
雲巖洞門鎖　石鼎松風吹
業獨臥病日　心通分惠時
自然淸五內　面謝只憑詩

- 奉謝西隣以數珠見惠 / 서린(西隣)이 염주를 보내왔기에 삼가 사례함

염주 선물 감사해라 서린을 찾아뵈었더니
석류꽃 활짝 피어 뜰의 모퉁이 비춰 주네.
한낮에 모정에서 시음한 새 차의 맛이라니
마음이 청결해졌는데 극락도가 필요할까.

손안의 염주를 끝없이 굴리다 보면
마음과 서로 융합되는 연화장세계[54]

---

54) 불교 화엄종(華嚴宗)에서 말하는 불국토(佛國土)의 이름으로 정토종(淨土宗)의 극락세계와 같은 뜻으로 쓰인다.

내외의 차별 없애는 공부 절로 되나니
생사의 고해에 부는 바람 걱정 있으랴.

젊어서 넘치는 기백 늙어서도 어디 갈까
내 마음 무량광55)과 같다고 자부하였는데
요즘에 다시 기로회에 끼어 앉다 보니
청정해라 그곳이 바로 서방 정토로세.

出謁西隣謝數珠　石榴花發照庭隅
茅亭白日嘗新茗　心淨何煩極樂圖

數珠在手轉無窮　心與蓮花境界融
內外不分功自熟　不愁生死海中風

少年狂甚老猶狂　自負心同無量光
近日更陪耆老會　澹然當處卽西方

• 訪李子安 夜歸 明日吟成 / 이자안(李子安)을 방문하고 밤에 돌아
와 다음날 읊어 이루다

용수산 몇 봉우리 다가와 담장 누르고
서리보다 하얀 달빛 뜨락에 가득하였지
돌아가 국화차를 다시 마셔보았으면

---

55) 범어(梵語) 아미타(阿彌陀)의 의역(意譯)으로, 무량수(無量壽)라고도 하
는데, 정토종의 신앙 대상인 아미타불이 거하는 곳이 바로 서방정토
(西方淨土)라고 한다.

아침에도 향기가 입 안에 묻어나는 것을

數朶龍戀近壓墻　滿庭明月白於霜
欲歸更啜黃金茗　齒頰朝來尙帶香

• 歷訪安大夫 李開城 李鷄林 各設酌 醉歸 / 안 대부(安大夫)와 이 개성(李開城)과 이 계림(李鷄林)을 차례로 방문했는데 모두 술자리를 베풀어 주기에 취해서 돌아왔다

병옹은 몸과 세상 양쪽 다 한가한지라
성남으로 벗을 찾아 멋진 유람 즐겼다오.
울타리 가득 국화꽃은 한창 흐드러지고
남간 앞 푸른 솔은 다시 비바람 소리
차 끓이고 정좌하니 떠오르는 삼성이요
술 대하고 담소하니 흩어지는 걱정이라.
돌아오는 저녁 풍경 진정 그림 같았나니
피곤한 동복 지친 말에 눈 내린 백발노인

病翁身世兩悠悠　訪友城南得勝遊
黃菊滿籬方爛漫　碧松當檻更颸飀
烹茶靜坐追三省　對酒高談散百憂
薄晚歸來眞似畵　倦僮疲馬雪渾頭

• 昨訪柳密直醉歸 / 어제 유 밀직(柳密直)을 방문했다가 취해서 돌아오다

이현 동쪽 비탈에 서니 뭇 산이 저 아래에
정원 가득 꽃나무들 구름 뚫고 서 있어라.
삼한의 수재라고 누구나 말하는 우리 주인
이 늙은이 자주 들러 반날을 한가히 보낸다오.
푸른 장막에 스며드는 차가운 국화 향기요
금 쟁반에 뚝뚝 듣는 이슬 같은 술이었네.
거나한 술에 차까지 마신 맑은 이 회포여
한 마리 새 하늘 높이 아스라이 떠가도다.

梨峴東崖俯衆山　滿園花木拂雲端
主人共道三韓秀　老者頻投半日閑
菊以寒香侵翠幄　酒如秋露滴金盤
半酣啜茗淸懷抱　一鳥高飛縹渺間

- 種德副樞送八關改服茶食 / 종덕(種德) 부추(副樞)가 팔관회의 바뀐 예복과 다식을 보내옴.

팔관회의 성대한 의식 동짓달마다 여는지라[56]
해마다 상서를 내려 해동을 보호해 주도다.
음식은 지금도 여전히 우리네 풍속을 준수하고
의관은 고풍을 따랐나니 역시 중국의 풍도로세.
하늘의 마음과 합한지라 기도하면 보응이 있고
세상의 도가 성한지라 효도와 충성을 보겠다.
오물오물 씹다 보니 입 안에 달착지근한 맛
예전에 제공을 따르던 일 어렴풋이 떠오르네.

---

56) 고려 때 팔관회를 매년 11월 15일에 열었다

八關盛禮應黃鐘　歲降禎祥保海東
肴膳今猶守夷俗　衣冠古亦重華風
有祈有報天心格　惟孝惟忠世道豊
細嚼微甘生齒舌　依俙當日逐諸公

・記事 / 기사

등 따스한 울타리 아래 흡사 춘대에 오른 듯57)
찻잔 들며 술 마시는 흉내를 내 볼까 하였는데
홀연히 거센 바람 불고 땅을 말아 올릴 듯
그럼 그렇지 천공께서 내 기분 좋게 해 주겠나.
소년 시절엔 사흘도 멀다고 여겼는데
시와 술 상종한 지 한바탕 꿈 밖일세.
버들 골 고요해라 산새 소리만 들리더니
이게 웬일인가 골목에 갑자기 수레 소리.

負暄墻下似春臺　欲啜茶甌當酒杯
忽有狂風吹卷地　天公應靳好懷開
少年三日以爲疏　詩酒相從一夢餘
柳巷寥寥山鳥語　忽驚車騎入門閭

・謁華嚴都室 歸途 / 화엄종 도실을 찾아뵙고 돌아오는 길에

---

57) 울타리 아래에 햇볕이 따스해 마치 봄 누대에 오른 것처럼 기분이 한
    껏 고양되었다는 것이다. 《노자(老子)》 20장에 "사람들이 마냥 기분
    좋은 것이, 진수성찬을 먹는 듯도 하고, 봄 누대에 오른 듯도 하다.
    〔衆人熙熙 如享大牢 如登春臺〕"라는 글이 나온다.

얼굴 가득 모래바람을 감당할 수 없었지만
바쁜 일 있는 사람처럼 노옹이 말을 달렸나니
한중의 맛을 아직도 느끼고 있는 줄 누가 알리
승창에서 마신 차 향기가 오장 속에 감도는걸

滿面風沙不可當　老翁駒馬似奔忙
誰知尙有閑中味　啜茗僧窓五內香

• 朴判書密陽見訪 / 박 판서 밀양(朴判書 密陽)이 찾아오다.

새 시를 지어도 게을러서 전하지 못했는데
놀랍게도 문밖에 발자국 소리가 들려왔네.
사방이 환한 배꽃 속의 조용한 모정에서
돌샘의 물 길어와 노비가 차를 끓였다오.
공은 칠순이 가까운데 여전히 확삭옹58)이라면
나는 지금 병이 많아 구련59)과 같다고나 할지
주고 뺏는 하늘의 마음 역시 엿보기 어려워
벼슬길 먼저 채찍 들어 부끄럽기 그지없네.60)

---

58) 원기 왕성한 씩씩한 노인을 칭한다. 동한(東漢)의 복파장군(伏波將軍) 마원(馬援)이 62세의 나이에도 불구하고 마상에 뛰어올라 용맹을 보이자, 한무제(漢武帝)가 '이 노인이 참으로 씩씩하기도 하구나(矍鑠 翁是翁也)'라고 칭찬했던 고사가 전한다. 《後漢書 卷62 劉琨列傳》
59) 신경이 마비되어 팔다리를 마음대로 쓰지 못하는 병
60) 목은이 먼저 조정에서 현달하여 고관이 된 것이 부끄럽다는 뜻의 겸손한 말이다. 동진(東晉)의 유곤(劉琨)과 조적(祖逖)이 벗으로 지내면서 중원(中原)을 회복하려는 뜻을 지니고 있었는데, 조적이 조정에 기용되었다는 말을 듣고 유곤이 "나는 항상 그가 나보다 먼저 채찍을 들게 될까 걱정해 왔다〔常恐祖先生吾着鞭耳〕"고 얘기한 고사에서 유래한 것이다. 《晉書 卷62 劉琨列傳》

吟得新詩懶不傳　忽驚門外有跫然
梨花開遍茅亭靜　老婢煎茶汲石泉
公近七旬楢矍鑠　我今多病似拘攣
天心與奪亦難料　愧殺宦途先著鞭

• 寄摠持都大禪師 / 총지종(摠持宗) 도대선사(都大禪師)에게 부침

구룡산의 윤필암61)은 고찰(古刹) 연화사
백련사62)와는 고개 하나 노을을 격했을 뿐
북의 신수의 혜능63) 다른 족속 아닌데
동쪽 언덕 서쪽 언덕 기슭 어찌 남의 집이리오.
유자가 불도를 믿는다면 모른 체 해선 안 될 텐데
스님이 위세를 부린다면 그것이 또한 될 말이오.
단지 원하는 것은 답장을 지금부터 헐고

---

61) 윤필은 글을 지어주는 대가로 받는 일종의 사례금으로서 집필료(執筆料)를 칭한다. 《신증동국여지승람(新增東國輿地勝覽)》 8권 지평현(砥平縣) 불우(佛宇) 조에 "이색이 왕명을 받들고 나옹의 부도명을 지어주자, 문도들이 윤필의 재물을 마련하여 사례하였는데, 이색이 받지 않고 허물어진 절을 수리하도록 하였으므로 윤필암이라는 이름이 붙게 되었다" 하여 윤필암의 유래를 설명한 대목이 나온다. 목은은 나옹의 사리탑이 있는 신륵사(神勒寺)와 회암사(檜巖寺)를 비롯, 나옹의 문도들이 묘향산·금강산·소백산·사불산(四佛山)·치악산(雉岳山)·용문산(龍門山)·구룡산(九龍山) 등 일곱 곳에 진당(眞堂)을 세우고 사리를 봉안했을 때도 모두 기문(記文)을 써준 인연이 있다.
62) 목은이 백련회(白蓮會)를 결성하고 원로 및 동료들과 모임을 열었던 절을 칭한다.
63) 중국 선종(禪宗)의 2대 종파인 북종(北宗)의 시조 신수(神秀)와 남종(南宗)의 시조 혜능(慧能)을 칭한다. 달마(達磨)가 중국에 건너온 후 5대를 거쳐서 혜능이 영남(嶺南)에서 돈오(頓悟)를 주장하였고, 신수가 영북(嶺北)에서 점수(漸修)를 주장하였으므로 흔히 남돈북점(南頓北漸)이라 일컫기도 하는데, 우리나라의 선불교는 혜능의 남종을 이어받았다.

왕래하며 밤도 굽고 차도 끓여 드시기를.

• 答公州牧使崔有慶走筆 / 공주 목사 최유경에게 답하면서 급히 붓을 달리다.

부친의 풍도 이어 청백하고 공근하니
공사에 어진 정치 흠뻑 베풀 줄 알고
무더위에 시달리는 병객이 안타까워
은하수 대신 찻종을 보내 준 것이다.

淸白公勤繼父風　已知仁政洽於公
應憐病客愁炎熱　欲代銀河寄茗鐘

• 同淸城訪東嘉君李光輔 / 청성과 함께 동가군 이광보를 방문함

저자와 가까운데 마치 깊은 골짜기
문에 다다르니 작은 누대가 서 있네.
하늘 위에서는 신선의 바람이 불어오고
차를 마셔보니 바로 중국의 맛이로세.
뜬구름 세상이라 일도 어찌 많은지
타향에서 또 한의 가을을 보내누나.
연라에 벼슬하는 첩경이 있다는데[64]

---

[64] 아마도 이광보가 은거하다가 조정에 진출하여 요직을 차지한 것을 풍자한 말인 듯하다. 당나라 노장용(盧藏用)이 벼슬하겠다는 마음을 품고는 짐짓 종남산(終南山)에 숨어 지내다가 마침내 부름을 받고 고관이 되자, 도사(道士)인 사마승정(司馬承禎)이 '종남산은 벼슬길에 오르는 첩경이 된다"고 풍자한 "종남첩경(終南捷徑)"의 고사가 전한다. 《大唐新語 卷10》

유독 한스러운 것은 하얀 나의 머리.

近市如深洞　臨門有小樓
仙風來上界　茗飮卽中州
浮世仍多事　他鄕又一秋
煙蘿捷徑在　獨恨白吾頭

• 東嘉君李光輔 上將軍李子安來 鄭宗之先在席 啜茗而散 獨坐有詠 / 동가군 이광보와 상장군 이자안이 찾아왔다. 정종지(鄭宗之)가 먼저 와있다가 함께 차를 마시고 헤어진 뒤에 혼자 앉아서 읊음

병치레하던 종지65)는 안색이 발갛게 피어나고
머리가 하얗던 동가는 다시 까맣게 바뀌는 중
호연지기 기르는 자안은 한창 의리를 축적하고66)
인을 행하는 목은은 어리석은 이처럼 되려하네.67)
겨울도 반쯤 지날 무렵 한강 변에서 만난 자리
송도에서 헤어진 지 어느덧 한 달이 넘은 때라
모이고 흩어짐은 원래 하늘이 정해 준 것
다시 어느 곳에 모여 함께 찻잔을 기울일까.

---

65) 종지는 정도전(鄭道傳)의 자(字)이다.
66) 자안(子安)은 이숭인의 자인데, 이집(李集)이 집의(集義)의 집(集)으로 이름을 삼고 호연지기의 호연(浩然)을 취하여 자신의 자로 삼은 데 대하여, 이숭인이 해설해 준 내용이 《목은 문고》 제1권 둔촌기(遁村記)에 나온다. 또 《맹자》 공손축상(公孫丑上)에 호연지기를 설명하는 대목이 있는데, 그중에 "그 기운은 의리가 몸에 축적된 결과 나오는 것이다.〔是集義所生者〕"라는 글귀가 나온다.
67) 공자에게 수제자인 안연(顔淵)이 인에 관하여 묻자 극기복례(克己復禮)라고 대답해 주었는데, 안연에 대해서 공자가 '내가 종일토록 그와 얘기하면, 그는 반문하는 일도 없이 어리석은 사람처럼 듣고만 있다〔吾與回言終日 不違如愚〕"라며 칭찬한 말이 나온다《論語 爲政》

宗之素病色敷腴　髮白東嘉再黑初
養氣子安方集義　爲仁牧隱欲如愚
盍簪漢水冬將半　分袂松都月已餘
聚散自來天所賦　更於何處共茶甌

• 謝郡守李公來訪 / 군수 이 공이 찾아왔음을 감사하여

꽃 한창 피자 태수(太守)68)님 오더니
꽃이 말하려 하자 태수님 돌아가네.
가지 말고 객실(客室)에 머물러 맑은 밤을 함께 하며
새벽까지 황금 술잔을 기울여 보세.
주인이 〈꽃을 대하며〉 차를 마시니 살풍경(殺風景)69)이라
늙은 천치가 이 지경이니 무엇 할꼬.
백천(百川)이 동으로 가면 다시 서(西)로는 못 오는 것
바다 밑에도 〈변하여〉 누런 먼지 생기는데,
하늘에 올라가는 해(日)를 맬 길이 없거니
우리 인생 어찌 서로 즐기지 아니하고 시기(猜忌)함만 같으랴.
내가 화신(花神)에게 이르는 말, 참으로 볼만하네.
나는 아직 안 죽었어도 마음은 이미 불 꺼진 재(灰)
수양산(首陽山) 고사리로 내 배를 채울망정
곰의 발(足) 표범의 태(胎)70)는 받지 아니하리라.

---

68) 오두(遨頭): 성도(成都) 사람들이 4월 9일을 오두(遨頭)라고 하여 봄놀이하는데, 봄놀이에 나오는 태수(太守)를 오두라 일컬었다. (成都記)
69) 의산잡찬(義山雜纂)에 살풍경(殺風景)을 열거했는데, "꽃 위에 잠방이 말리는 것"(花上曬褌). "꽃을 마주하고 차 마시는 것"(對花喝茶) 등이 있다.
70) 웅장(熊掌): 음식 중에 맛있는 진미(珍味)가 웅장(熊掌)과 표태(豹胎)라고 한다.

다만 평생에 천명을 분명히 알기에
시절 따라 경치를 즐기는 것뿐이라
꽃에 대해 시 읊으며 내 성정(性情)을 도야(陶冶)하니
이 즐거움 어찌하리, 봄날 대(臺)에 오른 듯
이태백의 가행(歌行)71)이 천고(千古)에 유명하지만
그건 술주정일 뿐 천재가 아니로세.
손(客)도 가고 술병도 비고 혼자서 노래하니
천지가 휑하니 먼데 바람 뇌성 우르르 밀린다.

花政開遨頭來　　花欲語遨頭廻
願留賓軒共淸夜　　達曙快倒黃金杯
主人啜茶殺風景　　老癡至此何爲哉
百川東逝不復西　　海底亦復坐黃金
無由上天繫白日　　胡不相樂如相猜
我向花神謝不敏　　我雖未死心已灰
首陽薇蕨充我腹　　不受熊掌幷豹胎
只緣從來識天命　　乃與光景相徘徊
對花吟哦陶性靈　　樂哉眞似登春臺
太白歌行映千古　　徒能使酒非天才
客去樽空時獨唱　　天地闊遠呼風雷

• 次仲剛韻 / 중강(仲剛)의 운에 이어서

시원한 바람 불어와 더위를 식히고
붉은 단풍은 한층 더하네.

---

71) 시체(詩體)의 일종인데, 이태백의 가행은 두보(杜甫)가 당하지 못하고, 두보의 율시(律詩)는 이태백이 당하지 못한다.

꿈속에서는 오직 향곡(鄕曲)뿐이요
어린 마음에는 나라 걱정이네.
풀이 무성하니 난초 향기 새롭고
서릿발 가득하니 국화꽃이 피나 보다.
세상맛이란 처음 솥에서 떠낸 찻물을
아득한 시간이 지난 후 차 끓여 마시는 것.

涼風吹暑去　紅樹尙交加
入夢唯鄕曲　嬰心是國家
草深蘭更馥　霜重菊猶花
世味初嘗鼎　悠哉且飮茶

• 雪後復用仲剛韻 / 눈 온 뒤에 다시 중강의 운을 사용함

웅장한 뜻은 누가 제일임을 알거니와
나를 곤궁한 시름도 범하지 못하네.
날 추우니 자주 술을 마시고
해 저무니 집 생각이 갑절 나누나.
홀로 연산의 눈을 마주해 앉아서
멀리 대유령의 매화를 생각하네.
그윽한 삶이 더욱 맛이 있구나
돌솥에 차 달이기 좋기도 해라.

壯志知誰最　窮愁不我加
天寒頻飮酒　歲暮倍思家
獨對燕山雪　遙懷庾嶺花
幽居尤有味　石鼎好煎茶

- 壽安方丈 演無說 聶伯敬在坐 / 수안방장 연무설(演無說), 섭백경(聶伯敬)이 자리에 함께하다.

수안방장에는 털끝 만 한 먼지도 없어
말에 내려 당에 오르니 내 마음 기뻐라.
단구 선생은 필법이 대단히 신묘하고
늙은 선사 죽간은 시어가 새롭구나.
다과로 손 만류함은 절로 속세를 떠났고
사람 비추는 그림은 자못 실물에 가깝네.
다만 한스러운 건 석양에 문을 나서매
험난한 벼슬길에 방향이 희미함이로세.

壽安方丈無纖塵　下馬登堂怡我神
丹丘先生筆法妙　竹礀老禪詩語新
茶瓜留客自離俗　圖畵照人殊逼眞
只恨斜陽出門去　宦途嶮巇迷路津

18. 운곡 원천석(耘谷 元天錫)

① 생애(生涯)

　원천석(元天錫: 1330~?)은 본관이 원주이고, 호는 운곡(耘谷)이다. 정용 별장을 지낸 열(悅)의 손자이며 종부시령을 지낸 윤적(允迪)의 아들로 원주에서(1330-?) 태어났다. 재질과 학문이 뛰어나 고려조에 국자진사(國子進士)에 급제한 바 있다. 하지만 원나라가 고려의 국정을 간섭해 오던 시기라 벼슬길에 나가지 않고 치악산에 들어가 은둔생활을 한 한사(寒士)였다.
　그는 조선조 태조와는 동학(同學)이요, 태종과는 잠룡(潛龍) 때 스승과 제자 사이의 인연이 있다. 이 인연으로 태종이 즉위한 뒤 여러 차례 벼슬을 내리고 그를 불렀으나 응하지 않자 태종이 직접 그를 찾아갔으나 만나지 못하였다. 고려 왕조를 위해 끝까지 절개를 지킨 불사이군(不事二君)의 정신은 후세 선비들의 귀감이 되었다.
　치악산 깊은 골짜기에 숨어 살고 있던 어느 날 서울로부터 차를 선물 받고, 차의 뛰어난 공덕을 찬양하였다. 차는 가슴속 찌꺼기를 씻어 줄 뿐 아니라 흐릿하던 눈마저 밝게 해준다고 했다. 은둔자에게는 시상(詩想)마저도 마(魔)로 여겨 시마(詩魔)라고 했다. 한 잔 차를 마셔 시심(詩心)이 동하고, 졸음마저 멀리 그 자취를 감춘다는 구절에 이르면, 차가 가난한 선비에게 얼마나 좋은 것인가를 알 수 있게 한다.

② 차시(茶詩)

　고려 말은 격이 높은 다인이 많았던 시기였다. 그는 고려 말 조선 초의 대표적인 다인으로 전혀 손색이 없다. 차를 너무 좋아해 차와 관련한 시 10여 수를 남긴 다인이라는 사실이 크게 조명받지 못하고 있다.

・ 無住菴 / 무주암

새 암자 지어 두고 도를 닦는 대사
오가는 흰 구름 내려다보며 다니니
눈은 위아래의 머나먼 허공을 통하고
마음엔 삼천 대천 세계가 활짝 열렸다.
바람 고요한 다헌(茶軒)엔 연기만 자욱하고
밤 깊은 선탑엔 달이 길게 밝아오네.
말없이 앉아 무주를 관하는 대사여
그 무주의 마음이 어디서부터 나는가?

締搆新菴養道情　俯看來往白雲行
眼通上下虛空遠　心豁三千世界平
風定茶軒煙自鎖　夜深禪榻月長明
上人燕坐觀無住　無住心從甚處生

　운곡은 거문고를 풍류로 즐기며, 시 짓고 차 마시며, 술 마시며 친구 좋아한 멋있는 분이었다. 차를 함께 했던 벗들과의 청교(淸交)는 높은 격조를 갖추었음을 보여주고 있다.

조그마한 집을 짓고 다실을 마련하여 벗을 초대하고는 찻자리를 열었다. 연못에 연꽃이라도 피면 차와 술을 같이 나누었다. 좋은 차를 얻어도, 봄이 되어 꽃이 피고 가을이 되어 국화가 노랗게 피어도, 대 바람 소리 달이 뜨는 밤에도, 벗이 그리워 차를 마셨다.

그가 찻물을 길었던 샘터는 변암의 굴속에 남아 있지만 자주 들러 다담(茶談)을 나누었던 각림사는 폐사된 지 오래고, 모운재 오른쪽에는 운곡의 유명한 시비가 세워져 있다.

· 次道境所視詩韻 呈萬歲堂頭座下 / 도경이 보여준 시에 차운하여 만세 당두의 좌하에 드림

한 바리의 법과 납의(衲衣)로 세월 보내는데
사방의 중생들이 유독 어질다 칭송이라네.
때때로 그대 문전에 가고 싶지만
지팡이에 미투리로 애쓰는 번잡함이 두려웠다네.
구레나룻 드리운 선탑은 곧 시 쓰는 곳이고
매양 생각하느니 소나무 아래 차 향기라네.
벌써 봄기운 훈훈하게 피어나고
나물 잎 고사리 싹이 하루 다르게 자라네.

一盂一衲送流年　四方四衆稱獨賢
時時我欲踵門前　恐煩杖屨勞送廷
鬚絲禪榻是詩場　每思松下茶甌香

邇來春氣已發陽　蔬葉蕨芽隨日長
旣於眞法整其綱　煮茗招呼時近當

• 次宋獻納愚 上興法丈室詩韻 / 헌납 송우가 흥법장실에 바친 시의 운자를 써서 지음.

선 하는 늙은이는 보기 드문 선비이고
시 짖는 나그네는 간혹 보는 영웅일세.
서로 만나 품은 마음 얘기할 때면
차 연기 대 바람에 나부낀다네.

禪翁稀世彥　詩客間時雄
相對論懷處　茶煙颺竹風

• 謝弟李宣差師伯惠茶 / 아우 이선차가 새싹의 차를 보내옴에 사례함.

반가운 서울 소식 시골집에 다다르니
어린 풀의 새로 봉한 작설차라네.
식후의 한잔 차 그 맛 더욱 좋고
취한 뒤의 석 잔은 더욱 자랑할 만하다오.
마른 창자 윤택해 짐에 찌꺼기 없고
병든 눈 열릴 때 현화(眩花) 사라지네.
차의 신비로운 공덕 헤아리기 어렵고
시마(詩魔)가 가까이 이르니 수마가 떨어진다.

惠然京信到林家　細草新封雀舌茶
食罷一甌偏有味　醉餘三椀最堪誇
枯腸潤處無査滓　病眠開時絶眩花
此物神功試莫測　詩魔近至睡魔賖

"유곡의 굉 대사가 상원사의 주사굴 서쪽 봉우리에 암자를 새로 짓고 암자의 이름을 「무주암」이라 했는데, 그 높고 뛰어난 경치를 아름답게 여겨 시 한 수를 지어 굉 대사에게 올림"이라는 긴 제목의 시가 있다. 이 시에 나오는 다헌(茶軒)의 연기 자욱한 풍경으로 미루어 보아 그 「무주암」에서 즐겨 차를 마셨던 것 같다.

• 苦寒詩韻

일어나 화로 옆에 차를 끓이니
서봉에 지는 해 등불 매달린 것 같구나.

起來煎茶對爐火　西峰落日如懸燈

• 端午 / 단오

자고 나니 시상이 한없이 일어나고
찻사발의 깊은 향기 더욱 좋구나.
내 생애 단오가 몇 번인가 손꼽으나
관복 하나 없이 늙은 몸 고향에 살고 있네.

數餘詩思轉悠長　且喜茶甌深更香
屈指吾生幾端午　身無綵縷老於鄉

19. 유항 한수(柳巷 韓脩)

① 생애(生涯)

　한수(韓脩: 1333~1384)의 본관은 청주(淸州). 자는 맹운(孟雲), 호는 유항(柳巷). 중찬(中贊) 한악(韓渥)의 손자이다. 일찍부터 문재(文才)가 뛰어나, 1347년(충목왕 3) 15세의 나이로 과거에 합격해 사람들을 놀라게 하였다.
　충정왕 때 정방(政房)의 필도치(必闍赤: 서기 일을 맡은 관원)에 임명되었으며, 왕이 왕위를 내놓고 강화로 쫓겨날 때 시종해 따라갔다. 1353년(공민왕 2) 전의주부(典儀注簿)로 기용되어 다시 필도치가 되었고 이어 전리좌랑·성균사예·비서소감·병부시랑·국자감좨주 등을 역임하였다.
　1361년 홍건적의 침입으로 왕이 안동으로 피난할 때 호종했으며, 귀경 후 사복시판사를 거쳐 좌대언(左代言)으로 승진하였다. 1365년 신돈(辛旽)이 집권하자, 왕에게 신돈이 바른 사람이 아니라며 멀리할 것을 아뢰었다가 예의판서(禮儀判書)로 밀려난 다음 곧 관직에서 물러났다.
　1371년 신돈이 주살되자 왕이 다시 불러 이부상서·수문전학사(修文殿學士)로 발탁했으며, 곧 승선(承宣)에 임명됨으로써 전선(銓選: 인사행정)을 관장하게 되었다. 우왕 대에 밀직제학·동지밀직 등을 지냈으나 공민왕 시해에 관여한 한

안(韓安)의 친척이라는 이유로 일시 유배되었으며, 1378년 배소에서 돌아와 상당군(上黨君)에 봉해지고 수충찬화공신(輸忠贊化功臣)이 되었다.

이어 청성군(淸城君)에 개봉(改封)되고 1383년 판후덕부사(判厚德府事)에 이르렀다. 시서(詩書)에 뛰어나 많은 작품을 남겼으며, 초서와 예서에 능해 당대의 명필로 이름이 났다. 노국대장공주묘비(魯國大長公主墓碑)·회암사지공대사탑비(檜巖寺指空大師塔碑) 등과 현존하는 여주 신륵사보제선사사리석종비(神勒寺普濟禪師舍利石鐘碑)는 한수의 필적이다.

이색(李穡)과는 일찍부터 교분이 깊었고, 또한 『유항집(柳巷集)』이라는 시집을 남겼다고 한다. 『동문선』에 「영모정행(永慕亭行)」등 시 여러 수가 수록되어 있고, 그 밖의 책에서도 한수의 시문이 산견된다. 시호는 문경(文敬)이다.

② 차시(茶詩)

• 慶尙道按廉寄新茶 / 경상도 안렴사가 새 차를 보내왔기에

귀한 차가 내게 나누어지기를 기대했으랴
작설차가 올해는 귀하고 귀하다네.
봉래산에서 돌아올 것을 소망한 것이 아니라
마땅히 뱃속의 글을 가볍게 하려 한다네.

豈期分我至尊餘　雀舌今年貴莫如
歸來蓬萊非所望　正宜澆得腹中書

• 嚴光大禪師寄惠芽茶 / 엄광선사가 차를 보냄옴에 사례함

뉘라서 차 따러 해변을 두루 다니나?
오직 엄광의 솜씨가 가장 좋다오.
나는 묘련사에서 이 맛 알았더니
대사가 멀리 보내어 나의 회포를 위로하네.

採茶誰復海邊皆　惟有嚴光品最佳
我自妙蓮知此味　煩師遠寄慰予懷

20. 포은 정몽주(圃隱 鄭夢周)

① 생애(生涯)

정몽주(鄭夢周: 1338~1392) 선생은 고려 충숙왕 6년 영천에서 정운관(鄭云瓘)과 영천이씨 사이에서 태어났으며, 초명(初名)은 몽란(夢蘭)이었으나 몽주(夢周)로 개명했고 자는 달가(達可), 호는 포은이고 시호는 문충(文忠)이며 영일 정씨 시조 정습명(鄭襲明)의 10세손이다.

1362년 3월 예문검열(藝文檢閱)이 되고 10월에 수찬(修撰)이 되며 이듬해 5월 낭장(郞將) 겸 합문지후(閤門祇侯)가 되며 위무 시승(衛尉侍丞)이 되어 종사관으로 동북면도지휘사 한방신(韓邦信)을 따라 영흥(永興)에서 여진(女眞)을 정벌한 후 돌아와 전보도감판관(典寶都監判官)에 제수된다.

29세인 1365년 모친상을 당하여 3년을 여묘(廬墓)하고 문려(門閭)에 정표(旌表)를 받는다.

상을 마치고 예조정랑(禮曹正郞) 겸 성균박사(成均博士)가 되며 1372년(공민왕 21) 서장관으로 중국에 다녀왔고 2년 뒤에는 경상도 안렴사가 된다.

우왕 3년 9월에 일본에 사신으로 다녀왔으며, 우왕 9년 가을 조전원수(助戰元帥)로 이성계를 따라 전라도 운봉에서 왜구를 격파했고 보문각 제학 상호군이 된다. 그의 나이 48세에는 정당문학(政堂文學)이 되고, 우왕 14년(1388) 7월에 문하찬성사 지서연사(門下贊成事 知書筵事)가 되고 이듬해 6

월 예문관대제학이 된다.

54세인 1390년 공양왕 2년 11월에 익양군 충의백(忠義伯)에 제수되고 수문하시중이 된다. 공양왕 4년 1392년 4월 절의를 지키다가 돌아가셨다.

태종1년 영의정(領議政) 익양부원군(益陽府院君)에 추증되고 문충(文忠)의 시호를 받으며 동 6년에 묘소를 개성 부근 풍덕(豊德)에서 고향인 영천으로 이장하던 중 용인시 경계에 멈추어 쉬고 있을 때, 갑자기 명정이 하늘 높이 날아가 현재의 묘지인 모현면 능원리에 떨어지니 이곳이 하늘이 내린 명당으로 알고 안장하였다.

중종 12년(1533) 문묘에 배향되고 1555년(명종 10) 영천에 서원을 세워 임고서원으로 사액 되었으며, 1570년(선조 3) 개성의 화원(花園) 북쪽에 서원을 세우고 같은 8년 숭양서원(崇陽書院)으로 사액 되었다. 이 밖에도 전국의 여러 서원에 배향되었다.

② 차시(茶詩)

・石鼎煎茶 / 돌솥에 차를 달임

보국에 공이 없는 늙은 서생이
차 마시기 버릇되어 세상 물정 모르노라.
눈보라 휘날리는 밤 그윽한 서재에 홀로 누워
돌솥의 솔바람 소리 즐겨서 듣는다오.
報國無效老書生　喫茶性癖無世情
幽齋獨臥風雪夜　愛聽石鼎松風聲

• 讀易 / 주역을 읽으며

돌솥에 차가 끓기 시작할 제
풍로에 피는 불빛은 붉다.
감괘와 이괘는 천지간의 쓰임이니
바로 이 뜻 무궁한 것이네.

石鼎湯初沸　風爐火發紅
坎離天地用　卽此意無窮

　피어나는 화로의 불과 끓고 있는 돌솥의 물을 보면서, 주역에서의 물을 상징하는 감괘(坎卦)와 불을 상징하는 이괘(離卦)를 대비하니 참으로 유학자다운 해석이다. 선생의 차시에서는 우국충정과 풍류, 그리고 깊은 철학이 내포돼 있다.

• 望潤州 / 윤주를 바라보며

나의 그윽한 회포를 위로하고자
하늘가에서 이런 행차를 했더라.
시를 읊으며 넓은 바다에 떴고
차를 다리며 맑은 강물을 길렀다.
물은 금산사를 둘러 있고
꽃은 철옹성에 감추어져 있다네.
바라보니 그림과도 같으니
너를 위하여 가는 길을 멈추었도다.

欲以慰幽抱　天涯作此行
哦詩浮海潤　煮茗汲江清
水遶金山寺　花藏鐵甕城
相望似圖畵　爲汝駐歸程
　　　(圃隱文集 卷1)

　포은이 회포를 달래고자 스스로 금산사를 찾았을 때 읊은 시다. 아름다운 한 폭의 풍경화를 연상케 한다.

백로가 / 白鷺歌

까마귀 싸우는 곳에 백로야 가지 마라
성낸 까마귀 흰빛을 세우나니
창파에 좋이 씻은 몸을 더럽힐까 하노라.

　위는 어머니의 백로가(白鷺歌)라는 단가(短歌)로, 아들의 비범함을 알고 교훈에 힘썼으니 참으로 현철(賢哲)한 분이셨다. 이렇듯 아들을 잘 낳아서 기른 부모에게 일성부원군(日城府院君)과 변한국대부인(卞韓國大夫人)이라는 존호가 내려졌으니 이는 포은 선생의 찬연한 덕을 추모함이 위로 부모에게 미친 것이다. 「임고서원」에서는 매년 포은 선생의 향사 날에 부원군 묘소에도 주과포를 올리고 제사를 지내는데, "엎드려 생각건대 포은 같은 대현을 낳으신 공덕이 크옵니다. 정성껏 공경한 마음으로 산소를 깨끗이 하옵니다."는 독축이 있다. 자손이 훌륭하면 선조가 돋보이고 선조가 뛰어나면 후손도 영광을 누리는 법이다.

21. 독곡 성석린(獨谷 成石璘)

① 생애(生涯)

　성석린(1338~1423)은 본관이 창녕(昌寧)이며 자는 자수(自修)이고 호는 독곡(獨谷)이며 시호는 문경(文景)으로, 1357년(공민왕 6) 문과에 급제한 후 학유(學諭)·전리총랑(典理摠郎)을 지냈다. 신돈(辛旽)과 대립, 해주목사(海州牧使)로 좌천되고, 1384년(우왕 10) 왜구가 승천부(昇天府)를 침입하니 원수 양백연(楊伯淵)과 출전하여 적을 격퇴하고, 수성좌리공신(輸誠佐理功臣)이 되었다. 그 후 양백연의 옥사에 연좌되어 함안(咸安)의 수졸(戍卒)로 충군(充軍)되었다가 풀려 창원군(昌原君)에 봉해졌다.
　이성계(李成桂) 등과 함께 공양왕을 내세운 공으로 찬화공신(贊化功臣)이 되고, 1392년 조선이 개국하자 이색(李穡)·우현보(禹玄寶) 일파로 몰려 추방되었다. 그 후 한성부판사(漢城府判事) 등을 거쳐 좌정승에 오르고, 1401년(태종 1) 좌명공신(左命功臣) 3등으로 창녕부원군(昌寧府院君)에 봉해진 후, 1415년 영의정이 되었다. 시문에 능하고 초서(草書)를 잘 써서 당대의 명필로 유명하였다.

② 차시(茶詩)

• 謝慶尙道觀察使惠茶魚 / 경상도 관찰사가 차와 생선을 보내주어 사례하며

갓 딴 찻잎에선 작설의 향이요
은비늘 붉은 꼬리 흰 입 방어라네.
이 좋은 맛 늙은이에겐 어울리지 않아
갈무리 잘했다가 손님 오면 대접해야지.

  金芽雀舌香　頳尾銀唇白
  味不合衰翁　藏之待佳客

• 戱答騎牛子惠松菌茶芽 / 기우자가 송이와 차를 보내줌에 장난삼아 답함

송이 비록 향기로우나 고기에 못 미치고
차의 성질 냉하여서 사람을 상하게 한다지만
세간에 놓인 봉양 더 잘할 수 없어
그대 나이 벌써 팔순이라네.

  松菌雖香那及肉　茶芽性冷暗傷人
  世間無復善養老　欲向君籬掛八旬

• 邀東谷 / 동곡을 맞으며

남헌으로 옮겨서 이를 대하니
땅 가득 맑은 그늘 누구와 함께할까.

긴긴날 오직 새 소리만 들려오네
잠에서 깨어보니 찻사발엔 흰 구름 가득하네.

 徙倚南軒對此君 淸陰滿地與誰分
 日長唯有幽禽下 睡起茶甌漲白雲

• 次天使孟獻詩韻 / 천사 맹헌의 시를 차운함

고운 산빛은 집안에 가득한데
눈송이는 발(簾) 안까지 맴돌아 드네.
애오라지 돌솥에 차 세 사발 끓이고
의당 금준의 술 한 잔 마셔야지.

 山色自佳當戶滿 雪花能巧人簾回
 聊將石銚茶三椀 擬當金樽酒一杯

• 次契融上人詩韻 / 계융 상인의 시에 차운함

애석해라 소년 시절 힘이 좋을 때
스님 함께 절 찾아 맘껏 노닌 일.
달빛에 솔 그림자 서늘하게 깔리고
바람 부는 탑에는 차 연기 오르네.
그대 시 읊으면 피곤한 줄 모르고
벼슬 없이 사는 맛 더욱 깊어진다네.
눈 들면 사방이 이리 드넓은 것을

惜昔少年筋力强　携僧宿寺狂遊賞
月松影凉参差　　風榻茶煙綠輕颺
誦子新詩忘倦疲　令人野趣頓增長
舉目四方皆蕩蕩

22. 척약재 김구용(惕若齋 金九容)

① 생애(生涯)

김구용(金九容: 1338~1384)의 본관 안동이며 자는 경지(敬之)이고 호는 척약재(惕若齋) 이다. 공민왕 때 16세로 진사에 합격, 그 뒤 문과에 급제하여 덕녕부 주부(主簿)를 거쳐 민부의랑(民部議郎) 겸 성균관직강(直講)이 되었다. 1367년(공민왕 16) 성균관이 중건되자 정몽주(鄭夢周)·박상충(朴尙衷)·이숭인(李崇仁) 등과 성리학을 일으키고 숭유억불의 선봉이었다.

친명파로서 1375년(우왕 1) 삼사 좌윤으로 있을 때, 이숭인·정도전(鄭道傳)·권근(權近) 등과 함께 북원(北元)에서 온 사신 영접을 반대하다가 죽주(竹州)에 유배되었다. 1381년 풀려나 좌사의대부(左司議大夫), 이듬해 대사성·전교시판사가 되었다. 명나라와의 외교관계가 원만하지 못하던 1384년에 행례사(行禮使)로서 명나라에 가던 중 요동에서 붙잡혀 난징[南京]으로 압송, 영녕(永寧)에서 병사하였다. 사장(詞章)을 잘하였으며, 《동문선》에 8편의 시가 전한다. 문집에 《척약재문집》, 저서에 《선수집(選粹集)》《주관육익(周官六翼)》 등이 있다.

② 차시(茶詩)

寄達可 / 달가에게 부침

단암에서 하룻밤 차 끓이기로 약속한 것은
다만 풍간(당나라 때 승려)이 곳곳에 많기 때문이네.
그대 말 믿지 못함을 진작 알았더라면,
차라리 말 돌려 그대 집으로 갔을 것을.

丹嵒一夜約烹茶　只爲豊干處處多
早識君言差未信　不如回馬到君家

• 自淨土尋遁村寓居 / 정토에서 둔촌의 우거를 찾음

안개 낀 나무에 부슬부슬 비가 한 차례 지나가니,
새벽에 서늘한 기운 십분 더하여 졌다네.
밤 깊고 강물 불어 배로 건너기 어려워,
이웃 절 찾아 다시 차 끓인다네.

煙樹濛濛一雨過　曉來凉氣十分加
夜深江漲舟難渡　隣寺相尋更煮茶

• 醉後子安令我起書壁間 / 취한 후 자안이 나를 일으켜 벽 사이에 쓰게 하다

온 하늘 푸른 기운 돌더니 가랑비 부슬부슬 내리어,

구름 사이로 외로운 학 돌아오니 기쁘게 보네.
누대에 올라 긴 날 보내니 괴이하다 말게나,
차 끓이는 소리 속에 홀연히 잔꾀 잊었다네.

滿空蒼翠雨霏微　喜見雲間獨鶴歸
莫怪登樓消永日　煮茶聲裏坐忘機

23. 태재 유방선(泰齋 柳方善)

① 생애(生涯)

　유방선(柳方善; 1338~1443)의 본관은 서산(瑞山). 자는 자계(子繼), 호는 태재(泰齋). 할아버지는 관찰사 유후(柳厚)이고, 아버지는 유기(柳沂)이며, 어머니는 지밀직사사(知密直司事) 이종덕(李種德)의 딸이다.
　1405년(태종 5) 국자사마시(國子司馬試)에 합격하고 성균관에서 공부하였다. 1409년 아버지가 민무구(閔無咎)의 옥사에 관련된 것으로 연좌되어 청주로 유배되었다가 이듬해 영천으로 유배지를 옮기게 되었다.
　1415년 풀려나 원주에서 지내던 중 참소로 인하여 다시 영천에 유배되어 1427년(세종 9) 풀려났다. 유배 생활 중 학행이 높이 드러나, 유일(遺逸)로 천거되어 주부(主簿)가 되었으나 사양하였다.
　12세 무렵 변계량(卞季良)·권근(權近) 등에게 수학하여 일찍부터 문명이 높았다. 특히 유배 생활 중에는 유배지 영천의 명승지에 '태재(泰齋)'라는 서재를 짓고 당시에 유배 또는 은둔생활을 하던 이안유(李安柔)·조상치(曹尙治) 등 문사들과 학문적인 교분을 맺고, 자제들에게 학문을 전수하여, 이보흠(李甫欽) 등의 문하생을 배출하였다.
　즉, 정몽주(鄭夢周)·권근·변계량을 잇는 영남 성리학의 학통을 후대에 계승, 발전시키는 구실을 담당한 것이다. 원주에서 생활하던 동안 서거정(徐居正)·한명회(韓明澮)·권람(權擥)·강효문(康孝文) 등 문하생을 길러냈으며, 특히 시학(詩學)에 뛰어났다. 경현원(景賢院)과 영천 송곡서원(松谷書院)에 제향 되었고, 저서로는 『태재집』이 있다.

② 차시(茶詩)

· 卽事 / 즉사

나이 들어 혼자서 그윽한 것이 좋아
먼 산에 거처를 마련했다네.
약포를 마련하여 차를 심고
대나무 깎아서 낚싯대 만드네.
봄 경치에 취해 낮잠도 안 자고
새소리가 지루하지 않다네.
이 띳집에 누워 한없는 즐거움을
누린다는 것을 누가 알까.

晩歲愛幽獨　卜居投遠山
種茶開藥圃　栽竹製漁竿
春色惱無睡　鳥聲啼破閒
誰知茅屋下　自有臥遊寬

• 偶作 / 우연히 지음

묵은 풀에 새싹 돋고
추위에도 묵은 가지에 꽃봉오리 맺네.
이웃 절 스님 왔기에
웃으며 차 달일 준비 하네.

宿草生新葉　寒葩發舊柯
隣僧時見訪　微笑索煎茶

• 曉過僧舍 / 새벽에 절을 지나며

개울물 성긴 대밭으로 흘러 잘 보이지 않고
아지랑이 기둥 쪽으로 감싸네
낮은 길고 솔밭은 고요한데
가랑비 내릴 때면 다병(茶餠)을 꺼내네.

暗水通疏竹　晴嵐入小楹
日長松院靜　細雨出茶餠

• 山居 / 산에 거처하며

한가한 가운데 느티나무 아래서 꿈꾸고
밥 먹은 뒤 옥천차 마신다네.
모든 일이 성글고 게을러서
사람들이 은자의 집이라 이른다네.

閒中槐國夢　飯後玉川茶
萬事從疏懶　人稱隱者家

• 病中 / 병중

몸이 아프니 때가 와도 움직일 생각 없고
한가로운 가운데 도를 향해 오른다네.
차를 달이니 지나는 스님 머물고
술을 사 오니 시우(詩友)가 온다네.
새가 날면 숲속의 꽃 지고
고기가 잠긴 돌 위의 물은 맑기도 해라.
애초에 영화와 욕된 일 없거니
두려워 마음 쓸 일 무엇인가.

病裏機心息　閒中道氣增
煮茶留野衲　貰酒引詩朋
鳥踏林花落　魚潛石澗澄
自無榮辱事　何必戒兢兢

　세속을 떠났으니 속박되는 일이 없고 오로지 도를 향해 자기 수련에 힘쓸 뿐이다. 그래도 차와 술이 있어 외롭지 않고, 주변의 자연은 티 하나 없구나. 지금은 내가 바라는 바 하나 없거늘 어찌 신경 쓸 일이 있겠는가.
　"본래 내가 가진 바 하나 없거늘 어느 곳에서 먼지 일어날 수 있으리(本來無一物　何處惹惹塵埃)"라는 혜능(慧能)의 심경이다. 이것이 바로 선(禪)의 경지요, 오도(悟道)의 세계다. 이 같은 시로는 다음의 「영회(詠懷)」가 또 있다.

• 詠懷 / 회포를 읊음

손수 차 달이니 맑은 향기 잔에 가득하고
밝은 창 앞에서 한 모금 마시니 속이 시원하네.
이미 속된 생각 일어날 수 없으니
다시 무슨 마음을 잡고 좌망을 배우리.

手煮淸茶滿椀香　晴窓一啜淨肝腸
已敎塵念無從起　更罷何心學坐忘

　성숙 된 선의 경지에 노니는 차시다. 이것은 깊은 차의 경지이니 선정(禪定)에서 해탈한 일갈이라 생각된다.

• 贈李秀才 / 이 수재에게 보냄

친구는 모두 청빈한 사람이었고
서로 오감에 속되지 않네.
문밖엔 또 무엇이 있을 수 있나
오직 푸른 송죽이 있을 뿐이고
일찍이 이름은 알려지지 않았으나
몇 년이나 차에 빠졌던가.

結交盡淸寒　　往來無塵俗
門外且何有　　靑靑但松竹
聞名未曾見　　幾歲抱茶毒

• 僑居 / 나그네 살이

객지의 맑은 갈림을 헤아렸는데
점점 망형 함을 깨닫겠네.
시구(詩句) 찾아 글 빚을 갚고
차를 달여 술 취함 풀었네.
『太玄經』을 바야흐로 초(草) 하려고 하는데
누실(陋室)은 이미 이름을 새겼네.
종일토록 한가로울 겨를 없어
도리어 이 인생을 웃어 보네.

僑居活計情　便覺漸忘形
覓句償詩債　煎茶解酒醒
玄經方欲草　陋室已曾銘
盡日渾無暇　還將笑此生
　　　　　　　(東文選)

24. 도은 이숭인(陶隱 李崇仁)

① 생애(生涯)

 이숭인(李崇仁: 1347~1392)은 충목왕 3년 성주군 용산리에서 태어났다. 자는 몽가(蒙哥), 자안(子安)이며 호는 도은이고 본관은 성주(星州)로 신라 말 경순 왕조의 명신 이순유(李純由)가 시조이나, 고려 고종 때의 이 장경(李長庚)이 중시조로 다섯 아들(百年, 千年, 萬年, 億年, 兆年)이 모두 문과에 급제했고 중시조로부터 5세가 도은 선생이다.
 공민왕 9년인 14살에 감시(監試)에, 16세에 문과에 합격한다. 1367년 21세 때 성균관 박사가 되어 이색, 정몽주 등과 학문을 강론하고, 1375년 우왕 1년에 전리총랑 겸 보문각 직제학이 되고 그해 8월 원나라 사신을 물리치도록 상소하다가 유배된다. 32세인 우왕 4년에 밀직 제학이 되고, 38세에 예문관제학이 되며, 우왕 12년 하정사(賀正使)로 중국에 다녀와서 중국의 복제에 따라 백관의 관복을 정하도록 건의하여 결정된다. 영욕(榮辱)을 거듭하다가 공양왕 2년 45세에 동지사사에 제수되고 정몽주·이색과 함께 국조실록(國朝實錄)을 수찬(修撰)하고, 이듬해 1월 지밀직사사 동지춘추관사(知密直司事 同知春秋館事)가 되나 4월에는 포은의 일당으로 몰려 삭직(削職) 되어 영남으로 유배되고, 공양왕 4년 정도전이 보낸 수하에게 장살(杖殺)된다. 1406년 조선조 태종 6년에 이조판서에 추증되고 '文忠'의 시호가 내려지고 왕명을 문집이 간행된다.

② 차시(茶詩)

• 龍江舟中有懷北平周參政名倬 字雲章 / 용강 배 안에서 북평의 주 참정을 생각하며. 이름은 탁(倬), 자는 운장(雲章)이다

전 일에 주 운장과 더불어
친하기가 골육보다 더하였네.
술잔을 잡고 산중 경치도 구경하였고
글을 의논하느라 붉은 촛불을 깎기도 하였지.
서로 만남이 늦은 것을 함께 한하였는데
돌아가는 기약은 어찌 그리 촉박하였던가.
한 번 이별하매 각각 동과 서에 있어
삼 년 동안 신고를 실컷 겪었네.
내 사명을 받음으로부터
눈을 비비고 서로 만나리라[72] 생각하였더니
사람 일이란 어긋나기 좋아하고
벼슬길은 괴롭게도 멀어라.
그대 사절로 연산에 가고
나는 배를 용강 구비에 맺었거니

---

72) "선비가 서로 작별한 지 사흘 만이면 눈을 닦고 서로 대한다〔士別三日刮目相對〕"는 말이 있다. 이 말은 그동안에 진보(進步)가 되었기 때문에 눈을 닦고 다시 본다는 뜻이다.

그대 생각하며 보지 못함이여
날은 저물고 연기 물결은 푸르도다.

惜與周雲章　情親重骨肉
把酒賞幽芳　論文剪紅燭
相逢共恨晩　歸期何大促
一別各西東　三載抱茶毒
自我初銜命　謂言當刮目
人事喜蹉跎　宦途苦遼邈
持節燕山陲　繫舟龍江曲
懷哉不可見　日莫煙波綠

• 題南嶽聰禪師房 次林先生韻 / 남악의 총선사 방에 임 선생의 운을 적음

예전에 알던 얼굴 서로 만나니
미묘한 이치가 관문에 투철하네.
삼생의 업은 물과 함께 맑아졌고
한평생 구름과 더불어 한가롭더라.
샘물은 달콤하니 차 끓이기 알맞고
해가 길고 기니 산 보기가 좋구나.
부끄럽다 영사의 그 말씀
벼슬 두고 여기에 돌아오라 하셨구나.

相逢舊面目　妙契透機關
三業水俱淨　一生雲與閑

泉甘宜煮茗　日永好看山
慙愧靈師語　休官便此還

• 次民望韻 / 민망의 시에 차운함

뉘라서 시골 삶이 궁벽하다 하느냐
내 성정에 참으로 어울리네.
구름이 한가로우니 이 몸 게으름을 깨닫겠고
산이 좋으니 눈이 더욱 밝아라.
시고(詩稿)는 읊으면서 다시 고치고
찻잔은 밥 먹은 뒤에 기울이네.
옛날부터 이 맛을 알아 왔거니
다시금 공명심 따위는 버렸노라.

誰道村居僻　眞成適我情
雲閑身覺懶　山好眠增明
詩稿吟餘改　茶甌飯後傾
從來知此味　更別策功名

• 除夜用古人韻 / 섣달 그믐밤에 옛사람의 운을 따서

제야 날 산속 집에 이르니
자지 않는 스님은 촛불을 자르네.
차를 달이니 병속엔 지렁이 우는소리
식귀를 적으니 먹은 까마귀가 뒤집는 듯.
삼경 한밤중에 북소리 치고 나면
하늘에는 북두성은 기울어라.

내일 아침이면 한해가 바뀌리니
정처없이 떠도는 몸 감회는 가이 없구나.

除夜到山家　留僧剪燭火
煮茶餠叫蚓　題句墨翻鴉
更鼓三過盡　天文北斗斜
明朝歲華改　漂泊意無涯

• 謝兪知郡寄茶 / 유군수가 차를 보내왔기에 감사하며

경야(瓊也)가 오늘 아침 이르니
나를 잊지 않은 그대를 알겠네.
편지를 받으니 그대 얼굴 본 듯
차 끓여서 마시어 뱃속을 풀리라.
슬피 바라보니 일천 산이 아득하고
서로 헤어진 지 한 해가 넘었네.
어느 때 서로 만나서
손잡고 함께 당에 오르리.

瓊也今朝至　知君不我忘
得書如見面　煮茗且澆腸
悵望千山遠　相離一歲强
何時成邂逅　握手共登堂

• 憶昔寄隱峰禪師 / 옛일을 그리며 은봉선사에 드림

옛날 서울에서 연분홍 꽃잎을 밟던 시절을 그리며

매양 목욕을 마치고 절을 찾았네.
시를 논하는 일미는 참으로 가경이고
설법은 삼생(三生)의 괴롭고 덧없음을 말하네.
낮은 고요하여 차 끓이는 연기 아련하고
밤이 깊어지자 물소리 딩동거려 가련하다
남녘에 귀양 온 나그네,
지척을 두고도 서로 바라봄이 만리 같구나.

憶惜京華踏軟紅 每因休沐訪禪宮
論詩一味眞佳境 說法三生是苦空
晝靜茶烟瓢荏苒 更深漏水響丁東
可憐今作南遷客 咫尺相望萬里同

• 次如大虛和祭酒韻 / 대허의 제주 운에 화답한 것을 차운하여

곧 이룰 육행관(六行觀)[73]은 앙암(仰菴)의 얼굴이요
묘의(妙義)는 초연하여 돌아가지 못하리.
재(齋)를 마치면 차를 사러 때때론 성안으로 들어가고
붓을 놓고 누워서 산을 바라보네.
홍진의 분주함에 게으른 나를 어여삐 여기시고
순백의 마음으로 노니는 그대의 한가함을 부러워하네.
양촌(陽村)과 더불어 흥겨워 찾아가서는
곧바로 절로 가 방 세 칸을 빌리고 싶네.

---

73) 육행관(六行觀). 천태종(天台宗)에서 유(有)만의 지(智)를 가지고 여러 수혹(修惑)을 끊을 때 수(修)하는 관법(觀法). 녹(鹿), 고(苦), 장(障), 정(靜), 묘(妙), 이(離)의 여섯을 순차(順次)로 관(觀)하는 것.

會將六觀仰菴顔 妙義超然不可還
齊罷買茶時入郭 吟餘閣筆臥看山
軟紅奔走憐吾倦 虛白逍遙羨子閒
欲與陽村乘與去 直從蓮社借三間

• 茶呈實周主事 / 실주(實周) 주사에 차를 드리며 두수

해상의 향차(鄕茶)가 이른 봄을 맞이하여
바구니 가득 이슬 머금은 노아차의 새 싹을 따 담았네.
봉하고 이름 써서 의조(儀曹)에 물어 보내주었나니
안에 든 용단차(龍團茶)의 참맛을 그 누가 알랴.

황금의 싸라기요 옥의 부스러기 같은 새싹 차
잡것이 섞이지 않은 난고차(蘭膏茶)는 진귀하도다.
구태여 감람(橄欖)의 가는 잎을 맑은 술에 타오리까.
수고롭지만 공은 다보(茶譜)를 지어 사람들에게 알려주오.

海上鄕茶占早春　筠籠采采露芽新
題封寄與儀曹問　內樣龍丹味熟眞

黃芩霏屑玉精靡　不雜蘭膏也自奇
橄欖細和玄酒淡　煩公作譜使人知

• 茶一封幷安和寺泉一甁呈三峯 / 차 한 봉지와 안화사 샘물 한 병을 삼봉(三峯)에게 드리며

송산 바위틈에 가는 샘물 돌아 흘러
절로 자란 솔뿌리 얽힌 바위에서 나왔네.
사모 쓴 머리에는 맑은 낮도 기니
돌솥의 솔바람 소리 즐겨 들어 보세나.

崧山巖罅細泉縈　知者松根結處生
紗帽籠頭淸晝永　好從石銚聽風聲

・題神孝寺湛師房 / 신효사 담조사 방에 제함

칡덩굴 누더기는 해어져 제 모양을 잃었고
도(道)를 깨친 후에는 경을 읽기도 그만두었네.
선탑(禪榻)에 꽃이 떨어져 봄은 적적한데
차 끓이는 송풍성만 탕관에서 울리네.

蘿衣白衲己忘形 悟道年來輟誦經
禪榻落花春寂寂 松風和雨出茶鐺

・戱賦一師念珠百八顆 / 일사스님의 백팔 염주를 놀리며

염불하며 돌리기를 끝이 없이
다방(茶房)이나 술집에도 따라다니네.
묻노니 백팔 염주 굴리며 아미타불 외우는 스님이
몇 개나 굴리며 아미타불을 외우면 스님은 도를 깨닫게 되지

念念循環無盡期　茶房酒肆也相隨
問師百八彌陀佛　那箇彌陀解道師

• 白廉使惠茶 / 백 안렴사가 차를 보내옴에 감사하며

선생이 나에게 한식 전에 딴 차를 나누어 주셨는데
색깔과 맛과 향기가 어울려 낱낱이 새롭구려
하늘 끝에 유배 온 한을 차가 모두 씻어주었으니
모름지기 좋은 차 아름다운 여인과 같음을 알겠네.
불 피워 맑은 샘물 길어다가 손수 달이니
청자 찻잔에 뜨는 향기 비린내와 나물 냄새를 씻어주네.
깎아지른 절벽 위의 백만 항생(蒼生)의 목숨이
봉래산(蓬萊山)에 늘어선 신선인가 하노라.

先生分我火前春　色味和香一一新
條盡天涯流落恨　須知佳茗似佳人
活火淸泉手自煎　香浮碧椀洗葷壇
巓崖百萬蒼生命　擬問蓬山刻位仙

　차는 좋은 물이 있어야 한다. 도은은 차는 순수한 향기와 감윤(甘潤)한 맛, 그리고 색(色), 향(香), 미(味)를 갖추어야 할 기본으로 봤고, 차를 아름다운 사람과 같다고 했다. 목은 문하에서 동문수학한 삼봉에게 차 한 봉과 좋은 샘물을 보내면서 시를 썼으나 왕조가 바뀌자 우정 또한 파국을 맞게 되니 도은은 삼봉에게서, 삼봉 또한 왕자의 난에 이방원에게 죽임을 당하니 정치는 결국 추악한 것이다.

• 題僧舍 / 절에 제함

산 뒤 산 앞엔 오솔길 갈라지고
송홧가루 비바람에 어지럽게 흩날리네.
도인스님은 샘물 길어 띠 집으로 돌아가고
한 줄기 푸른 연기 흰 구름을 물들이네.

山北山南細路分　松花含雨落繽紛
道人汲井歸茅舍　一帶靑煙染白雲

• 題神孝寺祖師房 / 신효사 조사스님 방에 제함.

푸른 나뭇잎 처마끝에 드리우니 더위도 가시고
산사의 다락에서 하루 종일 돌아가길 잊었노라.
차를 달여 손님을 대접하고 벽에 시 쓰기를 청하니
도리어 스님이 쉴 여가 없음을 웃는구려.

綠葉低簷暑氣微　寺樓終日澹忘歸
烹茶享客求題壁　却笑居僧未息機

• 山居卽事 / 산중에서 지내며 있었던 일을 적다

세상에 쓰일 재능이 없으니
꽃다운 나이들과 겨룰 생각 끊었다네.
봄 되니 약포엔 바람이 따뜻하고
서실 창에는 해가 차츰 길어지네.
스님이 오면 함께 풍광을 즐기고

벗 만나면 이곳에서 술잔을 주고받지
한가한 산중 생활 한 편의 시에 담아내어
그냥 그렇게 초당에 내걸었네.

無才堪世用　絶意鬪年芳
藥圃風初暖　書窓日漸長
要僧分水石　見客置壺觴
寫得閑居賦　聊因扁草堂

25. 양촌 권근(陽村 權近)

① 생애(生涯)

　권근(權近: 1352~1409)은 고려말 조선 초의 인물로 자는 가원(可遠) 혹은 사숙(思叔)이며, 호는 양촌이고, 시호는 문충이다. 안동 권씨로 공민왕 원년(1352)에 출생했고 아버지는 검교정승(檢校政丞) 권희(權僖) 이다.
　그는 목은 이색의 문인이고, 목은은 익재 이제현에게 사사하였으며, 익재는 양촌의 증조부 권보(權溥)의 문인인 동시에 그의 사위였다. 정치적으로 고려말의 신, 구파의 대결에서 구파에 속하여 왕조가 넘어갈 때까지 스승과 운명을 같이했으며, 고려 왕조에서의 경력은 예문관 응교 · 좌사의대부 · 성균관 대사성·예의판서 · 지신사를 역임했고 『입학도설(入學圖說)』과 『오경천견록(五經淺見錄)』이 있다.
　조선이 개국 되고 새 왕조에 출사한 것은 태조의 부름을 받고 계룡산 행재소(行在所)로 달려가면서인데, 후일 상촌(象村) 신흠(申欽)이 "공은 여말 명 대부로서 당시 유배에서 풀려나는 것으로 만족하였더라면 그 문장 명론(名論)이 어찌 목은(牧隱) 등 여러분들보다 못하였으랴? 그런데 계룡일송(鷄龍一頌)으로 갑자기 개국총신(開國寵臣)이 되었으니 애달프다!" 하였다.
　조선조에서 여러 관직을 거쳐 1409(태종 9년) 58세를 일기로 서거하니 검열로부터 재상에 이르기까지 한 번도 외직에 나간 일이 없었으며, 모든 경세 문장과 외교표전을 맡아 찬술하였다.

② 차시(茶詩)

• 登止觀寺西峰 / 지관사 서봉에 오르다

땅이 외지니 산은 절을 감춰버리고
시내 도니 물은 누를 잡고 흐르네.
차 달이며 연어를 듣기도 하고
막대 짚고 높은 언덕 올라왔노라.
들국화 싸늘하다 이슬 머금고
등 덩굴 늙어서 가을 띠었네.
서울이 여기서 몇 리라더냐
바라보니 너무도 아스라하네.

地僻山藏寺　溪回水繞樓
煮茶聞軟語　策杖上高丘
野菊寒含露　巖藤老帶秋
京都知幾里　登眺極悠悠

• 小樓翫月 / 작은 누각에 와 달을 구경하며

절집은 외따로 성 모퉁이에 있는지라
시승이 만나니 세속의 말 없어 좋구나.
달 구경하잔 기약 어찌 빚질 수 있나

차 마시며 서로 대하니 외롭지 않았네.
벗님이 편지 보내올 줄 어찌 알았겠나?
좋은 밤 다시 술병 차도 해롭지 않겠지
남쪽 누각엔 밤 흥취 많다는 것 아니
돌아온 님을 위해 옷 잡혀 술 사야겠네.

梵宮僻在古城隅　曾喜詩僧俗語無
翫月有期何可負　喫茶相對不爲孤
豈知賢契勤投簡　未害良宵更佩壺
固覺南樓多夜興　爲君還欲典衣酤

• 梅溪上人送平田 / 매계 상인이 평전을 전송하는 사권 끝에 적다.

시냇 머리에 집을 지으니 땅이 절로 외지고
대울타리 사립문이 추운 하늘을 가렸네.
선옹을 우연히 만나 얼굴 펴고 웃으니
사람과 매화가 함께 환히 빛나네.
섣달이 다 간 계곡에 눈이 개니
찬 매화가 처음 핌에 그윽한 향기가 풍기네.
선옹을 우연히 만나 차 달이는 곳에
성긴 그림자 가로 비꼈는데 물은 절로 맑네.

卜築谿頭地自偏　竹籬柴戶掩寒天
仙翁邂逅開顔笑　人與梅花共粲然
臘盡谿山雪向晴　寒梅初綻暗香生

仙翁邂逅煎茶處　疏影橫斜水自淸
(陽村先生文集 卷7 南行錄)

• 灰湯止渴 / 재탕(灰湯)으로 갈증을 그치게 하였다

폐와 목이 마르는 병 낫지 않아서
밤이면 차 솥에 샘물 길어 붓는다.
목마름이 타는 솥에 물 붓는 듯하여
마시길 냇물 들이키는 고래와 같네.
아이들은 약방문을 구해 들이고
종들은 짚재 태워 달이네.
인간에서 상지수[74] 얻기 어려우니
소담의 고정으로 가보고 싶네.

肺渴喉乾苦未痊　夜來茶鼎繼山泉
急如漏甕沃焦釜　飮以長鯨吸百川
兒子爲求方藥至　僮奴旋作秸灰煎
人寰難得上池水　願向蘇僊古井邊

• 夜坐 / 밤에 앉아서

한밤에 병풍에 기대 조는 것은
병 끝에 근력이 파리함이라.

---
74) 상지수(上池水) : 좋은 약을 가리키는 것으로, 땅에 떨어지지 아니하고 나뭇잎에 붙어 있는 이슬을 말한다.《사기 편작편》에 "신선이 편작에게 약을 내어 주면서, 이것을 상지수에 타서 먹어라" 하였는데, 그 주에 상지수는 이슬과 대나무 위에 맺혀있는 물이라고 하였다.

차 불러 마른 허파 적시고
글귀 생각하며 흰 수염만 꼬아 잡네.
늙어서 쓸모가 없음을 알았건만
품은 회포 부질없이 생각하누나.
적은 공 기록되어 부끄러운데
열후에 오름은 사사 은혜 더함이라.

夜靜倚屛睡　病餘筋力疲
呼茶澆渴肺　覓句撚霜髭
老罷知無用　懷藏謖有思
愧微功可記　列爵添恩私

• 五加皮 / 오가피

오가피에 오성 정기 있다고 하여
시월에는 뿌리, 오월에는 줄기를 거두네.
어찌 마실 때 목구멍만 부드러울 뿐이랴
늙은이의 눈 어두움 도로 밝아진다네.
차 솥에 삶은 맛 하 그리도 쓰더니
한 방울 술잔에 들면 향기 더욱 맑은 것을
아무튼 이 선약 참 효험 있나니
늙은이 치아와 모발 어린아이 되겠네.

五加稱有五星精　十月收根五月莖
豈但飮時喉自潤　能令老去眼還明
烹來茶鼎味何苦　點入酒杯香益淸

倘是仙方眞有效　衰年齒髮可成嬰

• 五味子 / 오미자

붉은 알 주렁주렁 푸른 덩굴 뻗으니
시고 단 그 맛은 서리 뒤에 알리라
산재에선 따 모아 정성 들여 쪄 말리고
약원에선 이름 써서 조심스레 간직하네.
병든 눈 단정75)의 선약인가 의심하여 살펴보고
마른 목구멍 자하장76)인 양 기쁘게 마시네.
가슴에 막힌 것들 시원하게 씻어내니
겨드랑이 바람 생기는 법 진실로 있다고 하겠구나.

朱實離離綠蔓長　酸甛霜後可時嘗
山齋採掇勤蒸曬　藥院題封謹護藏
病眼訝看丹鼎粒　渴喉欣飮紫霞漿
胸中査滓眞堪洗　兩腋生風信有方

• 雪中吟成 / 눈 속에서 읊음

새 도읍지엔 집이 없어 셋집에 살면서
눈을 보고 시 읊으며 차를 마시네.

---

75) 단정(丹鼎) : 도가의 약 달이는 그릇.《낭환기(瑯環記)》에 "천년 묵은 거북이 봉래산 아래 신을 찾아와서 단정 씻은 물을 마시면, 곧 날개가 돋혀 변화무쌍하게 된다" 하였다.
76) 자하장(紫霞漿) ; 하장(霞漿). 곧 선약(仙藥)의 이름.《拾遺記》에 "구름에서 흘러나오는 진액이 있는데, 이것을 하장이라고 한다." 하였다.

밤중에 한가롭게 베개 베고 누웠으니
고요한 문 앞에 골목 아침 햇살 비춘다네.
흰 눈은 집마다 새하얗게 내렸는데
새벽에 아이 불러 차 끓여오라 하네.
요컨대 시상에 맑은 기운 들게 하여
종이 가득 붓을 놀려 고운 석양 이르렀네.

新都僦屋任無家　對雪哦詩只啜茶
病裡得閑高枕臥　寂寥門巷日初斜
皚皚白雪遍人家　晨起呼童便煮茶
要使詩脾淸氣入　滿牋揮筆任欹斜

• 中秋法王寺翫月 / 한가위 날 법왕사 달구경

휘영청 밝은 달이 바다에서 돋는데
가을 하늘은 물처럼 구름 한 점 없구나.
언뜻 보니 숲 사이로 달빛 서늘하고
계수나무 아래로 달그림자 외롭구나.
밝고 쌀쌀한 기운이 궤 안에 스며드는데
맑은 달빛에 술 단지 빛나네.
길동무 삼아 의지했던 여산은 멀어지고
도연명의 술타령 끝이 없구나.
달빛 주렴 사이로 비춰오고
향 피운 서탁 티끌 하나 없구나.
이야기꽃 피우며 밤은 깊어가고
이 즐거운 새벽 함께 지내네.

달빛 아래 산사는 은세계인데
스님은 옥같이 맑은 술 마시는구려.
기쁘고 즐거워 술동이 비워지니
밤늦게 이웃집에 술 있는지 묻는다.

華月溶溶湧海隅　秋空如水片雲無
林間乍見金蛙冷　桂下遙憐玉免孤
爽氣凌凌侵几案　淸輝的的照尊壺
就中賴有廬山遠　爲勸陶潛酒續酤
月色窺簾入坐隅　焚香書榻一塵無
晤言今夕那堪睡　樂事良辰不可孤
梵宇烱如銀作界　僧懷淸似玉爲壺
歡娛却恐尊醪盡　爲問隣家入夜酤

26. 인재 이종학(麟齋 李種學)

① 생애(生涯)

　이종학(李種學: 1361～1392)은 고려 말의 문신으로, 본관은 한산(韓山)이다. 자는 중문(仲文), 호는 인재(麟齋)이다.
　이곡(李穀)의 손자이며, 이색(李穡)의 둘째 아들이다. 어머니는 명위장군(明威將軍) 권중달(權仲達)의 딸이다.
　1374년 성균시에서 합격하고 1376년 문과에 동진사(同進士)로 급제하여 장흥고사(長興庫使)에 제수되었다. 그 뒤 관직이 밀직사지신사(密直司知申事)에 이르렀다.
　1388년 요동 정벌군이 출정하기 전 조병육정신(助兵六丁神: 군사를 陰助 하는 6 정신)에게 초례(醮禮)를 행하였다. 창왕아 즉위한 직후에는 성균시를 관장하기도 하였으며, 곧 승진하여 첨서밀직사사(簽書密直司事)가 되었다.
　1389년(창왕 1) 동지공거(同知貢擧)가 되었는데, 아버지 이색이 정권의 핵심에 있으면서 두 해에 걸쳐 과거를 관장하자 사람들의 시기를 받았다. 공양왕이 즉위하고, 이색이 탄핵을 받게 되자, 더불어 벼슬이 떨어지고 쫓겨나게 되었다.
　1390년(공양왕 2) 윤이(尹彝)와 이초(李初)의 옥사에 연루되어 부자가 모두 청주의 옥에 갇혔다가, 마침 홍수가 나서 사면되었으나 다음 해 다시 멀리 유배되었다. 그 뒤 다시 소환되었으나, 1392년 정몽주(鄭夢周)가 살해된 뒤 이숭인(李

崇仁) 등과 함께 탄핵받아 함창으로 유배되었다.
 이 해 조선이 들어서면서 정도전(鄭道傳) 등이 손흥종(孫興宗)을 시켜 이종학을 살해하려고 하였는데, 자기의 문생인 김여지(金汝知)가 판관으로 있어서 김여지의 비호를 받아 무사하였으나, 장사현(長沙縣)으로 옮기는 도중 무촌역(茂村驛)에서 살해되었다. 저서로는 『인재유고(麟齋遺稿)』가 있다

② 차시(茶詩)

• 夜坐 / 밤에 앉아

아이들 시끄러운 소리 잠깐 멎고
오래 앉았으니 등불도 꺼지네.
이 물가에는 봄이 벌써 이르렀지만
서울로 가는 길은 멀기도 하네.

몸이 한가로우면 언제나 모자를 벗고
마음이 답답할 땐 매양 차를 달인다.
세속의 근심 아주 잊어버리고
때때로 붓을 빗겨 들어 쓴다네.

兒童喧暫息　坐久落燈花
江海春猶至　京華路最賖

身閑常脫帽　心熱每煎茶
世慮都消遣　時時點筆斜

• 卽事 / 있엇던 일을 읊다

손이 돌아간 후 편안히 누우니
띠 집 처마엔 이미 석양이라네.
새로운 시구 떠오르면 적어두고
그윽한 꿈속에선 집에 돌아가 있네.
세상에 누가 만족스러움을 알리요
헛된 삶에도 언제나 끝이 있다네.
마음에 느끼는바 많을 때는
종을 불러 차를 달이게 하네.

客去還高臥　茅簷日已斜
新詩唯記事　幽夢便歸家
擧世誰知足　浮生自有涯
心中多所感　呼僕且煎茶

• 二十日 近絶不作詩 聞南先生行李在淸 / 20일 가까이 절대 시를 짓지 않다가 남 선생이 청주에 와 계신다는 말을 듣고

여강의 강에서 요행히 서로 만나
밤 이야기하다 보니 절 새벽 종소리 들리네.
어느 때쯤 행차가 고을에 도착하리
차를 달이니 다시 조용해지네.

驪江江上幸相逢　夜話仍聞曉寺鍾
旌斾何時臨鎭邑　煎茶更欲暫從容

27. 용헌 이원(容軒 李原)

① 생애(生涯)

이원(李原: 1368~1429)의 본관은 고성(固城)이고, 자는 차산(次山)이며, 호는 용헌(容軒)이고, 시호는 양헌(襄憲)이다. 고려 말 서법의 일가를 이룬 행촌(杏村) 이암(李嵒)의 손자이며 밀직부사 이강(李岡)의 아들이다. 자형인 양촌(陽村) 권근(權近)에게 글을 배웠고, 1385년(우왕 11) 포은 정몽주가 주관한 문과에 18세로서 급제하였다. 용헌은 이숭인으로부터도 많은 영향을 받았으며 변계량과는 우의가 각별하였다.

조선 개국 후 지평이 되었고 정종 때 좌승지에 올랐다. 1400년(정종 2) 제2차 왕자의 난 때의 공으로 좌명공신(佐命功臣) 4등에 책록되었고, 철성군(鐵城君)에 봉해졌다. 대사헌·경기도 관찰사를 지내고 1403년(태종 3) 사은사로 명나라에 다녀온 이후 대사헌(大司憲), 한성부판사(漢城府判事) 등을 역임하였고 철성부원군(鐵城府院君)이 되었다.

1415년 이조판서에 이어 세종이 즉위하자 우의정으로 발탁되었고 1422년(세종 4) 좌의정에 올랐다. 문집에 《용헌집(容軒集)》《철성연방집(鐵城聯芳集)》 등이 있다.

② 차시(茶詩)

• 用前韻呈春亭 / 앞의 운(韻)을 써서 춘정께 드림

삭풍이 세차게 가벼운 사모(紗帽)에 몰아치는데
벼슬길 구구함이 마치 달팽이가 싸움질하는 것 같네.
변하기 쉬운 사람 마음 옷감 물들이듯이 슬프기도 한데,
그대의 시는 일찍이 붓에서 꽃피는 것 꿈꾸었지
병 뒤에 술 마시니 두자미(杜子美)가 즐기던 기장주 인가!
잠에서 깨어나 간의(諫議)가 준 차를 끓이네.
뜰에 가득 눈이 쌓여 사람 오지 않는데,
아이처럼 밥 달라고 성화를 부리누나.

朔風發發怯輕紗　宦路區區等戰蝸
吾道自悲絲欲染　君詩曾夢筆生花
病餘催釀杜陵黍　睡覺仍煎諫議茶
積雪盈庭人寂寂　癡兒索飯獨喧譁

• 次四佳亭詩 / 사가정 시에 차운하다

한 해가 저무니 바람도 차 술값도 더해
화로를 앞에 두고 스스로 차를 끓이네.
아이들은 가지마다 눈 내렸다 착각하고
뜰의 매화는 벌써 피었다고 다투어 아뢰네.

歲暮風寒酒價加　對爐時復自煎茶
兒童錯料枝頭雪　爭報園梅已着花

• 贈虛上人 / 허 상인에게 보냄

적막한 봄 동산 가운데서
소요(逍遙)하는 의미는 많겠지만
숲속을 헤치면서 새벽에 약을 캐고
대나무 태워 가며 밤에는 차 끓이니,
산중의 새는 긴 해를 희롱하고
가벼운 바람이 부니 꽃이 지더라.
지금부터 자주 왕래하여
자리를 마주하고 함께 읊어 봅시다.

寂歷春山裏　逍遙意味多
穿林晨採藥　燒竹夜煎茶
幽鳥弄遲日　輕風吹落花
從今數來往　促席共吟哦

• 又次明正庵詩 / 또 명정암 시에 이어서

생활은 본래부터 담박함을 따르고
세속의 삶은 호화로움을 더하네.
기회를 살피는 헛된 생각은 이미 없어지고,
굶주림과 곤한 잠에도 스스로 만족하도다.
달빛 아래 문을 두드려 도인을 찾아가니
솔 그늘에 걸상 내서 시객을 맞이하네.
차 마시며 상대하여 돌아갈 뜻 잊었으니
십홀(十笏)의 선방(禪房)에서 맑은 마음 얻었네.

生活本來從淡薄　肯於塵世慕華劇
機心妄想已消盡　飢食困眠聊自適
月下敲門訪道人　松陰下榻邀詩客
喫茶相對頓忘歸　十笏禪房抱虛白

• 幽居卽事 / 은거하며 즉흥으로 짓다

맑은 새벽 세수하고 빗질하여 사모(紗帽) 쓰고
띳집에 앉았으니 껍질 벗은 달팽이 같구나.
평상에서 술 짜는 소리가 비 오는가 생각되고
나무에 눈 내리니 꽃이 되었네.
밝은 창 아래 필묵 드니 시(詩)가 써지고,
푸른 시내에 얼음 깨니 손수 차를 다리더라.
객(客)이 와서 원망하는 소리 들어도 도리어 문을 닫으니,
이미 너무 게을러 조용함을 좋아함일세.

淸晨盥櫛戴烏紗　坐此茅茨一殼蝸
酒滴槽床疑有雨　雪飄庭樹作飛花
明牕點筆仍題句　碧澗敲氷自煎茶
客至從嗔還閉戶　年來過懶愛無譁

• 宿觀音寺 / 관음사에서 묵다

깊은 산 한 줄기 길 따라
한 걸음 한 걸음 홀로 찾아왔네.
멀리 치우쳐 있으니 찾아오기 어렵고

봉우리들 높아서 해가 빨리 진다네.
폭포 물 돌부리를 어지럽게 울리고
성긴 숲에 풍경소리 쓸쓸하다네.
고요한 속에서 세속의 일 다 잊고
달빛 아래 차 달이며 시를 읊는다네.

千山一條路　步步獨來尋
地僻人難至　峯高日易沈
瀑流鳴亂石　寒磬出疏林
寂寂無塵想　煎茶對月吟

28. 춘정 변계량(春亭 卞季良)

① 생애(生涯)

변계량(卞季良: 1369~1430)은 문신으로 본관은 밀양이며, 자는 거경(巨卿), 호는 춘정(春亭), 시호는 문숙(文肅)이다.

고려조에서 1382년(우왕 8)에 진사, 이듬해 생원이 되었으며, 1385년 문과에 급제하여, 전교(典校)·주부(主簿)·진덕박사(進德博士) 등을 역임하였다.

1407년(태종 7) 문과중시(重試)에 급제, 예조 우참의(右參議), 1409년 예문관제학(提學), 1417년 대제학·예조판서에 임명되었고, 이듬해 참찬을 역임하고, 1426년(세종 8) 판우군(判右軍), 도총제부사(都摠制府事)에 이르렀다. 10여 년간 대제학을 지내는 동안, 외교문서를 거의 도맡아지어 명문장가로서 이름을 떨쳤다. 문집으로 《춘정집》이 있다.

② 차시(茶詩)

• 在百華寺望京都 / 백화사에서 경도를 바라봄

깨끗하고 조용하니 이 바로 선가라네
언제나 스님 만나면 합장하곤 한다네.
산속이 추워지면 사슴 가끔 찾아들고

낮시간 길어지니 사미는 차 끓이네.
소나무 위 눈덩이는 때때로 떨어지고
돌 사이 맑은 물은 비스듬히 흐른다네.
북당(어머님) 편안한지 궁금해서
날마다 머리 들어 경도를 바라보네.

淸虛寂寞是禪家　每引胡僧手共義
畫鹿山寒時入院　沙彌晝永解煎茶
松頭晴雪時時落　石底燈流脈脈斜
想得北堂安穩未　日興翹首望京華

· 遊聖知寺 / 성지사(聖知寺)에서 노닐며

마을에서 석경의 소리를 듣고 나서
적적하게 여라 걸린 구름속에 들어갔네.
어지러운 돌 사이에 물소리 들려오고
그윽한 숲속에는 꽃들이 지는구나.
계곡이 깊어선지 스님은 밤 물 긷고
절이 조용하니 새벽 사슴 지나가네.
이곳에 다다르면 마음이 포근해져
소리 높여 읊다가 차 달이곤 하였다네.

洞房聞石磬　寂寂入雲蘿
亂石鳴寒水　幽林自落花
澗深僧夜汲　院靜鹿晨過
到此心偏穩　高吟更煮茶

• 題靑溪山行上人院 / 청계산 행상인의 사찰에 씀

돌길은 천 길 벼랑에서 끝났는데
향 연기는 방 하나를 맑게 하네.
손은 와서 차 달이기를 요구하고
중은 앉아 스스로 경전을 뒤적이네.
나무는 늙었는데 어느 해에 심었던고
종소리 잦아지니 한밤중이로구나.
허무의 도리를 깨달아 속세를 잊고
높이 누워 무생을 즐기노라.

石路千崖盡　香煙一室淸
客來求煮茗　僧坐自飜經
樹老何年種　鐘殘半夜聲
悟空人事絶　高臥樂無生

• 睡起 / 낮잠을 자다가 일어나

처마 끝에 해 비치자 봉창이 밝아지고
창밖에 푸른 산은 병풍처럼 펼쳐졌네.
정오쯤 되어서 숙취가 가시기에
화롯불 피워놓고 찻물을 끓였었지

茆簷日靜小窓明　窓外靑山作畵屛
宿醉醒來時正午　手開爐火煖茶甁

• 題五原龍鳳寺 / 오원의 용봉사에 씀

오원에는 아름다운 경관이 많지마는
그중에 용봉사가 더욱더 아름답지.
누각의 앞에는 평야가 펼쳐졌고
산천은 대하에 이르러 있다네.
냇물 소리는 비 내리자 급해졌고
소나무 그림자는 구름 속에 늘어졌네.
하루가 다 가도록 할 일이 없는데
스님은 차라도 끓일 줄 아는구나.

五原多勝處　龍鳳寺尤嘉
樓閣臨平野　山川到大河
泉聲和雨急　松影拂雲斜
竟日無餘事　沙彌解煮茶

• 次東窓韻 / 동창의 시에 차운하다

답답하게 일찍이 여름철을 지냈는데
유유하게 또다시 가을철을 보내는구나.
명아주 지팡이에 진정으로 기대었고
작설차 달이며 침울함을 달래었네.
술잔 들고 시 읊은 건 지나간 흥취였고
시내와 산들은 오늘날 수심이네
서로가 얼굴 안 지 상당히 되었으니
찾아와서 나와 같이 평상에 앉아야지.

鬱鬱曾經夏　悠悠又過秋
杖藜扶悃愊　煮茗慰沈浮
酒賦他年興　溪山此日愁
只應相識久　來共坐床頭

• 題尹侯詩卷 / 윤후의 시권에 씀

병객이 시험 삼아 차 달여 마셨더니
대낮의 창가에 노동의 졸음을 쫓아냈지.
갑자기 윤후가 찾아와서 시 보이니
읽을 때 봉황 소리 듣는 것 같았었지.

病夫煎茶聊自試　午窓破却盧仝睡
忽蒙尹侯來示詩　讀之悅若聞鳳吹

• 夜坐 / 밤에 앉아

화로에 불 지피고 등불 다시 켜놓고
야심토록 앉아 있자 물이 얼려 하는구나.
차 달이는 일 말고는 할 일이 없으니
이 근래 심사가 중보다 담담하네.

小爐熾炭復張燈　坐盡深更水欲氷
除却顚茶更無事　向來情事淡於僧

• 哭遷亭 / 천정을 애도하며

맑은 기골에다 눈 같은 그 자태
백발에 허리엔 금은 찬란했지
날마다 의관 정제 예절을 좋아했고
걸핏하면 차와 술 들고 시 읊기 좋아했네,
일찌기 사명 띄고 팔천 리를 나갔을 때
칠순 인생 드물다고 모두가 얘기했네.
쓸쓸하게 한바탕의 남가일몽 돼 버리고
두세 가지에 향기를 남기었네.

淸臞風骨雪霜姿　白髮腰金政有輝
日整衣冠眞好禮　動將茶酒喜吟詩
曾持使節八千里　共說人生七十稀
惆悵南柯成一夢　遣芳留得兩三枝

• 靑雲寺 / 청운사

늙은 나무는 뜰에 닿았고
맑은 시내는 문밖에 흐르네.
중은 한가하니 야인의 정취가 많고
지경이 고요하매 시끄러움이 없구나.
차를 끓였으니 많이 마심이 마땅하고
시구를 가지고는 가늘게 논평함이 좋구나.
마음에 진리를 간직하며 스스로 흐뭇하니
해가 저물도록 말할 것을 잊었구나.

老樹當庭宇　濟溪隔寺門

僧閑多野趣　地靜息廛喧
煮茗宜深酌　將詩好細論
蘊眞多自慊　日夕欲忘言

• 西京使相容軒李公惠石銚以詩答之 / 서경 사상 용헌공이 돌 냄비를 선물했기에 시로 답함.

산 샘물에 차를 넣고 불 지펴 달여 놓으니
한 잔을 마시자 선골이 되려 하네.
어찌하면 집마다 이 맛을 분배하여
앉아서 천하의 비린내를 씻어내지.

한자77)는 연구 좋아 서문을 지었고
파공78)은 시를 지어 선물에 사례했지.
춘정에 병든 노인 무엇 하는 사람인가?
차 끓일 줄밖에 모르는 어리석은 사람 같지.

香茶活火煮山泉　一椀才傾骨欲仙
安得家家分此味　坐令天下洗葷羶

韓子愛聯曾有序　坡公謝惠亦留詩
春享病叟何愛者　唯解煎茶似大癡

---

77) 韓子(韓愈)는 석정연구시를 짓고 서문을 붙인 것을 말함.
78) 파공(坡公)은 동파(東坡) 소식(蘇軾)을 가리킨다.

• 寄東窓 / 동창에게 부치다

근년 들어 취향이 서로 비슷해도
부끄럽게 내 몸은 여전히 불편하네.
진탑의 스님은 한가로이 차 달이고
유루79)의 난간에서 외롭게 달 맞았지
훈풍이 불어오자 버들눈이 노래지고
눈 더미 녹아 가자 매화 망울 하얘지네.
춘색이 짙어져서 꽃들이 만발할 때
술 한 동이 놓고서 단란하게 얘기하세.

年來幽趣빈相觀　却愧吾身尙未安
陳榻留僧閒煮茗　庾樓邀月獨憑欄
黃催弱柳風初暖　白動寒梅雪欲殘
待得春濃花正發　一樽重與語團欒

• 追補 西京使相容軒李公惠石銚以詩答之 / 서경 사상 용헌 이 공이 돌 냄비를 선물했기에 시로 보답함

한자는 연구 좋아 서문을 지었고80)
파공81)은 지은 시 선물로 사례했지

---

79) 유루(庾樓) : 유공루(庾公樓)라고도 한다. 진(晉) 나라 유량(庾亮)이 무창(武昌)을 다스리면서 관료인 은호(殷浩), 왕호지(王胡之)와 같이 남루(南樓)에 올라가 달을 구경하고 날이 새도록 시를 읊고 이야기하였다. 이후 문인(文人)들이 모여서 음영(吟詠) 하는 것을 의미하였다. 《世說新語 卷五 容止》
80) 한자는 당나라의 한유(韓愈)이며, 그가 석정연구시(石鼎聯句詩)를 짓고 서문(序文)을 붙인 것을 말한다. 《韓昌黎集 補遺》

춘정에 병든 노인 무엇 하는 사람인가?
차 끓일 줄밖에 모르는 어리석은 사람 같지.

韓子愛聯曾有序　坡公謝惠亦留詩
春亭病叟何爲者　唯解煎茶似大癡

• 靑雲寺 / 청운사

늙은 나무는 뜰에 닿았고
맑은 시내는 문밖에 흐르네.
중은 한가하니 야인의 정취가 많고
지경이 고요하매 시끄러움이 없구나.
차를 끓였으니 많이 마심이 마땅하고
시구를 가지고는 가늘게 논평함이 좋구나.
마음에 진리를 간직하며 스스로 흐뭇하니
해가 저물도록 말할 것을 잊었구나.

老樹當庭宇　濟溪隔寺門
僧閑多野趣　地靜息塵喧
煮茗宜深酌　將詩好細論
蘊眞多自愜　日夕欲忘言

---

81) 파공(坡公) : 송대(宋代)의 학자 동파(東坡), 소식(蘇軾)을 가리킨다.

29. 경재 하연(敬齋 河演)

① 생애(生涯)

하연(河演: 1376~1453)의 본관은 진주(晉州)이고 자는 연량(淵亮)이며 호는 경재(敬齋)·신희옹(新稀翁)이고 시호는 문효(文孝)로 정몽주(鄭夢周)의 문인이다. 1396년(태조 5) 식년문과(式年文科)에 급제, 봉상시녹사(奉常寺錄事)를 거쳐 춘추관 수찬관(春秋館修撰官)이 되고, 이어 집의(執義) 등을 역임하였다. 세종 즉위 후 예조참판을 지내고, 1423년(세종 5) 대사헌으로서 조계종 등 불교 7개 종파를 선(禪)·교(敎)의 2종(宗)으로 통합하고 사사(寺社) 및 사전(寺田)을 줄일 것을 건의하여 실시하게 하였다.

1425년 경상도 관찰사, 그 후 평안도 관찰사 등을 지내고, 1431년 대제학을 역임, 1445년 좌찬성에 이르렀다. 70세 때 궤장(几杖)을 하사받고 1449년 영의정에 올랐다. 1451년(문종 1) 문종이 대자암(大慈庵)을 중수하려고 하자 이를 반대하였다. 숙종 때 진주의 종천서원, 합천의 신천서원에 배향되고, 1454년(단종 2) 문종의 묘정에 배향이 되었다. 편저로 《경상도지리지》《진양연고: 晉陽聯藁》등이 있다.

② 차시(茶詩)

• 謝友人送水鐵湯罐 / 물과 탕관을 보내준 벗에게

차를 달이면 향기가 한층 경이롭고
죽을 끓이면 맛이 더욱 좋다네.
집이 가난한데 이 좋은 것 얻어 즐기니
호련이 아니어도 만족한다네.

煎茶香更異　烹粥味尤嘉
家貧聊得此　瑚璉未爲加

• 謝山翁送海松子 / 산 늙은이가 잣을 보내줌을 사례함

양주 정원의 잣을
올해에는 나누어 보냈구려.
차 끓여 함께 먹으면
속이 확 트이지.

楊州園裏栢　今歲又分來
茶茗兼調爵　胸腸一谿開

경상도 관찰사를 역임하기도 했던 그는 판서 민의생이 중국으로 사행을 떠날 때 전별하면서 다음의 시를 지어주기도 했다.

• 閔判書義生朝天 以花開茶奉贐 / 민판서 의생이 중국에서 사행할 때 화개차를 주었다.

화개의 차 좋단 소문 익히 들었는데
맑기가 양선차(陽羨山) 같다네.
차 향기 중하기는 금 옥 같기에
이 차에 마음 담아 노자로 보낸다오.

聞道花開谷　淸如陽羨山
香茶金玉重　贐此謝心肝

　우인으로부터 철 탕관을, 승려로부터 햇차를 각각 선물 받은 바 있다. 지리산의 승려가 보내준 신차를 선물 받은 그는 그 고마움을 다음의 시로서 보답했다.

・智異山僧送新茶 / 지리산 스님이 새 차를 보냄

진주 연못가의 풍미를 봄 전 섣달에 맛보니
지리산 자락 초목들이 새롭게 느껴지네.
금옥 같은 가루를 달이니 더욱 좋고
색 맑고 향기 좋고 맛은 더욱 좋다네.

晉地風味臘前春　智異山邊草樹新
金屑玉糜煎更好　色淸香絶味尤珍

・寄金府使安卿 / 부사 김안경에게

지난날 입신 위해 붕새 되길 바랄 때
함께 나는 동료들보다 높이 날기 좋아했지.

아련한 30년 전의 옛일
등불 아래 얘기하며 차 한 잔을 함께 못한다네.

昔意靑雲萬里鵬　却隨群翼惜飛騰
可憐三十年前事　未共茶談一夜燈

• 寄忠淸監司 / 충청감사에게 부침

삼월에 온양으로 어가를 호종할 때
날마다 다담상을 법도대로 올렸다네.
이 일로 인하여 그대 믿음 크게 되었고
행궁의 만복 누림 모두 알고 있다네.

三月溫陽扈駕時　茶談日日奉請儀
賴有大興傳信字　行宮萬福已詳知

• 次領議政贈詩請宴韻 / 영의정이 시를 보내 잔치에 청한 시에 차운함

사랑으로 백성 돌보는 마음 원래 깊었고
불리는 구절마다 아름답구려.
향차와 좋은 술, 잔칫상에 있으니
두보의 벌목 시가 저절로 읊어지네.

愛育情懷素已深　招邀絶句更芳音
香茶美酒瓊筵上　伐木詩篇得見音

길 떠나는 이에게 자신의 마음을 담은 차를 보내는 것이 차인의 정성이다. 그것도 마셔본 중에서 제일 좋다는 화개차다. 그는 이미 송대(宋代) 중국의 양선산에서 나는 나개차를 알 정도로 차에 해박한 지식을 가졌다.

차를 즐기는 사람이니 다구를 선물로 받고 무척 감사해했다. 더구나 구하기 어려운 철관이니 자기의 분수에 지니치다고 겸손해한다. 이것이 차인의 마음이다. 보내온 것을 다식으로 먹는 즐거움이나, 지리산에서 보내온 햇차 맛을 곁에서 보는 듯이 그렸다. 젊었던 시절 공정고(供正庫)에서 청운의 뜻을 품고 함께 일하던 안경에게 보낸 시는 나이 든 사람들에겐 공감이 가는 부분이다.

그가 68세의 노령으로 세종이 온양으로 행차할 때 호종햇는데, 그때 충청감사가 애를 많이 써서 칭찬의 시를 썼다. 이들 작품에서 보듯이 당시에는 거의 모든 자리에 차가 함께 했음을 알 수 있다.

30. 불우헌 정극인(不憂軒 丁克仁)

① 생애(生涯)

　정극인(丁克仁: 1401~1481)의 본관은 영성(靈城)이고 광주(廣州) 출신. 자는 가택(可宅), 호는 불우헌(不憂軒)·다헌(茶軒)·다각(茶角). 아버지는 진사 정곤(丁坤)이다.
　1429년(세종 11) 생원이 된 후 여러 번 과시에 응시했으나 번번이 떨어졌다. 1437년(세종 19) 세종이 흥천사(興天寺)를 중건하기 위하여 토목공사를 일으키자 태학생(太學生)을 이끌고 부당함을 항소하다가 왕의 진노를 사 북도(北道)로 귀양을 갔다.
　그 뒤 풀려나 태인(泰仁)으로 가서 집을 짓고 거처하며 당호를 불우헌이라고 붙였다. 불우헌 앞 비수천(泌水川) 주변에 송죽을 심고 밭을 갈아 양성을 힘쓰면서 향리의 자제들을 모아 가르치는 한편으로 향약계축(鄕約契軸)을 만들어 향리의 교화에 힘썼다.
　한편, 정극인은 원래 광주(廣州) 태생인데, 처가가 태인인 까닭으로 이곳에 우거하게 된 것이다.
　1451년(문종 1) 천거로 광흥창부승(廣興倉副丞)이 되어 6품(六品)을 받았다. 이어 인수부승(仁壽府丞)으로 있다가 1453년(단종 1) 한성판관 성순조(成順祖)의 권유로 전시(殿試)에 응시하여 김수령방(金壽寧榜) 정과(丁科) 13명에 들었다.

1455년 세조 즉위 후 전주부교수참진사(全州府敎授參賑事)로 있다가 그 직을 사임하고 태인으로 다시 돌아갔다. 그해 12월 조정에서는 인순부승록(仁順府丞錄)으로서 좌익원종공권(佐翼原從功券) 4등을 내렸다. 이로부터 다시 출사하여 약 10년간, 네 번의 성균관 주부, 두 번의 종학박사(宗學博士)를 지냈고, 사헌부감찰 및 통례문통찬(通禮門通贊) 등을 역임했다.
　1469년(예종 원년) 69세 때 태인현의 훈도로 있다가 사간원 헌납으로 다시 옮겨 조산대부 행사간원정언(朝散大夫行司諫院正言)이 되었다. 또 불교를 배척하는 논의를 하다가 하옥되기도 했으나 오래지 않아 석방됐다.
　1470년(성종 1) 나이가 많음을 이유로 관직을 사양하고 귀향해 후진을 양성했다. 1472년 벼슬에 뜻을 접고 향리의 자제를 열심히 가르친 공으로 3품산관(三品散官)이 내려지자 이에 감격해「불우헌가(不憂軒歌)」·「불우헌곡(不憂軒曲)」을 지어 송축했다. 1481(성종 12)년 81세의 나이로 죽었다.
　비록 환로의 영달은 없었으나 선비로서의 청렴한 삶을 고수했고, 검소하며 소박한 삶을 살았다. 문학에 특출한 재능을 보여 최초의 가사 작품으로 알려진「상춘곡」과 단가(短歌)「불우헌가」, 한림별곡체(翰林別曲體)의「불우헌곡」를 지어 한국시가사에 공헌했다. 문집으로『불우헌집(不憂軒集)』 2권 1책이 전한다.

② 차시(茶詩)

• 不憂軒吟 / 불우헌에서 읊음

눈 녹인 물로 차 달이니 녹유(綠乳)가 넘쳐
창에 비친 매화는 기문고와 어울리네.
새하얀 눈 바다를 보면 시 절로 읊어지니
흥겹다고 하필이면 대안도를 찾아가랴?

雪水烹茶漲綠雲　梅牕日映對桐君
光搖銀海堪吟賞　乘興何須訪戴云

　눈을 녹여 차를 달인 것은 일견 멋스럽기도 하려니와 또 다른 멋이 있다. 선비의 살림살이 매화가 있고 거문고가 놓여 있다. 매화는 고고한 절의(節義)를 지녔으며 은근한 향을 발하고, 거문고는 아려(雅麗)한 음률의 상징이며 정악의 으뜸이니 비교가 좋다. 더욱이 눈 덮인 들판에서야 다시 일러 무엇 하랴? 잘 조화된 한 폭의 그림이다.

• 尼姑吟寄古阜郡伯 / 여승을 읊어 고부 군수에게 주다.

한 생애 살아가며 고통스러운 고비
온갖 근심을 안고 견디기 어려워라.
병에 차 달이는 연기마저 꺼져 가는데
초막에는 땀이 비 오는 듯하네.
세 가지 업보 벗어나지 못하니
여섯 가지 신통력 어디서 닦을까.
원하여 아뢰노니 큰 은혜 베푸시어
소를 타고 지나며 널리 구하소서.

苦節一生內　難堪抱百憂
茶甁煙欲絶　草幕汗如流
三業未能脫　六通何處修
願言施大惠　普濟馱經牛

　승려가 어렵사리 초막에서 수도하는데 그 상황이 하도 딱해서 고부군수에게 도움을 청하는 시를 읊은 것이다. 초막의 상황이 하도 어렵더라도 차를 마심은 당시 불가에서의 차는 어쩌면 수도의 일면이었다.

31. 괴애 김수온(乖崖 金守溫)

① 생애(生涯)

　김수온(김수온: 1410~1481)의 본관은 영동(永同: 일명 永山)이고 자는 문량(文良), 호는 괴애(乖崖)이며 시호는 문평(文平)이다. 1409년(태종9)에 태어나 1438년(세종 20)에 진사가 되고, 1441년(세종 23) 식년문과(式年文科)에 급제하였다. 교서관정자(校書館正字)로 있을 때 세종의 특명으로 집현전(集賢殿)에서《치평요람(治平要覽)》을 편찬하였으며,
　1445년(세종 27) 승문원교리(承文院校理)로서《의방유취(醫方類聚)》편찬에 참여하고, 부사직(副司直)으로 있을 때 에는《석가보(釋迦譜)》를 증수(增修)하였다.
　1449년(세종 31)에 병조정랑(兵曹正郞)이 되고, 1451년(문종 1) 전농시소윤(典農寺少尹)이 되었으며, 1457년(세조 3) 문과중시(文科重試)에 응시하여 급제하였고, 중추원첨지사(中樞院僉知事)가 되었다. 1459년 한성부윤(漢城府尹), 1466년 발영시(拔英試)에 장원하였고, 같은 해에 실시된 등준시(登俊試)에 다시 급제하여 중추부판사(中樞府判事)에 오르고, 세조의 총애를 받았다.
　1471년(성종 2) 좌리공신(佐理功臣) 4등에 책록, 영산부원군(永山府院君)에 봉해졌으며, 1474년(성종 5) 중추부영사(中樞府領事)에 이르렀다. 학문과 문장에 뛰어났으며, 사서오경

(四書五經)의 구결(口訣)을 정하고, 《명황계감(明皇誡鑑)》을 국역(國譯)하는 등 국어 발전에 힘썼다.

세종과 세조가 불교를 숭상하는 것을 도와서 불경(佛經)의 국역(國譯)과 간행(刊行)에도 공이 컸다. 문집에 《식우집(拭疣集)》이 있다.

세종 때 수양대군·안평대군이 존경하던 고승 신미(信眉)대사의 동생으로 불경에 달통하고 제자백가(諸子百家)·육경(六經)에 해박하여 뒤에 세조의 총애를 받았다. 특히, 시문에 뛰어나 명나라 사신으로 왔던 한림 진감(陳鑑)과〈희정부 喜晴賦〉로써 화답한 내용은 명나라에까지 알려졌으며, 성삼문(成三問)·신숙주(申叔舟)·이석형(李石亨) 등 당대의 석학들과 교유하고, 문명을 다투었다.

그의 맏형 수성(守省)은 집현전 학자로 있다가 불교에 조예가 깊어 마침내는 스님이 되어 승명을 '신미(信眉)'라고 한 사람으로 세종·세조 등 불교를 숭상하는 왕을 도와 불경을 우리말로 번역하고 간행하였다.

그는 학문과 문장을 게을리하지 않아 당시의 대학자 서거정, 강희맹 등과 문명을 다투었다. 그의 저서로는 '식우집 24권'이 있고, 석보상절(釋譜詳節), 월인천강지곡(月印千江之曲), 월인석보(月印釋譜) 등을 집필 편찬하였으며, 문집으로 사리영응기, 묘적사 중창기, 화암사 중창기, 도성암기, 보은사 중창 사액기, 상원사 중창기, 원통암 정관사 중창기, 봉선사기, 원각사비명, 낙산사 범종명, 몽유도원도 제문, 인성대장경 발문 등이 있으며, 한시(漢詩)로 술악부사(述樂府辭), 수필집 열운정기(悅雲亭記) 등의 작품이 있다.

② 차시(茶詩)

• 提壺鳥 / 술병을 가진 새

종일토록 제호조는
처마를 돌며 가까이서 울지만
주인은 이미 술을 끊었으니
목마르면 맑은 차를 마신다네.

終日提壺鳥　巡簷傍我鳴
主人曾斷酒　渴則飮茶淸

• 謝豊基金公見訪 / 풍기의 김공이 찾아 오다

일흔이 다된 관원 폐가에 편히 누워
茶 사발에 술병까지 있구려.
허술한 대문은 세상과 등져 있고
높은 걸상은 다만 좋은 손을 위해 있다네.

垂老官閑臥弊廬　茶甌兼復酒樽餘
衡門不向世人設　高榻只爲佳客除

• 落張 / 낙장

마른 입술 때때로 차 달여 축이고
한낮에 보리밥으로 창자를 채운다네.

청빈은 예로부터 뼈에 사무쳤으니
이 집이 부원군 집이라 말하지 마오.

枯吻時時只點茶　撑腸麥飯午交加
淸貧徹骨猶依舊　莫道封侯府院家

• 右敍交道 次登階詩卷韻

치는 먼 시장 다리 옆에서 사지만
시는 깊이 사귀는 자리에서 이루어진다네.
골짜기 어귀에 한 줄기 개울물이
종종거리며 흘러 웅덩이 된다고 들었네.

茶因遠市橋邊買　詩爲交深坐上成
聞道洞門溪一派　淙淙流下碧爲泓

　비록 부원군이라는 높은 신분이지만 청빈하여 보리밥에 차 한 잔으로 살아가는 깨끗함이 보인다. 옛날에도 친구를 사귀는 것에 이해 득실을 따져서 참다운 친교가 드물었던 모양이다.

• 贈性哲上人 / 성철 스님께 드림

날이 저무니 산이 어둑어둑하고
깊은 골짜기엔 구름이 아득하네.
밤 깊어 온갖 소리 잠잠한데
솔바람만이 쓸쓸히 부는구나.
차를 달이며 부드러운 말 하고

무릎 맞대고 돌아앉았네.
노 선사에 현묘한 도리 물어보고
낮은 소리로 오묘한 요결 두드려보네.

日暮山昏昏　幽壑雲漠漠
夜深聲寥寥　松風吹瑟瑟
煮茗接軟語　圍爐初促膝
玄機訊老禪　微言扣妙訣

　차와 선이 함께하는 찻자리(茶席)이다. 깊어가는 밤 상인의 선실에서 차 마시며 선문답(禪問答)을 주고받는 고아함이 배어 있는 시다. 이렇게 보면 차를 누구와 어디서 마시느냐가 중요하다고 하겠다.

③ 이은상의 유·불 형제 사연(思戀) 시조

청산(靑山)을 지나노라니 생각나는 이 있다
신미대사(信眉大師), 괴애 선생 유불(儒佛) 형제 그려보며
하 좋은 황청산수(黃靑山水)에 해 지는 줄 모른다.

32. 사가 서거정(四佳 徐巨正)

① 생애(生涯)

 서거정(徐居正: 1420~1488)의 본관은 달성(達城), 자는 강중(剛中), 호는 사가정(四佳亭)이며, 시호는 문충(文忠)이다. 1444년(세종 26) 식년문과에 급제하여 사재감직장(司宰監直長)을 지냈다. 1451년(문종 1) 사가독서(賜暇讀書) 후 집현전박사(集賢殿博士) 등을 거쳐 1456년(세조 2) 문과중시(文科重試)에 급제, 1457년 문신정시(文臣庭試)에 장원, 공조참의 등을 역임했다.
 1460년 이조참의 때 사은사(謝恩使)로 명나라에 다녀와 대사헌에 올랐으며, 1464년 조선시대 최초로 양관 대제학(兩館 大提學)이 되었다. 1466년 다시 발영시(拔英試)에 장원한 후 육조(六曹)의 판서를 두루 지내고 1470년(성종 1) 좌찬성(左贊成)에 이르렀으며 이듬해 좌리공신(佐理功臣)이 되고 달성군(達城君)에 책봉되었다.
 45년간 여섯 임금을 섬겼다. 문장과 글씨에 능하여 《경국대전(經國大典)》《동국통감(東國通鑑)》《동국여지승람(東國輿地勝覽)》 편찬에 참여했으며, 또 왕명을 받고 《향약집성방(鄕藥集成方)》을 국역(國譯)했다. 성리학(性理學)을 비롯하여, 천문·지리·의약 등에 정통했다.
 문집에 《사가집(四佳集)》 저서에 《동인시화(東人詩話)》《동문선(東文選)》《역대연표(歷代年表)》 태평한화골계전(太平閑話滑稽傳)》《필원잡기(筆苑雜記)》가 있으며 글씨에는 화산군 권근 신도비(花山君權近神道碑)》가 있다. 대구 구암서원(龜巖書院)에 제향되었다.

② 차시(茶詩)

• 夜詠 / 밤에 읊음

병들어 앉아서 잠이 없으니
희끗희끗한 살쩍이 쓸쓸하여라.
차 끓는 소리는 작은 솥에 시끄럽고
등불 그림자는 낡은 항아리를 비추는구나.
달은 주렴을 뚫고 방에 드는데
바람은 종이를 흔들어 창에서 운다.
인간 일을 두루 살펴보나니
한가한 시름이 뱃속에 가득하구나.

扶病坐無寐　蕭蕭雪鬢雙
茶聲喧小鼎　燈影照殘缸
月窄簾入室　風撼紙號窓
飽閱人間事　閑愁自滿腔

• 閑中寓懷 / 한가로운 가운데 회포를 부치다

한 몸에 병이 많고 노쇠했거니

분분한 세상의 논의를 전연 모른다.
백발이라 유유히 항상 팔짱을 끼고
푸른 산이 묵묵한데 혼자 턱을 괴고 있네.
책장과 붓 통은 한가히 서로 짝하고
약 솥과 찻 병은 늙으매 더욱 좋다.
맑은 날 작은 창에 잠이 무르녹았나니
처마 끝의 반가운 까치 소리에 갑자기 놀라 깬다.

　一身多病且衰遲　物議紛紜百不知
　白髮悠悠長袖手　靑山黙黙獨支頤
　書참筆架閑相伴　藥鼎茶甌老更宜
　晴日小窓酣打睡　忽驚熹鵲語簷枝

· 林亭晚吟 次岑上人韻 / 임정에서 저녁을 읊다. 설잠의 운을 빌려 읊음

성시인들 어찌 은자의 집이 없으랴
임정이 그윽하고 깊숙하여 세상의 시끄러움 멀리했나니.
해마다 얼마나 많은 나무를 심었든가
계속해서 스스로 무수한 꽃을 피우네.
흰개미가 한창 싸우매 산의 비가 내리고
누른 벌이 일을 마치매 시내의 해가 기우네.
다른 날에 조용히 고승과 얘기할 때는
돌솥의 소나무 소리가 달인 차를 보내리라.

　城市那無隱者家　林亭幽絶隔塵譁
　年年爲種幾多樹　續續自開無數花

白蟻戰酣山雨至　黃蜂衙罷溪日斜
移時軟共高僧話　石鼎松聲送煮茶

• 煎茶 / 차를 끓임

선다(仙茶)의 묘미 몹시도 좋아하여
막 영외(嶺外)로부터 가져왔네.
깨끗한 병에 맑은 물 길어
옛 솥에 다림에 우레소리 같도다.
북쪽에서 차를 말림에 이른 봄이고
남가일몽의 잠을 깨우네
나도 옥천자와 같아서
석 잔의 차로 시 짓고 싶구나.

絶愛仙茶妙　初從嶺外來
瀁瓶新汲水　古鼎故鳴雷
北焙分春早　南柯喚夢回
我如玉川子　三椀要詩催

• 病中煎茶 / 병중에 차를 끓임

늙고 병이 드니 갈증이 많아지고
때로 마음 상쾌하게 만듦은 차만 한 게 없구나.
맑은 새벽이면 차가운 샘물 길어
돌솥에 좋은 차 한가로이 달인다.
봉단(鳳團)에다 다시 용단(龍團)을 달이니
어안(魚眼)에 이어 해안(蟹眼)이 생겨난다.

굳이 색향미를 논할 필요 있으랴
마심에 정신이 맑아짐을 깨닫겠네.

   衰病年來渴轉多   有時快意不如茶
   淸晨爲汲寒泉水   石鼎閑烹金露芽
   鳳團更與龍團比   魚眼相隨蟹眼生
   不必更論色香味   啜來方覺長神精

• 題安堅山水圖冬景 / 안견의 겨울 풍경 산수도에 제함

이제 그림을 펴고 손으로 만져 보니
옥루(玉樓)도 표나고 은해(銀海)에 눈(目)꽃이 어른어른
늙어서 이젠 섬계(剡谿)에 갈 흥치가 없어
돌솥에 애오라지 도공(陶公)의 차를 달이네.

   我今披圖手摩挲   玉樓赤票銀海花
   老來無興到剡谿   石鼎聊試陶公茶

• 送南原梁君誠之詩百韻 / 남원 양성지를 전송하는 시. 백운

때로는 자각(紫閣)에 함께 당직하였고
밤에는 청릉(靑綾)에서 함께 잠잤다.
몸을 가지어 이폐(螭陛; 궁전의 섬돌)를 가까이했고
소매에 가득 용연(龍涎; 관직에 추천됨)을 움직였다.
이야기할 때는 촛불 심지를 자르고
취한 뒤에는 차를 달였었다.
사귐을 말할 때는 늙기를 기약했고

미더운 맹세는 창현에 있었다.
관중과 포숙은 일찍이 漆漆을 던졌고
기아(期牙)는 또 거문고 줄이었다.
일생을 기미(驥尾)에 붙기를 생각했고
모든 일에는 현(蚿)을 불쌍히 여겼다.

紫閣時同直　靑綾夜共眠
將身近螭陛　滿袖動龍涎
燭向談時剪　茶從醉後煎
論交期皓白　信誓有蒼玄
管鮑會投漆　期牙又續絃
一生思附驥　萬事又憐蚿

　노래기(蚿)는 발(足)이 많은 데도 더 잘 달아나지 못하고 기(夔)라는 짐승은 발이 하나뿐인데도 역시 잘 달아나므로 夔는 노래기를 쓸데없이 발이 여럿이라고 불쌍하다 하고, 뱀은 발이 없어도 역시 잘 달아나므로 기를 불쌍하다고 하는 莊子의 말이 있으니, 여러 가지 재주를 가지고도 곤궁한 사람에게 비우하는 말이다.

• 南至後二日入淸齋寄子深知院 / 남지일(冬至) 이틀 뒤 청재에 가서 지심에게 보냄

늙고 병든 정회가 이미 쓸쓸하거니
새벽에 청동화로를 잡으며 빠른 세월 느낀다.
해는 남쪽으로 온 뒤에 처음으로 선을 보태는데
바람이 북쪽에서 돌 때는 솜옷을 찢으려 한다.

종이 장막으로 추위를 막고 홀로 앉았다가
나무 화로의 따스한 기운을 틈타 편히 푹 잤다.
시가의 멋은 의연히 여기 있나니
아이 불러 용단을 가져다 설수에 달인다.

老病情懷已寂然　靑銅曉攬感流年
日南至後初添線　風北來時欲折緜
紙帳遮寒成獨坐　木鑪偸暖穩長眠
試家風味依然在　喚取龍團雪水煎

• 水落寺 / 수락사

다시 견주어도 최고봉
적력한 우물에 삼성 지나며 흉금 씻는다.
한낮엔 새 한 마리 머리 스쳐 날아가고
청산엔 여러 용이 눈 아래 노는 듯.
금은 불찰은 3천 세계요.
금수강산은 百 千으로 거듭 겹쳤네.
다시 선사와 일체 만법 귀거래 하며
저물도록 차 끓이는 속에 곧추앉았네.

重登準擬最高峰　歷井捫參可盪胸
白日頭邊過一鳥　靑山眼底戲羣龍
金銀佛刹三千界　錦繡山河百二重
更欲攜師一歸去　煮茶聲裏坐高舂

• 謝岑上人惠雀舌茶 / 설잠 상인이 작설차를 보내줌에 사례

하다.

스님은 긴긴 세월 산중에 사니
산중의 즐거운 일 무엇인고
봄 우레 울지 않고 동물들 겨울잠 깨기도 전에
산 차는 파릇파릇 새싹이 돋는다오.
구슬을 흩어놓은 양 황금단인데.
낱낱이 참으로 구환단 같다오.
스님은 수레 타고 지팡이 끌면서 나가
푸른 대바구니 가득 따 담았다오.
돌아오는 길에 혜산의 샘물 길어다가
알맞게 피어난 불에 손수 달인다오.
색과 향기와 맛은 참으로 뛰어나니
상쾌한 가슴 신기도 하다오.
스님은 속객 생각하나니
십 년 와병의 오랜 갈증을
계림의 설색지로 곱게 싸서
두서너 글자 차 이름 썼다오.
열어보니 낱낱마다 봉황설
약간 말려 곱게 가니 옥가루 날리누나.
아이 불러 차 솥 골고루 씻어내고
좋은 물로 차 달이고 생강도 곁들이네.
해안이 그침에 어안이 생기고
때로는 지렁이 소린 듯 파리 소리 들린다.
한 모금에 만년 찌든 가슴 씻어내고
두 모금에 십년 고질 녹아내리네.
어찌 노동의 찌든 가슴에서 나온 글 오천어랴!

이백의 비단결 가슴에서 삼백 편의 시도 나올 만하네.

필탁은 부질없이 술독 아래 잠들고
여양은 술 실은 수레 보고 침 삼키리.
이 좋은 차 한두 잔 마셔
겨드랑이에 날개 돋아 봉래산에 나르려나.
어느 때에 도사의 복장 펼쳐 입고
스님 찾아 산중에 돌아가
깨끗한 안석, 창문 또한 밝을 적에
돌솥의 솔바람소리 함께 들으리.

上人長向山中居　山中樂事知如何
春雷未動蟄未驚　山茶茁茁新芽成
排珠散玉黃金團　笠粒貢似九還丹
上人乘輿去携筇　採採已滿蒼竹籠
歸來好汲惠山泉　文武活火聊手煎
香色臭味眞可論　開襟爽懷多奇動
上人遠念紅塵客　十年臥病長抱渴
裹以鷄林雪色紙　題封二三龍蛇字
開緘一一鳳凰舌　輕焙細破飛玉屑
呼兒旋洗折脚鐺　雪水淡煮兼生薑
蟹眼已過魚眼生　時聞蚓竅蒼蠅鳴
一啜滌我萬古敎鬱之心傷　再啜雪我十載沈綿之膏肓
豈但搜盧仝枯腸文字卷五千　亦可起李白錦肝詩句三百篇

畢卓謾向甕底眼　汝陽空墮麴車涎
那如飮此一兩杯　兩掖生翰飛蓬萊

何時靑勝布幰拂我衣　尋師去向山中歸
蒲團淨几紙窓明　　石鼎共聽松風聲

　잠상인(岑上人)은 설잠(雪岑) 김시습을 말한다. 사가(四佳)는 나이가 15세나 적은 김시습과 교유하면서 김시습이 손수 법제한 차를 선물로 받는다. 설잠은 세속의 십 년 와병으로 오랜 갈증에 시달리는 사가에게 차를 보내는데 그는 그 고마움을 시로써 표한다.
　김시습은 경주 남산에 스스로 일군 차밭에서 직접 만든 차를 계림의 설색지(雪色紙)로 싸서 사가에게 보냈으리라. 차와 시를 주고받으며 나눈 청교(淸交)는 어쩌면 차의 정신으로 서로가 통하였으리라고 본다. 사가의 성변(聲辨)에 대한 묘사는 차에 대한 대가(大家)의 경지라고 할 수 있다. 차솥에서 물이 끓는 소리를 分別하고, 물이 끓을 때 생기는 기포를 蟹眼(게눈 모양)에서 魚眼(고기 눈 모양)으로의 변화마저 읽었다는 것이 시에서 보인다.
　술독 아래 잠들었던 필탁(畢卓)이나, 여양(汝陽)이 술 실은 수레를 보고 침을 흘리던 것도 다 부질없는 짓이니, 어찌 이처럼 좋은 차를 두고 술을 탐하느냐는 의미다.
　어느 날에 산중 다실에서 도(道)가 높은 스님과 더불어 차솥에서 울리는 송풍성(松風聲)을 즐길 수 있기를 기약하랴.
　그의 저서 동문선에 많은 다시를 선정하여 기록함으로 오늘까지 전해오게 한 분으로 진정한 차인이었다.

• 寒食 / 한식

금년 한식을 서울서 묵으라니

철이 쉽게 갈수록 집 생각이 간절하네.
버들은 시름 옆에서 가지를 하늘거리고
다미는 비 온 뒤에 꽃이 피려는구나.
봄을 찾아 동산엔 말 탄 아들 오가고
성묘 가는 들판엔 떼 까마귀 모였네.
물색은 새롭건만 몸은 차차 늙어가니
어느 곳에 신선 따라 단사를 만들꼬.

今年寒食滯京華　節序如流苦憶家
楊柳愁邊初弄線　荼蘪雨後欲生花
尋春院落多遊騎　上墓郊原集亂鴉
物色漸新人漸老　慕眞何處鍊丹砂

• 閑中偶書 / 한가한 가운데 우연히 씀

배가 고파 밥 먹으매 밥이 더욱 맛있고
자다 일어나 차 마시매 차가 새삼 맛있다.
땅이 궁벽하매 문을 두드리는 사람은 없고
암자가 비어 부처님과 한방에 잇는 것이 기쁘구나.

飢來喫飯飯尤美　睡起啜茶茶更甘
地僻縱無人扣戶　庵空喜有佛同龕

• 謝友人惠茶 / 친구가 차를 보내옴에 사례하다

남국의 옛 친구가 새 차를 보내왔네
한낮 창에서 자다 일어나면 맛이 더욱 좋겠건만

차가 사람의 잠을 줄인다니 도리어 싫어라.
잠자면 걱정 잊는데 잠이 적으면 어찌할꼬.

南國故人新寄茶　午窓睡起味偏多
令人少睡還堪厭　睡可忘憂少睡何

33. 삼탄(三灘) 이승소(李承召)

① 생애(生涯)

　이승소(李承召; 1422~1484)의 본관은 양성(陽城). 자는 윤보(胤保), 호는 삼탄(三灘). 고려조 시중 춘부(春富)의 현손이며, 옥(沃)의 증손으로, 할아버지는 사근(思謹)이며, 아버지는 병조판서 온(蒕)이며, 어머니는 이회(李薈)의 딸이다.
　1438년(세종 20) 17세로 진사시에 합격하고, 1447년(세종 29) 식년 문과에 장원으로 급제해 집현전부수찬(集賢殿副修撰)에 임명되었다. 이어 부교리(副校理)·응교(應敎)로 승진하고, 1454년(단종 2) 장령(掌令)이 되었다. 세조가 즉위하자 집현전 직제학으로 원종공신(原從功臣) 2등에 책록되었다.
이듬해 예문관 응교를 지내고, 1458년(세조 4) 예조참의가 되어 ≪초학자회언해본(初學字會諺解本)≫을 찬술하였다. 이어 형조와 호조의 참의를 거쳐 1459년 사은사(謝恩使)의 부사로 명나라에 다녀왔으며, 이조참의·예문관제학을 지냈다.
　1462년 예문관제학으로서 사성을 겸하였고, 세조가 지은 ≪병장설(兵將說)≫을 찬술하였다.
　1467년 충청도 관찰사로 있을 때 병을 얻어 위중하자 국왕이 의약을 내렸다. 예종이 즉위하자 예조참판이 되어 명나라와의 외교 사무를 잘 처리하였다. 1471년(성종 2) 순성좌리공신(純誠佐理功臣) 4등에 책록되고, 양성군(陽城君)으로 봉해졌다. 이어 예조판서가 되어 지경연사로 경연 활동을 크게 일으켰다.

1472년 민간에 산재한 조종의 법전을 수집해 춘추관에 보관했고, 제사(諸史)의 간행과 보급을 주청했으며, 1475년에는 교육 강화와 해불론(害佛論)을 제의하였다. 그리고 여러 차례 과거를 주관, 인재 등용에 힘썼으며, 왜인·야인의 접대를 주관하였다.

이어 우참찬이 되고, 1480년 이조·형조의 판서를 역임하면서 신숙주(申叔舟) 등과 《국조오례의 國朝五禮儀》를 편찬하였다. 1480년 주문사(奏聞使)의 부사로 다시 명나라에 다녀와 그 공으로 노비 6명, 전지 40결을 받았다.

그러나 정사였던 한명회(韓明澮)의 사헌궁각사건(私獻弓角事件)에 연루되어 간관의 탄핵을 받았다. 그 뒤 이조판서·형조판서·우참찬·좌참찬으로서 문명을 날렸으나, 1483년 병이 심해져 사직을 청하자 한직인 지중추부사로 옮겨져 녹봉을 특별히 받았다.

성품은 사물을 접하면 힘써 대체(大體)를 알고자 했고, 널리 독서 해 예·악·병(兵)·형(刑)·음양(陰陽)·율(律)·역(曆)에 두루 통달하였다. 특히 문장으로 이름을 남겼다. 청렴해 집안에 꾸민 것이 없었다고 한다. 저서로는 《삼탄집》이 있다. 시호는 문간(文簡)이다.

② 차시(茶詩)

· 贈一菴專長老 / 일암 전 장로에게 줌

누항에서 가끔 서로 얼굴 스칠 때
포단 위에 앉아 선에 관해 물었네.
현관 고비 선사께선 다 뚫었는데
화택에서 나는 현재 졸고 있다네.
백 병의 술 마셔도 괜찮거니와
여덟 병의 차 달일 필요가 있으랴.
오롯하게 대도 환히 통하여서는
티끌 세상 얽매임을 벗어던졌네.

陋巷時相過　蒲團坐問禪
玄關師已透　火宅我方眠
且可百壺飮　何須八餠煎
陶然通大道　脫下塵網纏

한 백 년의 번뇌를 다 떨쳐버리고
한결같은 맛의 선에 깊이 들었네.
몸 한가해 응당 늙지 아니할 거고
맘 고요해 다시 졸음 없을 것이리라.
약재료는 대바구니 속에서 마르고
단지엔 눈 녹인 물로 차를 끓이리.
가장 크게 불쌍하긴 진세의 객이
항상 몸이 얽매여서 애쓰는 거네.

抖擻百年累　深參一味禪
身閑應不老　心靜更無眠
藥料筠籠曬　茶鐺雪水煎
最憐塵世客　役役常在纏

• 一菴八詠 煮茶聯句 / 일암팔영 자다 연구

산골 아이 절구질해 차를 찧으매
월단 부셔 옥가루로 만들었다네.
차 달이자 해안에다 어안 나오고
가끔 금수 간장 적시는구나.
시 지으면 귀신 응당 울음 울 거고
맘 안정돼 우물물에 물결 안 일리.
석정시의 걸출했던 그 시 구절은
예로부터 압도하기 어려웠다네.

山童敲茶臼　玉屑碎月團
煎出蟹魚眼　時澆錦繡肝
詩成鬼應泣　心定井無瀾
石鼎龍頭句　從來壓倒難

　이승소는 차에 관해 대단한 식견을 가졌던 분이라고 본다. 당시까지 덩이차(團茶)를 마셨고 그의 시에 절구에 넣어 덩이차를 가루 내는 표현이 있고, 물의 끓는 단계를 알고 있었다. 물이 처음 끓을 때는 게눈 같다가 새우 눈 같은 단계, 고기 눈(魚眼) 크기의 기포가 일어나고, 등파고랑이 일어나는데 여기서 그치면 이것은 맹탕(盲湯)이라 한다. 이런 사실을 알고 있었다는 것이다.

• 奉和琉球國使自端上人詩韻 / 유구국의 사신 자단 상인의 시운에 받들어 화답하다

나그네의 길에 눈보라가 쳐서 정히 쓸쓸한데
병석 들고 표연히 다시 조정 들어왔네.
신선 뗏목 띄워서는 만 리 길 유람해 와
상서로운 해가 중천 뜨는 것을 바라보네.
흥이 일어 붓을 들자 시는 상대 될 자 없고
졸다 깨어 끓는 차를 손으로 가늠하네.
세속 인연 따르는 건 기량 많은 탓이거니
은거하여 도끼자루 썩는 것을 묻지 마소.

征途風雪正蕭條　瓶錫飄然再入朝
穩泛仙槎遊萬里　欣瞻瑞日上重霄
興來揮翰詩無敵　睡罷煎茶手自調
隨世應緣多伎倆　隱居休問爛柯樵

• 夜到牛莊 / 밤중에 우장에 도착함

성의 역에 있을 적에 석양 지려 하더니만
길을 와서 우장 닿자 밤은 이미 깊었구나.
고개 숙여 문 들어가 여관 아전을 부르고서
섬돌에서 하마 하여 작은 방에 들어갔네.
등잔불을 돋워 켜자 닭은 세 번 울어 대고
찻잔 들고 차 마시자 졸음이 막 쏟아지네.
빨리 아침 먹으라는 마부의 말 들어보니
앞길 멀어 칠십 리가 넘는다고 하는구나.

在城驛裏欲斜陽　行到牛莊夜已央
低首入門呼館吏　當階下馬入便房

挑殘燈火鷄三叫　飮罷茶甌眊一場
起聽僕夫催蓐食　前途七十里餘强

• 高平 / 고평

맑은 새벽 사령에서 길을 나서서
한낮 되어 고평에서 휴식하네.
폐 적시려 서둘러서 찻잔을 찾고
시 지으려 짐 뒤져서 붓을 찾네.
서로 만나 괜히 많은 말 나눠보니
수심의 맘 되레 일게 함을 깨닫네.
애를 쓰며 고생하는 이 인간 세상
물 위에 뜬 부평초 같이 떠다니네.

　淸晨發沙嶺　日午憩高平
　潤肺催茶椀　題詩覓管城
　相逢多謾語　轉覺攪愁情
　役役人間世　飄飄水上萍

• 杏山午憩 / 한낮에 행산에서 쉬다

북쪽에서 흘러서 온 자그마한 산
바라보자니 마치 뜬구름 같네.
먼 멧부리 비쩍 말라 깎은 듯하고
찬 샘물은 얼어붙어 흐르지 않네.
배가 고파 물 말아서 밥 빨리 먹고
목이 말라 차 가득 든 병을 당기네.

아전에게 천리마를 구하라 했건만
타고 가자니 둔하기가 소와 같구나.

   小山來自北　望若長雲浮
   遠岫瘦如削　寒泉凍不流
   飢飡水澆飯　渴引茶滿甌
   叱吏求良驥　騎行鈍似牛

• 劍水站 / 검수참

말을 몰아 돌아오매 몸은 이미 피곤하여
옷을 벗고 자리 눕자 졸음 쏟아지는 때.
산마루에 지는 해는 금동이가 기울었고
누각 밖의 수양버들 푸른 장막 기울었네.
폐는 바짝 말라 차 마시고 싶거니와
숙취 아직 남아 있어 시원하게 바람 쐬네.
봄이 반도 더 지나간 관서의 길 가노라니
양쪽 살쩍 더 희게 쓸쓸하게 흩날리네.

   策馬歸來體已疲　解衣欹枕睡多時
   山椒落日金盆側　樓外垂楊翠幕欹
   渴肺欲乾思茗飮　宿酲猶在快風吹
   一春强半關西路　贏得蕭蕭兩鬢絲

• 代永川公子和成重卿詩 / 영천 공자를 대신하여 성 중경의 시에 화답함

동화문의 날린 티끌 조복 검게 물들이고
세상맛은 되레 찻잔 속으로 다 들어오네.
이은 같이 사는 이가 그 얼마나 되려는가
그윽한 집 땅 궁벽해 사찰보다도 낫구나.

  東華塵土染朝衫 世味還將茗椀參
  吏隱如居知有幾 幽居地僻勝伽藍
       《三灘集에서》

• 濟川翫月 / 내 건너며 달을 완상함

추강에 달이 들어 강물이 고요한데
100자(尺) 탑 그림자 차갑게 누웠구나.
달을 대하여 모름지기 십 천 두주를 기울일지니
월단(月團) 300병(餠)을 무엇에 쓰리.
맑은 빛 서늘한 기운이 위아래에 사무쳐
내 두 귀밑머리가 뻣뻣이 곤두서는구나.
난간에 기대니 십이 수 교묘하고
두우는 밤 깊으니 다시 기절하네.
장상 술잔을 비춰 주기 바라거니
어찌 둥근 거울과 굽은 갈고리를 알리.

  月入秋江江水靜 百尺寒臥浮圖影
  對月須傾斗十千 何用月團三百餠
  淸輝冷氣上下澈 森然竪我兩鬢髮

倚遍欄干十二巧　半夜深深更奇絕
但願長照盃中酒　何知鏡圓與鉤曲
　　　　　（續東文選）

34. 사숙재 강희맹(私淑齋 姜希孟)

① 생애(生涯)

　강희맹(姜希孟: 1424~1483)은 강석덕(姜碩德)과 청송심씨(靑松沈氏)의 아들로 태어났으며, 본관은 진주(晉州)이고 자는 경순(景醇)이며, 호는 사숙재(私淑齋)·운송거사(雲松居士)·국오(菊塢)·만송강(萬松岡)·무위자(無爲子) 등으로 썼다. 세종의 이질(姨姪)이 되고, 화가 강희안(姜希顔)의 동생이다.

　1447년(세종 29) 별시문과에 장원급제하여, 종부시 주부로 벼슬을 시작했다. 1450년 예조좌랑에 이어 돈령부 판관을 역임하였으며, 1453년(단종 1) 예조정랑이 되었고, 1455년(세조 1) 수양대군이 왕위를 찬탈하고 세조로 등극하자 원종공신 2등에 책봉되었다.

　1463년 중추원부사로 진헌부사(進獻副使)가 되어 명(明)나라에 다녀왔으며, 1464년 부윤으로 어제구현재시(御製求賢才試)에서 차석, 1466년 발영시(拔英試)에서 3등, 등준시(登俊試)에서 차석을 차지하였다. 세조의 총애를 받아 세자빈객이 되었으며, 예조판서·형조판서를 지냈다.

　1468년(예종 1) 남이(南怡)의 옥사 사건을 해결한 공로로 익대공신(翊戴功臣) 3등으로 진산군(晉山君)에 책봉이 된다.

1471년(성종 2) 좌리공신(佐理功臣) 3등에 책봉되고, 지춘추관사로 신숙주 등과 함께 《세조실록》《예종실록》을 편찬하였다.

이어 돈령부판사, 우찬성 등을 거쳐 1482년 좌찬성에 이르렀다. 당대의 뛰어난 문장가로서 경사(經史)와 전고(典故)에 통달하였을 뿐만 아니라, 맡은 일은 완벽하게 처리하면서도 겸손하여 나서기를 좋아하지 않았다.

문집으로는 《금양잡록(衿陽雜錄)》《촌담해이(村談解頤)》와 서거정이 성종의 명을 받고 편찬한 《사숙재집(私淑齋集)》(17권)이 전한다. 세조 때 《신찬국조보감》《경국대전》, 성종 때 《동문선》《동국여지승람》《국조오례의》《국조오례서례》 등의 편찬에도 참여하였다.

② 차시(茶詩)

• 病中奉呈曺太虛 / 병중에 조 태허(曺偉의 字)에게 올림

금이 경일(庚日)의 초복(初伏)을 만났으니
성신(星辰)이 이동해서 해는 반 바퀴 돌았구려.
오로(五勞)가 병든 몸을 침범하니
만사(萬事)가 빈 배처럼 되었네.
녹차 건조한 폐 소생시켜 주니
오건(烏巾)을 흰머리 위에 눌러 써 보네.
별 뜻 없이 창문 아래 누웠노라니
돌아가고픈 생각 창주(滄洲)에 가득하네.

金遇庚初伏　星移歲半周
五勞82)侵病骨　萬事任虛舟
茗飮蘇乾肺　烏巾蓋白頭
居然臥窓下　歸興滿滄洲
　　　《私淑齋集 卷2》

• 蔡子休送藥蜜 詩以謝之 / 채자휴(蔡申保)가 약과 꿀을 보내 주기에 시로 사례함

음침한 구름 아침 해를 가리는데
소는 언치 둘러쓰고 누워 있구나.
서찰이 천 리 밖에서 왔으매
목침 밀치고 고개 번쩍 드네.
분명코 채자휴(蔡子休)의 글인데
손수 쓴 은구(銀鉤) 빛이 나네.
길게 꿇어앉아 세 번 읽으니
옛 뜻 분명코 얽혀 있구려.
바위 속, 벌들이 길러낸 꿀 질 좋아
옥을 깎는 듯 빛이 주발에 가득하다.
차에 한 방울 떨구니 갈증 개고
약으로 지으니 마른 혀 윤활하매
빈병(貧病)과 궁수(窮愁)도
또한 족히 치료할 수 있겠네.
남쪽 걸음 약속이 되어 있는데
그대 찾으면 받아 주시려는가.

---

82) 五勞 : 신체의 다섯 가지 고통

만사는 이미 볼 장 다 봤으니
이 한 몸 거침없이 놀아보리.
관아(官衙)는 필시 조용할 터이고
정사 간명하니 겨를도 많을 테지.
나의 얘깃거리 무척이나 많으니
그대와 더불어 몇 밤새워보리라.

陰雲翳朝陽　牛臥擁衾裯
尺書千里至　推枕乃擡頭
分明蔡子休　手寫煥銀鉤
長跪讀至三　古意良綢繆
崖蜜石精美　削玉光滿甌
點茶渴肺潤　作劑乾舌柔
貧病與窮愁　亦足以醫療
南行我有約　問君容我不
萬事己筌蹄　一身可優遊
鈴齊定淸靜　政簡多暇休
談鋒我轉雷　與君續更籌
　　　　《私淑齋集 卷三》

35. 점필재 김종직(佔畢齋 金宗直)

① 생애(生涯)

 김종직(金宗直: 1431~1492)의 본관은 선산(善山)으로 자는 계온(季昷)·효관(孝盥)이며, 호는 점필재(佔畢齋)이고 시호는 문충(文忠)이다. 경남 밀양에서 태어나 1453년(단종 1) 진사가 되고 1459년(세조 5) 식년문과에 정과로 급제, 이듬해 사가독서(賜暇讀書)했으며, 정자(正字)·교리(校理)·감찰(監察)·경상도병마평사(慶尙道兵馬評事)를 지냈다.
 성종(成宗) 초에 경연관(經筵官)이 되고, 함양군수·참교(參校)·선산부사(善山府使)를 거쳐 응교(應敎)가 되어 다시 경연에 나갔다. 도승지·이조참판·경연동지사(經筵同知事)·한성부윤·공조참판(工曹參判)·형조판서·중추부지사(中樞府知事)에까지 이르렀다. 문장과 경술(經術)에 뛰어나 이른바 영남학파(嶺南學派)의 종조(宗祖)가 되었고, 문하생으로는 정여창(鄭汝昌)·김굉필(金宏弼)·김일손(金馹孫)·유호인(兪好仁)·남효온(南孝溫) 등이 있다. 성종의 특별한 총애를 받아 자기의 문인들을 관직에 많이 등용시켜 훈구파(勳舊派)와 반목과 대립이 심하였다.
 1498년(연산군 4) 그가 생전에 지은 조의제문(弔義帝文)을 사관(史官)인 김일손이 사초(史草)에 적어 넣은 것이 원인이 되어 무오사화(戊午士禍)가 일어났고, 부관참시(剖棺斬屍) 당했고, 그의 문집이 모두 소각되고, 김일손·권오복(權五福) 등 많은 제자가 죽임을 당했다. 중종(中宗)이 즉위하자 그 죄가 풀리고 숙종(肅宗) 때 영의정이 추증되었다. 밀양의 예림서원(禮林書院), 구미의 금오서원(金烏書院), 함양의 백연서원(栢淵書院), 금산(金山)의 경렴서원(景濂書院), 개령(開寧)의 덕림서원(德林書院)에 제향 되었다. 문집에 《점필재집(佔畢齋集)》, 저서에《유두유록(流頭遊錄)》《청구풍아(靑丘風雅)》《당후일기(堂後日記)》 등이 있다.

② 차시(茶詩)

• 和兼善送鄭學諭致韶之大丘 / 대구에 부임하는 정학유 치소를 전송한 겸선의 시에 화답함

생각건대 응천에서 마음껏 노닐자면
필상과 차 솥 낚싯배에 실어 가겠지.
연래에 번간의 꿈을 깨지 못했는지라
남포엔 부질없이 한 조각 시름만 이는구나.

憶向凝川放意遊　筆床茶竈釣魚舟
年來未醒墦間夢　南浦閑生一片愁

• 卽事呈子固 / 즉사를 읊어 자고에게 바침

동도에서 나날이 일없이 술만 마시며

아득한 지난 일을 흐르는 물결에 부치노니
세 개의 두건은 빠른 고니를 놀라게 하고
한 장의 거문고로는 새 노래를 취입 하네.
하얀 모시 도포는 누워 있기에 편리하고
깁 모자에 바람 불어와 차 마시기 좋구려.
이 세상의 허다한 출세의 전쟁 속에서
옥경에서 듣자니 발영과에 급제했다는구나.

東都日日飮無何　往事微茫付逝波
三箇襆頭驚疾鵠　一張焦眉譜新歌
苧袍如雪便倚枕　紗帽含風好喫茶
塵世幾多蝸角戰　玉京聞放拔英科

• 次諫院諸公韻代節度使 / 간원 제공의 운에 차하여 절도사를 대신해 지음

이 년 동안 남쪽 끝에서 매화를 구경하면서
부질없이 강산이 영가 같다고 말을 하지만
약성과 유영은 서로 풍미가 워낙 다른데
누가 고주가 잎 차보다 낫다고 말을 했나.

二年南裔看梅花　謾說江山似永嘉
藥省柳營風味隔　誰言羔酒勝煎茶

• 又 / 또 짓다

동해 가운데는 모두가 신선의 집이라
원교 방호를 차례로 지날 터이니
생각건대 밤에 좌선하여 상량하는 가운데
한 병의 가을 맑은 물로 손수 차를 끓이리.

海中都是羽人家　員嶠方壺取次過
遙憶夜禪商搉處　一瓶秋水自煎茶

• 勸農至馬川宿君子寺旱甚是日雨贈通上人 / 권농차 마천에
이르러 군자사에 묵었는데, 가뭄이 심하던 차에 이날 비가
오므로 통상인에게 줌

초목은 앞 산봉우리에 무성한데
뭉게구름 짙어가는 게 멀리 보이네.
차 마시며 자는 새 소리 듣고
시 지어 적다가 새벽이 이르렀네.
고상한 흥은 승경을 유람해야 하겠지만
외로운 회포는 농사 걱정뿐이라오.
생공 지금 석장 멎고 있으면서
밤에 용 내리게 한 것이 기쁘구려.

草樹藹前峯　遙看水墨濃
啜茶聞宿鳥　題竹到殘鐘
雅興須探勝　孤懷只憫農
生公今住錫　可喜夜降龍

• 宿嚴川寺 / 엄천사에서 자다

엄천사 안에서 유군 임군 나 세 사람이
치 달여 마시며 청담으로 평소 회포 풀고서
하룻밤 동안 벼슬살이는 전혀 잊었었는데
여울 소리에 놀라 꿈 깨어 문득 시를 찾누나.

嚴川寺裏兪林我　煮茗淸談愜素期
一夜簪纓渾忘却　灘聲驚夢忽尋詩

• 和彦升 / 언승에게 화답하다

그 누가 한 폭의 두륜산 그림을 그려 냈는고
새로운 시 많이 얻으니 맛이 운유[83]와 같네.
종아이는 부지런히 주워 담아야 하리라
구슬처럼 침은 옥호에 줄줄 떨어지는 것을.

誰掃頭流一幅圖 / 新詩嬴得味雲腴
奚童須爲勤收拾 / 珠唾霏霏落玉壺

• 愼殿直村居時殿直以北部參奉如京 / 신 전직이 시골에 살 다가 북부 참봉이 되어 서울에 감

손 보내며 애오라지 적막을 깨뜨리려는 거지
산수 속에 굳이 서로 초대한 것이 아니로다.

―――――――
83) 운유는 좋은 차의 이름이다.

가파른 절벽 길에는 사람이 둘이서 가고
소리 막힌 굽은 물가엔 눈이 반쯤 녹았네.
귀족 자제야 어찌 인끈을 사양하랴만
이웃 늙은이는 문득 어초의 일에 부쳤다오.
도시락엔 다만 좋은 차와 술이 있을 뿐이니
우선 앞산을 마주하여 한잔을 권하노라.

送客聊憑擺寂寥　林泉不是苦相招
路盤峭壁人雙去　水咽彎碕雪半消
華冑焉能辭組紱　隣翁却與付漁樵
行廚只有勝茶酒　且對前山勸一瓢

• 茶園二首 幷敍 / 다원에 대하여 두수를 지음

　위에 바치는(上供) 茶가 함양군에서는 생산되지 않으나 해마다 백성들에게 이를 부과하니, 백성들은 값을 치르고 전라도에서 사 오는데, 대략 쌀 한 말에 차 한 홉을 얻는다고 한다.
　내가 처음 이 고을에 부임하여 그 폐단을 알고는 차마 백성들에게 부과하지 못하고 관(官)에서 자체적으로 여기저기서 구걸하여 공납하였다. 일찍이 삼국사(三國史)를 열람해보니 신라 때에 당나라에서 차 종자(茶種)를 얻어와 지리산에 심었다는 말이 있다.
　우리 군(郡)이 바로 지리산 밑에 있는데, 어찌 신라 때의 차 종자가 없겠는가 싶어 매양 나이 많은 이들을 만나 찾아보게 한 결과 엄천사(嚴川寺)의 대숲에서 몇 그루의 차나무를 발견하고, 그 땅을 다원(茶園)으로 만들게 하였다.

부근이 모두 백성들의 토지이므로 관전(官田)으로 보상해주고 사들여 차를 재배했는데, 이제 제법 번식하여 다원 전체에 두루 퍼지게 되었으니, 앞으로 4, 5년 지나면 상공에 충당할 수 있을 것 같아 기쁜 마음으로 차시(茶詩) 두 수를 읊는다.

• 茶園 / 다원

신령한 싹 올려 성군께 축수코자 하는데
신라 때의 남긴 종자 오랫동안 못 찾았다가
지금에야 두륜산 밑에서 채취하고 보니
이 기쁨 우리 백성 조금은 느긋하리니.

대밭 가에 거친 땅 몇 뙈기 언덕에
자주 꽃 검은 부리가 어느 때나 무성할꼬.
다만 백성들 심신을 치료하리니
대바구니에 속립아[84]를 채우자 함 아니라오.

欲奉靈苗壽聖君　新羅遺種久無聞
如今擷得頭流下　且喜吾民寬一分

竹外荒園數畝坡　紫英烏觜幾時誇
但令民療心頭肉　不要籠可粟粒芽
　　　　　　　　（佔畢齋集）

• 陪晉山君宿花長寺 / 진산군을 모시고 화장사에서 묵음
---
84) 속립아는 싸라기처럼 생긴 이른 봄의 차 싹을 말한 것.

한가한 틈 내어 장구를 모시고
이불 휴대하여 절집에서 자노니.
범은 한 숲의 눈 위에 울부짖고
중은 한밤중에 종을 울리네.
맑은 샘물 차 마실 물을 제공하고
누운 소나무는 속된 자취를 쓰누나.
서글픈 것은 명도에 있는 나그네가
산수의 흥취가 쉬 깊어짐이로세.

偸閑陪杖履　携被宿鳶宮
虎嘯一林雪　僧鳴半夜鐘
泉淸供茗飮　松偃掃塵蹤
惆愴明途客　煙霞興易濃

• 晉山三前用韻見寄復和 / 진산군이 세 번째로 앞 시의 운자를 써서 부쳐왔음에 다시 화답함

유편[85]을 따라 여생이나 수양하기 위하여
다경은 좋아 않고 주경을 좋아하누나.
위 따뜻하게 하고, 심장 틔우는 걸 취할 만하니
문동은 참으로 청정[86] 보다도 좋은 것이라오.

擬從兪扁養餘齡　不喜茶經喜酒經

---

85) 유편(兪扁)은 황제 때 명의 유부와 전국시대 명의 편작의 합한 말.
86) 청정은 도가에서 靑精石으로 지은 밥을 이르며 長服하면 안색이 좋아지고 장수한다고 함.

暖胃開心差可取　門冬眞箇勝靑精

• 因雨留增若示大虛 / 비로 증약에 머물며 대허에게 보임

객지에서 비에 갇힌 건 걱정되지만
봄빛을 적시는 게 오히려 기쁘구나.
승마장에는 채소 싹이 터져 나오고
백로 둥지엔 구름 그림자 비끼었네.
외로워서 졸음은 금하지 않는데
한적하니 문득 차가 생각나누나.
한가한 나그네와 조금도 다름없이
읊다보니 저녁 까마귀 둥지에 드네.

　　客中愁霧雨　猶喜濕年萃
　　馬埒菜芽吐　鷺巢雲影斜
　　塀塀不禁睡　蕭散却思茶
　　一似閑行李　微吟到夕鴉

• 重送敏上人還五臺 / 오대산에 돌아가는 민 상인을 거듭 전송함

푸르고 푸른 다섯 봉우리 바닷가의 산에는
신선의 궁전 좋은 절이 험준한 곳에 두루 있으니
안문에 신령한 고적 많다고 자랑을 말라
추자는 거듭 옛 은거지로 찾아 돌아간다오.
차 끓이는 바위 사이엔 시내 달빛이 맑고

경을 설하는 자리 가엔 고개 구름이 한가롭겠지.
내가 들으니 이곳은 삼신산과 가까워서
속세의 눈먼 사람은 올라가지 못한다네.

  五朶蒼蒼海上山 仙宮勝刹徧屠顔
  雁門莫詫靈蹤富 鶩子重尋舊隱還
  煮茶巖間溪月淨 談經榻畔嶺雲閑
  我聞是處三丘近 塵土迷人不可攀

• 和元參奉槪李生員承彦諸子韻 / 참봉 원개와 생원 이승언 등 제자의 운에 화답함

쓴 차 세잔의 병 치료는 술과 맞먹거니와
성긴 주렴 한 횃대엔 기녀가 옷 지어 걸어 두었네.
사군의 가난하고 병든 걸 누가 의아해하는고
시끄럽고 조용한 중간에 도가 절로 살찐다오.

  苦茗三盃醫當酒 疏簾一桁妓爲衣
  使君誰訝貧兼病 喧靜中間道自肥

• 南高山鼎張敎授季淑宋敎授守殷在星州鄕校課試生徒僕以官守未得趨晤詩以謝過 / 남 고산정과 장 교수 계숙, 송 교수 수은이 성주향교에서 생도들에게 시험을 보였는데 나는 직무 때문에 가서 만나지 못하고 시로서 사과함

벽진 동쪽에서 맑은 물결 희롱하여라

정이 인재를 가리는 여름 과시의 때로세.
강론하다 혀가 마르면 응당 차를 마실게고
졸음이 한창 퍼부으면 시를 담론하겠지.
고질병이 든 나는 삼 년 묵은 쑥을 찾는데
응대하는 그대들은 마치 오총귀와 같구려.
어떻게 하면 이 직무를 능히 떨쳐버리고
행단의 아래서 함께 잔을 기울여 볼까.

碧珍東畔弄淸伊　政是搜材夏課時
講舌欲乾應啜茗　睡魔方窘可談詩
膏肓我覓三年艾　酬對君同五總龜
簿領若爲能挈去　杏壇陰下共傾巵

• 次李正言孟專 / 이 정언 맹전의 시에 차운함

고관대작은 꿈에도 전혀 생각이 없고
기영회에는 의관을 정제하고 참여하누나.
가문에 기쁨 넘쳐라, 손자가 아이를 낳았고
온 마을이 기뻐하는 건 해마다 뜻을 지킴일세.
때로는 중을 불러 차를 함께 마시고
매양 병든 눈 닦고 서책을 열람하누나.
호중의 세월은 참으로 이러한 것이거늘
어지러운 명환 속에 그 얼마나 섞이었던고.

靑紫班中無夢寐　耆英會上整冠襟
門闌喜氣孫生子　里巷懽聲歲守心

時喚野僧同茗席　每揩病眼閱書林
壺中日月眞如此　名宦紛紛幾陸沈

• 除夜 / 제야

이미 월파의 고기는 실컷 먹었는데
당당하게 또 제야가 되었구나.
시비는 하나의 말과 같거니와
기쁨과 성냄은 뭇 원숭이에게 맡겨 두노라.
돌 냄비엔 창자 적실 차가 있고
등잔 아랜 시렁 가득 서책이로다.
가는 세월을 매어 둘 수 없으니
내일 아침엔 뜻이 어떠하려나.

旣厭月波魚　堂堂歲又除
是非同一馬　喜怒任群狙[87]
石銚澆腸茗　蘭燈滿架書
徂年不可繫　明日意何如

• 除夜卽事 / 제야에 즉사를 읊음

뇌고 소리 들레고 담소 소리 떠들썩해라
동쪽 집 서쪽 집에서 정히 구나[88]를 하는데

---

87) 원숭이를 기르던 狙公이 원숭이에게 도토리를 아침에 세 개와 저녁에
　　네 개를 주려고 하니 성을 내고, 아침에 네 개와 저녁에 세 개를 주
　　겠다고 하니 기뻐했다는 고사를 말함
88) 구나(驅儺) : 歲暮에 疫鬼를 몰아내는 의식

유인은 갑자기 강호의 꿈을 중지하고
일어나서 풍로에 올린 설수차를 마시노라.

雷鼓嘈嘈笑語多　東家西舍正驅儺
幽人忽罷江湖夢　起啜風爐雪水茶

• 醉和內廂壁上韻 / 술에 취하여 내상의 벽상 운에 화답

세류의 영 중에 있는 사압당에서
원수와 함께 광상에 기대어 있노라니.
하늘 가의 사람의 일들엔 연화가 번드르르하고
장막 밖의 어리진[89]은 대오가 굳세도다.
강산 경치 풍류인에 제공함을 사랑할 뿐이니
풍악 잡히어 이별의 생각 교란하지 마소.
내일 아침에 또 승평군으로 가면
원추리와 차꽃이 석양 아래 어여쁘리.

細柳營中射鴨堂　元戎聊共倚匡床
天涯人日煙花膩　幕外魚麗隊伍强
祇愛江山供勝客　莫敎絃管攪離腸
明朝又向昇平郡　萱草茶英媚夕陽

---

89) 陳法의 이름으로 약간 타원형으로 설치한 진을 말한다.

36. 허백당 홍귀달(虛白堂 洪貴達)

① 생애(生涯)

홍귀달(洪貴達; 1438~1504)은 문신으로 본관은 부림(缶林)이고, 자는 겸선(兼善), 호는 허백당(虛白堂)·함허정(涵虛亭)이다. 사재감 정 홍순(洪淳)의 증손으로, 할아버지는 홍득우(洪得禹)이고, 아버지는 증 판서 홍효손(洪孝孫)이며, 어머니는 노집(盧緝)의 딸이다.

1460년(세조 7) 별시문과에 을과로 급제하고, 1464년 등용, 예문관 봉교로 승직하였다. 1466년 설서가 되고 선전관을 겸하였다. 이듬해 이시애(李施愛)의 난을 평정하는 데 공을 세워 공조정랑에 승직하면서 예문관 응교를 겸하였다.

1469년(예종 1) 교리가 되었다가 장령이 되어 조정의 글이 모두 그의 손으로 만들어졌다. 사예가 되었을 때 외직인 영천 군수로 전출하게 되자, 그의 글재주를 아낀 대제학 서거정(徐居正)의 반대로 홍문관 전한과 예문관전한이 되었다. 이어 춘추관 편수관이 되어 『세조실록』 편찬에 참여하였다.

그 뒤 직제학·동부승지를 거쳐 충청감사로 임명되었으나, 병으로 사직하고 부임하지 않았다. 이어 도승지로 복직했으나, 연산군의 생모 윤비(尹妃)를 왕비에서 일반인으로 폐하고 쫓아내는 모의에 반대하다가 투옥되기도 하였다.

1481년(성종 12) 천추사(千秋使)가 되어 명나라에 다녀왔다. 그리고 1483년 『국조오례의주(國朝五禮儀註)』를 개정하고 충청도 관찰사로 나갔다. 그 뒤 형조와 이조의 참판을 거쳐, 경주 부윤·대사성·지중추부사·대제학·대사헌·우참찬·이조판서·호조판서 겸 동지경연춘추관사 등을 역임한 뒤 좌참찬이 되었다.

1498년(연산군 4) 무오사화 직전에 열 가지 폐단을 지적한 글을 올려 왕에게 간하다가 사화가 일어나자 좌천되었다. 1500년 왕명에 따라 『속국조보감(續國朝寶鑑)』·『역대명감(歷代名鑑)』을 편찬하고, 경기도 관찰사가 되었다. 1504년 손녀(彦國의 딸)를 궁중에 들이라는 왕명을 거역해 장형(杖刑)을 받고 경원으로 유배 도중 교살(絞殺)되었다.

문장이 뛰어나고 글씨에도 능했으며, 성격이 강직해 부정한 권력에 굴하지 않았다. 모두 몸을 조심하라 했으나, 태연히 말하기를 "내가 국은을 두터이 입고 이제 늙었으니 죽어도 원통한 것이 없다" 하였다.

중종반정 후 신원(伸寃)되었다. 함창의 임호서원(臨湖書院)과 의흥의 양산서원(陽山書院)에 제향 되고, 저서로는 『허백정문집(虛白亭文集)』이 있다. 시호는 문광(文匡)이다

② 차시(茶詩)

· 梅窓素月 / 매화나무 창의 흰 달

동각의 고결한 선비 붓 휘두르고 싶은데
서호의 처사는 시상에 젖어 앉았다네.
서로 말없이 한참 앉았다가
노동의 찬 잔 차 부른다네.

東閣高人生筆力　西湖處士坐詩魔
相看寂寞無言久　時喚盧仝一椀茶

• 宿東關驛卽事 / 동관역에 묵을 때 있었던 일을 읊음

냉랭한 베갯머리 자리는 찬데
맑은 달을 찻 병에 따른다네.
푸른 정원에서 시 읊으며 들어오니
외로운 등불 하나 졸고 있다네.

簟冷氷敲枕　茶淸月瀉甁
入吟庭樹綠　照睡壁燈靑

  차와 시는 선비들에게서 뗄 수 없는 관계다. 시상이 고갈되어 막힐 때는 의례 차를 찾는 것은 당연하다. 이것이 어찌 시객에 한정되랴. 객지에서 긴 여행을 하는 사람에게도 차는 있어야 하는, 술병이 난 사람에게도 차는 필요했다(肝腸病酒進新茶).
  이때 사람들이 말하는 차에 용단(龍團)이나 건다(建茶) 등이 등장하는데, 이는 벌써 예전에 등장했던 차들이고 다만 그때의 차 이름이 남아서 중국차나 혹은 좋은 차를 칭할 때 구분 없이 부르지 않았나 하는 생각이다(茶鐺小試龍團餠).

37. 용재 성현(慵齋 成俔)

① 생애(生涯)

　성현(成俔; 1439~1504)의 본관은 창녕(昌寧), 자는 경숙(磬叔), 호는 용재(慵齋)·부휴자(浮休子)·허백당(虛白堂)·국오(菊塢) 등이며. 시호는 문재(文載)다. 아버지는 지중추부사(知中樞府事) 성염조(成念祖)이다.
　성현은 1462년(세조 8) 23세로 식년문과에 급제하였다. 1466년 27세로 발영시(拔英試)에 3등으로 급제하여 박사로 등용되었다. 홍문관정자를 역임하고 대교(待敎) 등을 거쳐 사록(司錄)에 올랐다. 1468년(예종 원년) 29세로 경연관(經筵官)이 되었다. 그리고 예문관 수찬·승문원교검을 겸임하였다. 그는 형인 성임(成任)을 따라 북경(北京)에 갈 때 가는 길에 지은 기행 시를 엮어 『관광록(觀光錄)』이라 하였다.
　1474년(성종 5)에 지평을 거쳐서 성균 직강(成均直講)이 되었고, 이듬해 한명회(韓明澮)를 따라 재차 북경을 다녀왔다. 1476년 문과중시에 병과로 급제하여 부제학·대사간 등을 지냈다. 1485년 첨지중추부사(僉知中樞府事)로 천추사(千秋使)가 되어 명나라에 다녀왔다. 대사간·대사성·동부승지·형조참판·강원도 관찰사 등을 역임하였다.
　1488년 평안도 관찰사로 있을 때 조서를 가지고 온 명나라 사신 동월(董越)과 왕창(王敞)의 접대연회에서 서로 시를 주고받음으로써 그들을 탄복하게 하였다. 이 해에 동지중추부사(同知中樞府事)로 사은사가 되어 다시 명나라에 다녀왔다. 그 뒤에 대사헌이 되었다.

　1493년에 경상도 관찰사로 나갔다. 그러나 성현은 음률에 정통하여 장악원제조(掌樂院提調)를 겸하였기 때문에 외직으로 나감으로써 불편함 많았다. 그래서 한 달 만에 예조판서에 제수되었고 유자광(柳子光) 등과 당시의 음악을 집대성하여 『악학궤범』을 편찬하였다.

　성종의 명으로 고려가사 중에서 「쌍화점(雙花店)」·「이상곡(履霜曲)」·「북전(北殿)」 등의 표현이 노골적인 음사(淫辭)로 되었다고 하여 고쳐 썼다. 한편으로는 관상감·사역원·전의감(殿醫監)·혜민서(惠民署) 등의 중요성을 역설하였다.

　그는 연산군이 즉위한 후 한성부판윤을 거쳐 공조판서가 되었고, 그 뒤에 대제학을 겸임하였다. 1504년 『용재총화(慵齋叢話)』를 저술하였다. 죽은 뒤에 수개월 만에 갑자사화가 일어나 부관참시(剖棺斬屍)당했다. 그러나 그 뒤에 신원되었고, 청백리에 녹선되었다. 저서로는 『허백당집』·『악학궤범』·『용재총화』·『부휴자담론(浮休子談論)』 등이 있다.

② 차시(茶詩)

· 題報恩寺 / 보은사에 제하다

스님이 열어놓은 선실에는 심기가 가라앉고
나그네 마시는 찻 사발은 색과 맛이 수척하네.

나옹화상의 선적(仙跡)를 받들어 읽었는데
한산 비석의 글자들은 반쯤이 희미하네.

僧開禪室心機靜　客索茶甌色味䐃
仰讀懶翁神仙跡　韓山碑字半模糊

• 三陟竹西樓八詠 / 삼척 죽서루 팔영

소나무 숲 우거진 연봉 둘러 있는데
집 건너 스님 불러왔다네.
차솥 앞에 놓고 앉아 종일 얘기하니
장차 이 몸 맑고 깨끗한 속에 맡길거나.

蒼松無數銷峯巒　隔屋相呼衲子還
坐對茶鐺終日話　却將身世付淸間

• 次麟蹄軒韻 / 인제 동헌의 운을 빌려서

아아주 마시지 않고
공연히 작설만 마신다네.
맑은 날 늦도록 난간에 기대어
모자 비스듬히 쓰고 괴롭게 읊조리네.

不酌鵝兒酒　空斟雀舌茶
憑欄晴日晚　吟苦帽簷斜

• 永明尋僧 / 영명사 스님을 찾아감

차 병에 차 달이는 소리 지렁이가 우는 소리
경을 보내는 밤 촛불 발그레 흘러내리누나.
흰 머리로 앉은 선탑에는 바람이 우수수 부는데
밤 깊어 푸른 소나무에 물결 소리 일어나네.

茶甁細作蚯蚓號　看經夜燭紅流膏
鬢絲禪榻風颼颼　夜闌共作蒼松濤

　선비가 차를 마시는 것은 술을 빨리 깨게 하거나, 시와 정신을 맑게 하는 데 목적이 있었다. "정자의 선비는 몸과 마음 청정하여, 차솥을 앞에 두고 용단을 달인다네(亭前騷客骨更淸　茶鐺小試龍團餠)." 마음 맞는 사람과 종일 앉아서 선어(禪語)를 주고받거나 시문을 논하는 것이다. 절에 들었더니 그 절의 중이 아는 듯 친절히 읍하고, 차를 내면서 시 한 수를 써 달라는(居僧來揖如相識　勸我斟茶又索詩) 대목이 실감이 난다.
　밤늦도록 촛불 켜놓고 책을 읽다가 차 마시는 사이에 흰머리 날리는 자신의 삶과 때맞추어 들려오는 솔바람 소리를 듣는 주인공은 바로 신선이다. 그런데 그의 시 중에 씀바귀와 오랑캐꽃의 싹을 마신다는 내용이 있어서(茶葷叢生味似飴: 葷茶如飴) 『시경』에 나오는 대목과 연관 지어 볼 수 있다.

38. 임계 유호인(林溪 兪好仁)

① 생애(生涯)

유호인(兪好仁; 1445~1494)의 본관은 고령(高靈). 자는 극기(克己), 호는 임계(林溪)이다. 유음(兪蔭)의 아들이며, 김종직(金宗直)의 문인으로, 문장으로 이름이 높았다.

김종직 문하에서 공부하였으며, 1462년(세조 8)에 생원이 되고, 1474년(성종 5)에 식년문과에 병과로 급제하였다. 봉상시 부봉사(奉常寺 副奉事)를 거쳐, 1478년 사가독서(賜暇讀書)한 뒤 1480년에 거창 현감으로 부임하였다. 그 뒤 공조좌랑을 지내고, 1486년에 검토관(檢討官)을 거쳐 이듬해 『동국여지승람』의 편찬에 참여하였다.

홍문관교리로 있다가 1488년 의성 현령으로 나갔다. 1490년 『유호인시고(兪好仁詩藁)』를 편찬하여 성종에게 옷감을 상으로 받았다. 본래 글을 좋아하는 성종의 지극한 총애를 받았다. 1494년 장령을 거쳐 합천군수 재직 중 병사하였다.

그는 문장·시·글씨에도 뛰어나 당대의 '3절'로 불리었다. 장수의 창계서원(蒼溪書院), 함양의 남계서원(藍溪書院)에 제향 되었다.

② 차시(茶詩)

• 以奉親官舍要自擇得郡江南差可喜 十四字爲韻 / 어버이를 받들 관사를 스스로 선택하고자 강남 군이 되었는데 그런대로 기뻐할 만했다.에서 14자를 운자로 삼다.

수염 쓰다듬으며 자연을 거느리니
이는 곧 큰 벼슬을 알겠네.
버들 눈 벌써 눈썹처럼 퍼지고
멧새들은 소리 내어 울어 댄다네.
시상(詩想) 찾아 얼음 산길 찾아갔더니
온갖 물색 참으로 놀랍구려.
안장 버리고 걸어서 절에 오르니
산은 어두운데 소나무 위의 달은 둥그네.
호승(胡僧)이 일주차 끓여주어
몇 잔 마시니 마음이 깨끗해지네.
몸은 이미 세속을 떠났으니
그대 나를 벼슬아치라 하지 마오.

撚髭管溪山　做此一大官
柳眼已舒眉　山鳥聲間關
探詩氷山路　物華屬駭觀
卸鞍步琱臺　山暝松月團
胡僧茶日鑄　數椀燒肺肝
此身已塵外　莫作使君看
　　　　　　(俗東文選)

• 詠茶 / 차를 읊음

개인 창 아래 여름옷 걸치고 물 끓는 소리 들으니
한가롭고 고요한 속에 그 소리 좋기도 해라.
메말랐던 문사(文思) 삼천 권의 책으로 넘치고
벼슬 떠난 지금부턴 맑은 꿈만 꾸겠네.

白袴晴牕五沸鳴　可憐閑味靜中聲
枯腸剩汲三千卷　遊宦從今入夢淸

• 觀音窟雜詠 / 관음굴 잡영

지난해 눈 속에 와서 놀던 때는
온 골짜기 달빛으로 경궁요대(瓊宮瑤臺) 이러니
석루의 서쪽 물가 시 자리(詩席)는 찾았건만
차 달여 내던 호승은 자취조차 없구나.

去歲來遊臘雪霏　瓊瑤萬壑月輝輝
石樓西畔尋詩處　煮茗胡僧錫已飛

• 宿嚴川寺 / 엄천사에 묵다

나그네 방 밖엔 안개 속 새벽달 자욱하고
차 연기 하늘하늘 코 밑으로 스미네.
임금님 은혜로 홍문관에 듦은 분수 넘치고
절에 다시 와보니 생각이 망연하네.

曉月濛濛羈枕外　茶煙裊裊鬢絲邊
承思玉署慙非分　桑下重來意惘然

• 雨中 次張宛丘韻 / 우중에 장 완구의 운으로

간밤 외로운 성에 비 내리니
봄 깊으니 곳곳이 꽃이로다.
이 관원은 오직 나라 생각뿐
좋은 계절에도 귀가하지 못하네.
꿈 깨니 새가 화들짝 놀라게 하고
근심스런 마음 차 마셔 적시네.
앞에는 향기로운 냉이 깔려 있어
나물 캐는 아낙들 분주하게 모였네.

昨夜孤城雨　春深處處花
一官專爲國　佳節未歸家
夢破驚心鳥　愁思潤肺茶
前材香薺遍　采婦一時譁
　　　　　(續東文選)

지난날 스승이 와서 다원을 이룬 곳에 다시 찾아와서 차 마시고, 스승은 물론 임금의 은혜에 감사한다. 그는 솔바람 소리를 들으며 차가 막 익어가는 것을 알았고(松濤沸耳茶初熟), 온갖 번뇌를 차로써 씻으려 하였다.

39. 매계 조위(梅溪 曺偉)

① 생애(生涯)

　선생(曺偉: 1454~1503)의 본관은 창녕(昌寧). 자는 태허(太虛), 호는 매계(梅溪), 시호는 문장(文莊)이다. 1474년(성종 5) 식년문과에 병과로 급제한 후 검열(檢閱)이 되고 1476년부터 사가독서한 뒤 1479년 영안도경차관(永安道敬差官)이 되었다. 수차 시제(詩製)에서 장원하여 명성을 떨쳐, 성종의 총애를 받아 경연에 나갔다.

　1485년 함양군수로 나가 선정하여, 표리(表裏)·녹비[鹿皮] 등을 하사받았다. 그 후 도승지(都承旨)·호조참판·충청도 관찰사를 역임하고, 1495년(연산군 1) 대사성(大司成)으로 춘추관지사(春秋館知事)가 되어《성종실록(成宗實錄)》 편찬 때 사관(史官) 김일손(金馹孫)이 김종직이 쓴 조의제문(弔義帝文)을 사초(史草)에 수록하여 올리자 그대로 편찬케 하였다.

　후에 중추부동지사(中樞府同知事)로 부총관(副摠管)을 겸직했고, 1498년 성절사(聖節使)로 명나라에 갔다가 오는 도중 무오사화(戊午史禍)가 일어나 의주에서 체포되어 투옥되었으나, 이극균(李克均)의 극간으로 의주에 장류(杖流)되어 순천에서 죽었다. 성리학의 대가로서 당시 사림(士林)들 간에 대학자로 추앙되었고, 김종직과 함께 신진사류의 기수였으며, 글씨도 잘썼다. 금산(金山)의 경렴서원(景濂書院), 황간(黃澗)의 송계서원(松溪書院)에 제향되었다. 문집에 《매계집(梅溪集)》, 글씨로는 《조계문묘비(曺繼門墓碑)》가 있다.

② 차시(茶詩)

· 迦葉庵 / 가섭암

졸졸 샘물이 바위에서 나와 대통으로 이어서
암자 앞에 솟아 시원하고 맑아라.
산 승이 움켜 마셔 아침에 요기하니
맑고도 단맛 강왕곡 샘물보다 나으네.
객이 와 스님 불러 날마다 차를 끓여
풍로 타는 불에 설유를 번득이네.
누가 석 잔 노동에게 부치며
다시 절품으로 육우에게 자랑할꼬.
내 평생 먼지 몇 말을 먹었으니
폐는 시들고 입술도 말라 윤기 없다네.
찻잔에 눈 같은 차 기울이자
오장육부가 모두 청신해지네.

連筒泉水出崏腹　來瀉庵前寒更綠
山僧掬飮慰朝飢　淸甘遠勝康王谷
客至呼僧烹日注　活火風爐飜雪乳
誰持三椀寄盧仝　更將絶品誇陸羽

平生厭食幾斗盡　肺枯吻渴無由津
花甌快傾如卷雪　頓覺六用俱淸新
　　　　　(續東文選 卷5)

　가섭암에는 바위틈에서 솟아 암자 앞에서 떨어지는 좋은 물이 있었던 모양이다. 그 물로 스님은 손님에게 차를 달여 대접하곤 했으니 고려 이래로 한 유풍이었으리라. 매계가 가섭암에서 차를 얻어 마시며 그 뛰어난 향미(香味)에 매료되었던 것 같다. 차를 통하여 마음의 때를 씻으며 중국의 노동(盧仝)과 육우(陸羽)를 생각하는 것이다.
　매계는 산사에 자면서 귀에 가득 맑은 돌 샘물 소리가 있어 잠 못 든다고 한 적이 있다.「그윽하고, 조용하고, 깨끗하고, 산뜻한 정경은 사람들이 티끌 세상에서 벗어난 느낌이 나도록 해주는 것이다.」한가하고 평화로운 정경이 어찌 답답한 마음을 풀어 줄 뿐이겠는가.「청산은 스스로 푸르고, 백운(白雲)은 스스로 희어, 마음속에 조그마한 티끌도 일어나지 않아, 소연히 세상 근심의 시끄러움을 잊는다」하였다.

• 雪賦 用王刑公韻 / 왕형공의 운을 써서 '눈(雪)'을 지음

공중을 메워 옥가루가 날고
땅에 가득히 은물결이 솟누나.
하늘 꽃을 교묘히 말아 베었으니
육출(눈)이 참으로 신기도 하네.
빛이 싸늘하니 바라보기 눈부시고
추운 위엄이 늠름하여 겹겹 옷도 뚫네.

송이송이 가지 끝에 매달리고
더미더미 언덕에 쌓이누나.
나무꾼의 나뭇짐을 흠씬 적시고
어옹의 부들 삿갓이 무거워지네.
한 빛으로 달과 함께 희고
일만 구멍에 바람과 어울려 술렁이네.
원안(袁安; 後漢 初의 관료)의 집 문이 꽉 닫히고
동곽(姜燦. 조선 중기의 문신) 선생의 발자국이 깊이 묻히네.
해 뜨자 고대 녹아 물이 되고
구름이 열리니 문득 쏟아지누나.
처마 쪼면서 참새들이 시름하고
흙 속에 들었던 황충이도 무서워하네.
소금이라 읊은 사가의 딸의 재주
간을 주었으니 사마의 은총.
군재에 명주 이불을 쓰고 누워 있으니
한가함도 오히려 귀찮은 것.
애오라지 도곡의 차를 달이고
멀리 이소(李愬)의 용맹을 생각하네.
쓸쓸히 누구와 함께 시를 읊으랴
빈 들보에 주린 쥐가 웅크렸을 뿐.

塡空玉屑飛　匝地銀濤湧
天花巧剪裁　六出實奇種
光寒眩眺望　威凜穿襲擁
玲瓏綴枝條　江翁蒻笠重
一色月同皎　萬竅風兼洶

牢閉袁安扃　深沒東郭踵
日出旋成漸　雲披俄抾壟
啅簷鳥雀愁　蟄壤蝗螟恐
詠鹽謝女才　授簡司馬寵
郡齋臥紬被　無事豈非冗
聊煎陶穀茶　緬懷李愬勇
寂寞伴誰吟　空樑飢鼠拱

40. 삼괴당 신종호(三魁堂 申從護)

① 생애(生涯)

　신종호(申從濩: 1456~1497)의 자는 차소(次韶), 호는 삼괴당(三魁堂)으로 세조 2년에 태어나 연산군 3년에 서거했다. 본관은 고령(高靈)이며, 도승지 신장(申檣)의 증손이고, 할아버지는 영의정 신숙주(申叔舟)이고, 아버지는 봉례랑(奉禮郎) 신주(申澍)이고, 어머니는 영의정 한명회(韓明澮)의 딸이다.
　1474년(성종 5) 약관으로 성균관 진사시에 장원을 하였다. 그해 감찰에 임명되고 사가독서(賜暇讀書)하였다. 이듬해 천추사(천추사) 홍귀달(洪貴達)의 서장관(서장관)이 되어 명나라에 갔다. 돌아와서 수찬(修撰)·교리를 역임했다.
　1486년 부응교로 있을 때 또다시 문과중시에 장원하여 과거제도가 생긴 이후 세 번이나 장원을 한 것은 처음이라 칭송이 자자하였다. 그 해에 예빈시 부정(禮賓寺副正)으로 초배(超拜)되었고, 『여지승람』을 정정하여 『동국여지승람』으로 다시 찬술해냈는데 참여하였다.
　1487년 홍문관 직제학을 거쳐 이듬해 부제학이 되었으며, 이듬해 동부승지가 된 뒤 예조참의, 좌승지 우승지 도승지를 차례로 역임하였다.
　1494년 경기도 관찰사로 나갔으며, 이듬해 중앙으로 돌아와 예조참판 겸 동지춘추관사(同知春秋館事)로 있으면서 『성종실록』 편찬에 참여하였다. 1496년(연산군 2) 병을 무릅쓰고 정조사(正朝使)가 되어 명나라에 갔다가 이듬해인 1497년에 돌아오던 중 개성에서 사망했다. 관후(寬厚)한 장자의 풍모를 지녔으며, 문장과 시·글씨에 뛰어났다. 저서로『삼괴당집』이 있다.

② 차시(茶詩)

· 傷春 / 봄을 슬퍼함

茶 달여 마신 뒤에 졸음 가벼울 제
담을 격해 옥피리 소리 바람결에 들리누나.
제비는 오지 않고 꾀꼬리마저 가곤
뜰에 가득 붉은 꽃비 소리 없이 지는구나.

茶甌飮罷睡初輕　隔玉聞吹紫玉笙
燕子不來鶯又去　滿庭紅雨落無聲
　　　　　　　　　　(續東文選)

· 妙寂寺 / 묘적사

한가히 생대 밑에 앉아 있으니
임궁에 밤들어 적적하구나.
매화 보고 시 지으니 격이 여위고
茶 달이며 술 마시니 취기 가신다.

깊은 원에 바둑 소리 급하고
주렴에 촛불이 일렁거린다.
밤이 새면 서울로 떠나야 할 터
돌아가야 할 길이 아득도 하구나.

燕坐生臺下　琳宮夜寂寥
看梅詩自瘦　煮茗酒微銷
深院棋聲急　珠簾燭影搖
明朝向京洛　歸路也迢迢
　　　　　(新增東國輿地勝覽)

41. 사우정 이식(四雨亭 李湜)

① 생애(生涯)

이식(李湜: 1458년~1489)은 조선 전기의 종친으로. 본관은 전주(全州). 자는 낭옹(浪翁), 호는 사우정(四雨亭)이고 세종의 손자이며 성종의 종숙이고 계양군(桂陽君) 이증(李增)의 아들이다. 그가 살던 사우정(四雨亭)이 서울에 있었으나 그 위치는 자세히 알 수 없다. 신종호(申從濩), 채수(蔡壽) 등과 교유하였으며 월산대군(月山大君)이 당시 종실의 어른으로 풍류문아(風流文雅)가 있었는데 그와 어깨를 겨룰 정도였다. 미목(眉目)이 그린 것 같았다고 하며 부림군(富林君)에 봉해졌다.

저서로 『사우정집(四雨亭集)』이 있는데, 『사우정집』은 이식이 죽은 뒤인 1500년(연산군 6)에 아들인 이철(李轍)이 편집하여 간행하였다. 상하권의 2책으로 이루어져 있으나 상권은 현전하지 않는다. 하권에 강혼(姜渾)과 이철의 발문이 있다. 자연이나 계절, 증별(贈別) 등이 주요한 시제(詩題)를 이루고 있다. 「수려서회(守廬書懷)」「진관상방증광상인(津寬上方贈狂上人)」「송문연지유영남(送文淵之遊嶺南)」 등은 모두 작자의 서정세계(抒情世界)를 형상화한 작품들이다. 이들은 모두 조선 초기의 한시 연구에 매우 귀중한 자료로 평가받고 있다

② 차시(茶詩)

・卽事 / 즉사

앉아서 찻사발에 흰 거품 보노라니
고요한 숲에서 구슬 흩어지는 샘 물소리 들리네.
반쯤 닫힌 사립문엔 오는 이 하나 없고
서울 있는 벗들은 나를 잊지 않았는지.

坐見茶甌辰白浪　靜聞林澗散珠旒
華門半掩無人到　京洛親朋憶我不

・檜菴上方 / 회암상방

욕실의 소나무 물통 정갈하기도 하고
찻사발 안의 찻잎 많기도 해라.
두레박은 샘에 드리워 있고
누각엔 아침 안개 피어오르네.

浴室松槽淨　茶甌茗葉多
枯桿通澗水　樓閣隱朝霞

・次琴軒韻 / 금헌의 시에 차운함

방에는 많은 책이 쌓였으나
두세 집뿐인 외로운 마을이라.

글 읽는 소리 옥을 굴리듯 맑고
붓을 휘두르니 새들이 어지럽게 나네.
들에는 아침 내내 안개 덮히고
산빛엔 옅은 땅거미 덮인다네.
할 일 없이 낮잠 자고 나니
때맞추어 노동의 차 끓이고 있네.

書史十千卷　孤村三兩家
詞音淸戞玉　醉墨亂飜鴉
野色終朝暗　山光薄暮多
閑眠無箇事　時煮玉川茶

42. 택당(澤堂) 이식(李植)

① 생애(生涯)

이식(李植: 1584~1647)은 조선 중기 인조 때의 문신으로 대제학·예조판서 등을 역임하였다. 장유와 더불어 당대의 이름난 학자로서 한문 사 대가(漢文四大家)의 한 사람으로 꼽힌다.
본관은 덕수(德水)이며 자는 여고(汝固), 호는 택당(澤堂)이다. 1610년(광해군 2) 문과에 급제하여 7년 뒤 선전관이 되었으나 폐모론(廢母論)이 일어나자 벼슬을 버리고 낙향하여 택풍당(澤風堂, 양평군 향토 유적(제16호)을 지어 학문에만 전념하였다.

낙향하여 은거한 후 수차례에 걸친 왕의 출사(出仕) 명을 계속 거부하여 1621년(광해군 13)에는 왕명을 어겼다 하여 구속되기도 했다. 1623년 인조반정 후 이조 좌랑·예조참의·동부승지·우참찬 등을 역임하였다. 이듬해 대사간·대사성·좌부승지 등을 지냈으며, 1633년 부제학을 거쳐 대제학과 예조참판·이조참판을 역임하였다.

1642년(인조 20) 김상헌(金尙憲) 등과 함께 척화(斥和)를 주장하여 심양(瀋陽)으로 잡혀갔다가 돌아올 때 다시 의주(義州)에서 구치(拘置)되었으나 탈주하여 돌아왔다. 이후 대제학・예조판서 등을 역임하였으며, 1647년(인조 25) 택풍당에서 세상을 떠났다. 《선조실록(宣祖實錄)》의 수정을 맡아 하였다. 시호는 문정(文靖)이고, 저서로는 《택당집(澤堂集)》, 《초학자훈증집(初學字訓增輯)》 등이 있다.

② 차시(茶詩)

・舟下漢陽過大灘 / 배로 한양 가는 길에 대탄에 들러

십 년의 한가한 생활 하루아침에 거두니
송죽 그윽한 곳에 사립문만 공연히 닫혀 있네.
업후(鄴侯)의 서가엔 아직 천 권의 책 남아 있고
육우의 차 화로 싣던 배 텅 비어 있었다네.

十載閑蹤一日收　柴門空鎖竹松幽
鄴侯書架留千軸　陸子茶爐曠小舟

・郡齋賞雪 / 고을 관사에서 눈을 감상하다가

서헌의 열 분 손님 가장 기이해
따뜻한 화롯가에 머리가 희끗희끗
눈물을 끓여서 작설을 끓이고
악기 있으니 고개 숙인 미인에게 노래시켜 보네.

十客西軒最幽奇　薰爐自煖雙鬢絲
試煎雪水點雀舌　亦有檀板低蛾眉

• 省中新火煮茶 / 성중에서 새 불로 차를 끓임

한낮 그림자 진 붉은 대문에
늦게 핀 꽃 헤치며 어린 제비 나네.
홀연히 부엌에서 새 불 피운 소리 듣고
새 물 길어 햇차 달이라 재촉했네.

彤扉岑寂午陰遮　乳燕參差掠晚花
忽聽廚人新火報　便催新水煮新茶

햇차 한 잔에 모든 근심 씻어내니
어젯밤에 꿈꾼 동강이 홀연히 떠오르네.
양 언덕에 복사꽃 비친 봄 강물 넘쳐흐르고
풍로와 죽연을 싣고 돌아가는 배에 있다네.

新茶一椀浣新愁　忽憶東江昨夢遊
兩岸桃紅春張闊　風爐竹碾倚歸舟

잠자던 몽롱한 눈으로 아침 해 보내는데
산들바람 성긴 발에 제비 날기 시작하네.
어디서 오지 사발에 옥 같은 싹 보냈는가?
맑은 노래 한 곡조는 완랑귀 이라네.

朧朧睡睫送朝暉　風軟疎簾燕習飛
何處花甌傳筍玉　淸歌一曲阮郎歸

• 次錦陽君 / 금양군의 시에 차운하여

녹주에게 차 달이게 하고
소파에게는 술 붓게 하여 시 읊겠노라.
화청지의 목욕보다 더 좋으리니
촉의 잔도 생각하면 괴로울 테니까.

茶從綠珠點　詩遣小坡酬
大勝華淸浴　翻懷蜀棧愁

• 寄題趙敏之雨溪草堂 / 조민지의 우계 초당에 제함

우리 상사 처음부터 영화로움을 사양하더니
그윽한 곳 차지하여 새로 정자 지었다네.
원래 호남에서 경치 좋다 이름난 곳
더구나 우리 무리 멋스러움 더 있다네.
불현듯 매화 찾아 훌쩍 떠나서
자명의 수고 끼치며 머물고도 싶소만
저무는 한강 변에서 흰머리 날리면서
사람 일로 머뭇머뭇 그냥 세월만 보낸다오.

上舍辭榮早　新亭占地幽
湖南元勝絶　吾黨更風流
便欲尋梅去　應煩煮茗留
白頭江漢暮　人事坐悠悠

• 追次蔥秀山唱和韻 / 총 수산께서 창화 한 시에 차운함

늙으면 자연으로 돌아간다 약속했으니
산 계곡 길 걸으니 발길 머뭇거리네.
깊은 숲속 어딘가 귀신 만날 듯
계곡의 물소리가 바람 소리처럼 들리네.
이 물로 차 끓이면 누가 제일일까?
석수(石髓)를 구해 먹고 오래 산 자 누구인가?
누런 먼지 먼 길에 눈도 침침하니
좋은 샘물로 씻어 청명함을 얻고 싶네.

老向煙霞契已成　溪山迎路且留行
森沈似與鬼神會　浙瀝疑聞風雨聲
試使淪茶誰第一　便求飡髓孰長生
黃塵百里昏昏眼　暫借靈源洗得明

• 同諸人遊石嵎 采艾午飯 / 여러 사람과 함께 석우에서 노 닐며 죽순을 부쳐주어 사례함

시냇가에 어린 쑥 나물 삶아 밥 먹고
눈 녹인 맑은 물로 차를 달여 마시네.
쟁반에 오른 신선한 회는
오후의 청에 비해도 더욱 좋다네.

飯煮溪毛嫩　茶煎雪水淸
登盤有鮮膾　較勝五侯鯖

• 謝長城韓太守振溟寄茶筍 / 장성 한태수가 차를 보냄에 사례함.

대사에서 칼 퉁기며 노래 부르고
상여처럼 심히 목말라 할 때
옛 친구가 편지 보내왔으니
그 새로운 맛, 술과 음식보다 낫네.
죽순 넣고 끓인 국 맛이 좋고
작설로 달인 차 부드럽기도 하네.
부채까지 번거롭게 보낼 필요 없지요.
금년 여름은 시원하기 가을 같으니.

代舍方彈鋏　文園正渴喉
故人傳札翰　新味壓醪差
羹煮龍孫美　茶煎雀舌柔
不須煩寄扇　今夏冷如秋

　택당은 문장의 짜임새를 정교하게 다듬는 것을 장기로 삼았다. 그의 시는 간결하고도 품격이 높고 꾸미지 않은 것 같은 데서 우아한 흥취를 느낀다. 그는 오언율시를 가장 잘 썼다. 그는 소설 배격론을 주장할 정도로 시(詩)의 대가이다.

43. 허암 정희량(虛庵 鄭希良)

① 생애(生涯)

정희량(鄭希良: 1469~1502)은 예종 원년에 태어난 조선 중기의 문신으로 본관은 해주(海州)이고, 자는 순부(淳夫), 호는 허암(虛庵)이며 김종직(金宗直)의 문인이다. 1492년(성종 23) 생원시에 장원으로 합격하였으나, 성종이 죽자 태학생(太學生) · 재지유생(在地儒生)과 더불어 올린 소가 문제되어 해주에 유배되기도 하였다. 1495년(연산군 1) 별시문과에 병과로 급제, 승문원의 권지 부정자에 임용되어 이듬해 김전(金詮) · 신용개(申用漑) · 김일손(金馹孫) 등과 함께 사가독서(賜暇讀書)할 정도로 문명이 있었다.

선무랑 · 행 예문관 봉교로서《성종실록》편찬에 참여하였다. 무오사화 때에는 사초문제(史草問題)로 윤필상(尹弼商) 등에 의하여 신용개 · 김전 등과 함께 탄핵받아 의주에 유배되었다가 다시 김해로 이배(移配)되었다. 이듬해 유배에서 풀려나고 어머니가 죽자 고양에서 수분(守墳)하다 산책 후 다시 돌아오지 않았다고 전한다. 저서로《허암유집》이 있다.

② 차시(茶詩)

• 夜座煎茶 奉呈梅溪/ 밤에 앉아 차를 달임. 매계에게 드림

밤이 얼마쯤 깊었는지 하늘엔 눈이 오려는데
푸른 등의 옛집은 추워서 잠이 오질 않네.
상머리 이끼 긴 솥을 손수 가져다가
푸른 바다처럼 맑고 찬 샘물을 쏟아붓고
문무의 화력을 고르게 다스리면
벽 위에 달 오르고 맑은 김 서리네.
솔바람 우수수 빈 골짜기 울리듯
날아서 흐르는 물이 부딪쳐 긴 내에 울리듯.
천둥에 번개 달리는 기세 채 그치기 전에
급히 가던 수레가 환원으로 굴러 넘어가 떨어지듯.
잠깐 구름이 걷히고 바람 멎으니
파도는 일지 않아 맑고 잔잔하네.
큰 표주박 한번 기울임에 얼음 눈처럼 빛나
간담이 뚫리어 신선과 통한다네.
천천히 뚫어 깨어 혼돈 구멍을 뚫리고
홀로 신마(神馬)를 타고 선계에서 노닌다네.
돌아보니 지나온 길 자갈밭인데
요마(妖魔)와 속념(俗念)이 모두 사라지고.
마음 바탕 드넓음을 깨달아서
속사를 뛰어넘어 소요세계 노니는 듯.
좋은 곳 향해 나아가 오묘한 곳 이르면
손뼉 치며 즐겁게 이소경을 읊으리
듣자니 선계의 진인들은 깨끗함을 좋아하여
이슬을 마시면서 배설도 하지 않고.

노을과 옥(玉)을 마셔 오래 살면서.
골수를 씻고 털을 베어 동안처럼 곱다네.
나도 또한 세상을 보기 이와 같은데
어찌 고목(枯木)과 오래 살기로 다투리.
그대 못 보았던가. 노동이 배고플 때 삼백 편 즐겼고
도덕경 오천 자는 부질없는 문자임을.

      夜如何其天欲雪　　青燈古屋寒無眠
      手取床頭苔蘚鎞　　瀉下碧海冷冷泉
      撥開文武火力均　　壁月浮動生晴煙
      松風颼颼響空谷　　飛流激激鳴長川
      雷驚電走怒未已　　急輪轉越轑轅嶺
      須臾雲捲風復止　　波濤不起淸而連
      大瓢一傾氷雪光　　肝膽炯徹通神仙
      徐徐鑿破渾沌竅　　獨御神馬遊象先
      回看向來矸磜地　　妖魔俗念俱茫然
      但覺心源浩自運　　揮斥物外逍遙天
      漸窮佳境到妙處　　拍手浪吟離騷篇
(吾聞)上界眞人好淸淨　　噓吸沆瀣冀穢痊
      餐霞服玉可延季　　洗髓伐毛童顏鮮
      我自世閒看如此　　豈與枯槁爭長年
(君不見)盧仝饑弄三百片　　文字汗漫空五千
                 (虛庵遺集 卷1)

긴긴밤 유배지에서 잠 못 드는 그는 일어나 앉아 차를 달인다. 문무화(文武火)를 잘 맞추어 물을 끓이는 것이 중요하다. 문화(文火)는 약한 불이고, 무화(武火)는 강한 불길이다. 참으로 좋은 차 맛을 알기 위해서는 물을 잘 끓여야 함은 옛 차인들 다 같이 강조한 바이다. 설 끓은 물을 맹탕(萌湯)이라 한다. 물 끓는 정도를 순숙(純熟), 결숙(結熟), 경숙(經熟)으로 구분하였다. 끓는 물의 거품이 생기는 정도로 구분하는 형변(形變), 끓는 소리로 구분하는 성변(聲變), 김이 나는 상태로 분별하는 기변(氣變) 등이 있는데 정희량은 물이 끓는 소리를 들으며 문학적으로 표현하고 있다.

물이 끓는 소리를 들으면서「빈 골짜기를 울리는 솔바람 소리」「괄괄 쏟아지는 폭포수」「우르르 쾅쾅하는 뇌성벽력」「급히 구르는 수레바퀴」등으로 표현하고 있는 것은 다 성변에 속한다. 그러나 초성, 진성, 취성은 모두 맹탕이다. 이 소리가 끝나고 무성(無聲)에 이르러야 결숙(結熟)이라고 한다. 이 단계를 그는「구름 걷히고 바람도 잠에 파도가 일지 않고 맑고 잔잔하다」라고 표현하고 있다.

사람됨도 이와 같아 설익은 풋내기를 맹탕이라고 할 때가 있다. 마음속 먹구름이 걷히고, 번뇌의 바람이 잠들어 수많은 파도가 쉴 때, 그때가 평온을 찾은 때이다.

그는 혼돈주를 마셔 몽롱한 가운데 불평과 근심을 잊고자 하다가, 차를 마셔 그 혼돈의 먹구름을 지나 신선의 경지로 달려가고 있다. 차로서 세속의 근심을 떨쳐버리는 것은 더욱 좋은 일, 지나온 발자취를 돌아보며, 세상사 부질없는 꿈으로부터 깨어나고 있다. 이슬을 마시며 산다는 신선(神仙)을 부러워하며 고목과 더불어 오래 살기를 다투지 않을 것이라고 다짐해보기도 한다. 그는 34세의 어린 나이로 행방을 감추어버린다.

• 獨坐煎茶奉呈梅溪 / 홀로 차를 달여 매계(曺偉)에게 올림

긴긴날 여관이 한가해 졸음이 오더니
차를 달여 마심에 병든 눈 열린다.
백 년 세속의 흙먼지 씻어버리고
고산(姑山)을 친견하니 옥인(玉人)이 온다.

한바탕 솔바람에 방안이 으스스
나비로 떠돌던 꿈 깸에 정신이 새롭다.
맑은 창 비추던 달 넘어감에 향 피우고 앉았으니
마음은 홍몽태극(鴻濛太極) 사이에 있노라.

강남에선 금붕어 회침을 미워했더니
북창엔 눈보라 휘날린다.
이소경(離騷經) 읊조림에 상쾌해지고
하늘은 우리가 거듭 궁구하지 않음을 나무란다.

바둑판 위에의 죽은 바둑은 삼백인데
가슴 속 문자는 오천권 이네.
선생의 홀로 즐김이 눈에 선하니
물가 숲 아래의 신선인 것을.

日長旅館閒生睡　煮啜瓊漿病眼開
抷洗百年塵土穢　姑山親見玉人來

一陣松風四壁寒　夢回胡蝶覺神閒
晴窓盡月焚香坐　心在鴻濛太極間

南江懶膾金鱗鯽　北戶閒揮玉麈風
浪讀離騷成一快　天敎我輩不曾窮
局上枯碁三百　　胸中文字五千
想見先生獨樂　　水邊林下神仙
　　　　　　　　(虛庵遺集 卷2)

• 瀟湘八景, 江村暮雪 / 소상팔경, 강촌의 저녁 눈

강마을 저물어 묘연한데
물 갈대 덤불 늦 눈이 스쳐 운다.
생린 열리는 은사의 신음
뼈 위에는 추위 붙어 자는 갈매기.
조각배에 홀로 가는 그대 뉘라서
봉창에 우뚝 앉아 골몰한 행색이여.
계상의 고사 머문 청광한 곳
어찌 찾아 茶 자리를 함께하지 않으리.

江村日落天杳茫　荻葦蕭疏響晚雪
蟄龍愁吟凍生鱗　睡鷗不動寒徹骨
孤舟獨向者誰子　兀坐蓬窓滯行色
谿上高人定淸曠　安得往尋同茗蓆

• 雪後錄奉梅溪先生 / 눈 내린 뒤 매계에게 적어 올림

객창 애처로이 한 해 또 기우는데
갈대 억새 뒤섞이고 산 가득한 눈.
성채 밖 높바람(북풍)에 힘찬 매의 무리
군진 앞 구름 일고 차가운 전성.
가림 없는 밤 달 서로 흥을 돋우건만
웬일인지 시인은 홀로 폐문했구나.
돌 세워 茶 달이니 전영한 맑은 맛인데
하물며 몇 잔, 술에 춘흥(春興)이 겨움에랴!

客窓偏惜歲將殘　蘆荻蕭疏雪滿山
塞外風高鷹趫健　陳前雲起箭聲寒
不妨夜月相乘興　何事詩人獨閉關
擁碣煎茶淸味永　況論杯酒作春興

• 次季文傷春韻 / 계문의 봄을 슬퍼함이란 시에 차운함

해상은 좋은 때를 맞는데
상심한 구레나룻 저절로 피어.
시는 오늘의 흥을 더하누나
茶는 지난해 싹이네.
세상일 헤아리기 진실로 어려운데
내 삶 무애한 본원이여.
공도(公道)에 있을 봄바람.
축신(逐臣) 집 쫓아 불어 드네.

海上逢佳節　傷心鬢自華
詩添今日興　茗折去年芽
世事眞難料　吾生本無涯
春風公道在　吹八逐臣家

• 有懷 / 회포가 있어서

이 사람 청광한 소식으로
매양 찻자리 함께 하자네.
만 리를 각기 서로 바라니
비림 한 이억(离憶)이 생겨나네.
멀리 초사 부를 줄 알아
여기 천애의 혼백 부른다.

斯人信淸曠　每許同茗席
萬里各相望　鄙吝生离憶
遙知唱楚些　招此天涯魄

44. 한재 이목(寒齋 李穆)

① 생애(生涯)

이목(李穆: 1471~1498)의 본관은 전주(全州), 자는 중옹(仲雍), 호는 한재(寒齋)이며 시호는 정간(貞簡)이다. 1471년 참의공 이윤의 둘째 아들로 태어나서 14세에 성리학자이며 다인(茶人)인 점필재(佔畢齋) 김종직(金宗直)의 문하에서 수학하였다. 19세 때 진사에 합격하여 성균관 유생(儒生)이 되고 왕대비(王大妃)가 성균관에 음사(淫祠)를 설치하여 무당을 부르자 이를 쫓아냈다.

유생을 이끌고 윤필상(尹弼商)을 탄핵하다가 공주에 부처(付處)되었다. 1495년(연산군 1) 증광문과에 장원, 사가독서(賜暇讀書)하고 전적(典籍)으로 종학사회(宗學司誨)를 겸임, 이어 영안도평사(永安道評事)가 되었다.

1498년 무오사화(戊午士禍) 때 윤필상의 모함으로 김일손(金馹孫) 등과 함께 사형되었고, 1504년 갑자사화(甲子士禍) 때 다시 부관참시(剖棺斬屍)되었다. 후에 신원(伸寃)되어 이조판서에 추증되었다. 저서에 《이평사집(李評事集)》이 있다. 한재 이목 선생은 28세의 짧은 삶으로 생애를 마감한 선비이다. 그러나 그가 남긴 「茶賦」는 지금부터 500여 년 전 조선시대 유자(儒者)들의 정신세계를 가늠해 볼 수 있는 유일

한 다서(茶書) 가운데 하나로 평가받는다.

한재 이목(寒齋 李穆)은 「茶賦」를 저술하였다.

다부는 총 480자로 된 우리나라에서 가장 오래된 다서(茶書)이다. 선생은 "차를 평생 즐겨도 싫증 나지 않는 것은 차의 고유한 성품 때문이다"고 하였으며 삼품(三品), 칠 효능(七效能), 오공(五功), 육덕(六德)을 적었다.

一. 茶의 등급으로서의 삼품(三品)

(1). 상품 - 몸을 가볍게 하는 것이 上品이고
(2). 중품 - 지병을 없애주는 것이 中品이며
(3). 차품 - 고민을 달래주는 것이 그다음 次品 이다.

二. 차의 일곱 가지 효능

(1). 한 잔 마시니 창자가 깨끗이 씻기고
(2). 두 잔 마시니 마음과 혼이 상쾌하고
(3). 석 잔 마시니 호연지기가 생기고
(4). 넉 잔 마시니 가슴에 웅혼한 기운 생기며 울분 없어지고
(5). 다섯 잔을 마시니 색마가 도망가고 탐욕이 없어지며
(6). 여섯 잔을 마시니 신기함이 하늘에 오르는 듯하며
(7). 일곱 잔은 마시기도 전에 맑은 바람이 옷깃에 일어난다.

三. 차의 5가지 공효(功效)

차의 다섯 가지 공효를 역사적 사실로 집약하였다.
⑴. 목마른 갈증을 풀어주고
⑵. 마른 창자와 가슴을 풀어주고
⑶. 주객의 정을 서로 즐기게 하고
⑷. 뱃속의 중독에 대한 해독으로 소화가 잘되게 하고
⑸. 숙취에 대한 정주 즉 술을 깨게 한다.

四. 차의 여섯 가지 덕성

⑴. 오래 살게 하고 덕을 닦게 한다.
⑵. 병을 고치게 하고
⑶. 기운을 맑게 하고
⑷. 마음을 편하게 하고
⑸. 신령스럽게 하고
⑹. 예절을 갖추게 한다.

　중국의 진나라 때 두육(杜育)의 천부(賦)가 나온 이래로 당나라 때 고황(顧況)의「다부」, 송나라 때 휘종(徽宗)의「대관다론(大觀茶論)」과 오숙(吳淑)의「다부」등이 있었지만 우리나라에는 한편도 없었다.
　한재 선생은 자신의 차 생활을 돌아보면서 처음에는 '월호막지지(越乎莫之知)' 했다고 하였다. 즉 '모르는 상태를 벗어났다'는 말이니 아예 모르지는 않았다는 뜻이다. 이어서 이른바 '초득기성 심심진지(稍得其性 心甚珍之)라고 한 여덟 자는「다부」의 내용을 파악함에 사상적 핵심이 된다고 해도 과언이 아닐 것이다. 다시 말해「다부」가 단순히 차를 예찬한 글이 아니고, 선생의 개결(介潔)하고 정행검덕(精行儉德)한 삶과 투철한 인생관, 그리고 학문 세계가 반영된 철학적 성격이 짙은 글로 보아야 한다.

「다부」를 통해 본 신생의 다도 사상은 도학 정신의 본령을 잃지 않는 절의 정신, 차 생활을 통하여 자연 속에서 기른 호연지기 정신, 자연과 조화를 이루는 중용정신 등 깊은 낙도정신으로 승화되어 있다. 다부에 나타난 낙도의 경지는 「논어」에서 말하는 遊於藝의 경지를 일컫는 것으로 天理가 관주(貫注)되어 조금도 기울거나 치우침이 없는 것이며 마음의 수양을 통해 할 수 있는 이상적인 경지이다.

선생이 차 정신을 통해 선비정신을 구현하고 있음을 다부 속에서 엿 볼 수 있다. 차나무는 한서와 풍설에 위축되지 않는 굳은 지조, 절의를 나타내는 직근성(直根性), 깨끗함을 의미하는 냉성(冷性), 그리고 강직성과 고결함을 가지고 있다. 그는 차 생활을 통해 차나무의 생육조건과 성질이 자신이 추구하고자 하는 삶과 같음을 느꼈다. 이러한 정신은 한재(寒齋)라는 그의 호(號)와도 무관하지 않다. 도학자로서 한재는 늘 쇄신하려는 마음 자세로 정신을 수양하고 정신적 즐거움을 얻으려고 했는데, 이 과정에서 차 생활을 중시했다.

차의 성품을 토대로 내적 수양을 통해 구도를 이룩하려는 자신의 유가적 수양의 의미를 담고 있다면, 개혁정신이 강한 도학자로서 당시의 정치적, 사회적 혼란한 상황과 탐관오리와 권력에 부화뇌동하는 무리를 차의 고결한 성품으로 새롭게 변화시키고자 하는 개혁의 의미를 담고 있다고 하겠다.

② 차시(茶詩)

• 送舍弟微之之松京讀書 / 아우 미지를 송경으로 독서를 하도록 보내면서

이씨의 가문은 예로부터 글 배움에 힘썼으니
글을 사랑하고 돈을 좋아하지 않았네.
부모님(爺孃)은 이미 백발이신데
나와 너는 아직도 유생(靑衿)이로다.
학의 꿈은 바위틈에 솟은 소나무에 깃들었는데
차 다리는 연기는 골짜기에 달그림자.
은근히 도를 구하는 곳에서
또 구름 속 멧부리만 보지 말라.

李氏自文學　愛書不愛金
爺孃已白首　吾與猶靑衿
鶴夢巖松老　茶煙洞月陰
慇懃求道處　且莫看雲岑

45. 묵재 홍언필(默齋 洪彦弼)과
아들 인재 홍섬(忍齋 洪暹)

가. 묵재 홍언필(默齋 洪彦弼)

① 생애(生涯)

　홍언필(洪彦弼: 1476~1549)은 자를 자미(子美), 호를 묵재(默齋)라 하였다. 과거에 급제하여 벼슬길에 올라, 명나라에 다녀오고, 여섯 차례나 대사헌을 지냈으며 여러 관서를 두루 지나 영의정이 되었고 익성부원군(益城府院君)에 봉해져서 궤장을 받았다.

② 차시(茶詩)

・曉吟 / 새벽에 읊음

등 앞에 어린 계집종은 이미 정신없이 잠들어서
물이나 차 마시고 싶어 불러도 꼼짝하지 않네.

燈前小婢已강臥　欲水欲茶呼不應

구름처럼 떠도는 남자에게 차 솥이 없으니
병을 위해 할 수 없이 환으로 만든다네.

雲衲無營茶鼎在　病優窮術弄丸餘

중국에 다녀온 후 자주 차를 마셨다. 그의 시 중에도 절에서 마신 차에 관한 시가 전하는데, "찻사발에 게눈이 생기고 석장에는 용무늬가 꿈틀거리네(茶甌添蟹眼 錫杖拂龍甌)"라고 했다. 특히 「효음」에서 차 솥이 없어서 환(丸)을 만들어 복용하였다니, 이 또한 다사에서 특이한 현상이다.

나. 인재 홍섬(忍齋 洪暹)

① 생애(生涯)

홍섬은 홍언필의 아들로 어렸을 때부터 총명하였다. 자를 퇴지(退之), 호를 인재(忍齋)라 한 조광조의 문인이다. 고거에 급제하여 여러 벼슬을 지나는 중 김안로를 탄핵하다가 귀양도 갔다. 후에 양관 대제학을 거쳐 영의정에 세 차례나 지내고 궤장을 받아 아버지의 뒤를 이었다.

② 차시(茶詩)

• 夢香林寺 / 향림사를 꿈꾸다

산의 형세 삼각산에 이어져 있고
몇백 년을 경영해서 이루어졌으리라.
봄이 오면 두견새 울고

비가 지나면 폭포가 걸린다네.
어린 나물 연암에서 뜯고
단차는 눈 녹여 달인다네.
당시에 시제가 걸렸던 곳은
십 년의 꿈속에 아득한 선(禪)이라네.

山勢連三角　經營幾百年
春來啼杜宇　雨過掛飛泉
嫩菜緣巖摘　團茶帶雪煎
當時題柱處　十載夢요禪

• 次友人韻 / 친구의 운으로 짖다

목마름으로 차 자주 달이니
병이 들어 잔 잡기 게을리하지 못함일세.

茶因解渴頻添火　病欲侵人懶把杯

그는 도곡의 차도 알고(陶家剩有烹茶水), 단차를 눈 녹인 물로 달일 정도로 차에 박식했다. 구리 병에 햇차를 비 내리듯 투다(鬪茶) 하는 묘사는 참 좋다(銅瓶如雨茗新添). 이 집안처럼 조선시대에는 차 마시는 것이 가풍으로 정착된 경우가 많다.

46. 모재 김안국(慕齋 金安國)

① 생애(生涯)

 김안국(金安國; 1478~1543)의 본관은 의성(義城). 자는 국경(國卿), 호는 모재(慕齋). 참봉 김연(金璉)의 아들이며, 김정국(金正國)의 형이다.
 조광조(趙光祖)·기준(奇遵) 등과 함께 김굉필(金宏弼)의 문인으로 도학에 통달하여 지치주의(至治主義) 사림파의 선도자가 되었다. 1501년(연산군 7) 생진과에 합격, 1503년에 별시문과에 을과로 급제하여 승문원(承文院)에 등용되었으며, 이어 박사·부수찬·부교리 등을 역임하였다.
 1507년(중종 2)에는 문과중시에 병과로 급제, 지평·장령·예조참의·대사간·공조판서 등을 지냈다. 1517년 경상도 관찰사로 파견되어 각 향교에『소학』을 권하고,『농서언해(農書諺解)』,『잠서언해(蠶書諺解)』,『이륜행실도언해(二倫行實圖諺解)』,『여씨향약언해(呂氏鄕約諺解)』,『정속언해(正俗諺解)』 등의 언해서와『벽온방(辟瘟方)』·『창진방(瘡疹方)』 등을 간행하여 널리 보급하였으며 향약을 시행하도록 하여 교화사업에 힘썼다.
 1519년 다시 서울로 올라와 참찬이 되나 같은 해에 기묘사화가 일어나서 조광조 일파의 소장파 명신들이 죽임을 당할 때, 겨우 화를 면하고 파직되어 경기도 이천에 내려가서 후진들을 가르치며 한가히 지냈다.

1532년에 다시 등용되어 예조판서 · 대사헌 · 병조판서 · 좌참찬 · 대제학 · 찬성 · 판중추부사 · 세자이사(世子貳師) 등을 역임하였으며, 1541년 병조판서 때에 천문·역법·병법 등에 관한 서적 구입을 상소하고, 물이끼[水苔]와 닥[楮]을 화합시켜 태지(苔紙 : 가는 털과 같은 이끼를 섞어서 뜬 종이)를 만들어 왕에게 바치고 이를 권장하였다. 사대부 출신 관료로서 성리학적 이념에 의한 통치의 강화에 힘썼으며, 중국문화를 수용, 이해하기 위한 노력에 한평생 동안을 심혈을 기울였다. 시문으로도 명성이 있었으며 대제학으로 죽은 뒤 인종의 묘정(廟庭)에 배향이 되고, 여주의 기천서원(沂川書院)과 이천의 설봉서원(雪峰書院) 및 의성의 빙계서원(氷溪書院) 등에 제향 되었다.

시호는 문경(文敬)이며, 저서로는 『모재집』, 『모재가훈(慕齋家訓)』, 『동몽선습(童蒙先習)』 등이 있고, 편서(編書)로는 『이륜행실도언해』, 『성리대전언해(性理大全諺解)』, 『농서언해』, 『잠서언해』, 『여씨향약언해』, 『정속언해』, 『벽온방』, 『창진방』 등이 있다.

② 차시(茶詩)

• 春日卽事 / 춘일 즉사

봉오리 튼 작은 복숭아 가지 처마에 보이고
춘곤을 못 이긴 은사는 낮잠을 자네

한낮에 잠 깨니 별 할 일이 없어
텅 빈 찻사발에 또 한 잔을 붓는다네.

小桃紅萼映茅簷　春懶幽人入黑甛
過午覺來無箇事　茶甌水減正須添

• 遊長興寺 / 장흥사에서 놀다가

절에서 차 마시고 나그네 돌아가려는데
솔솔 불던 맑은 바람 부슬비 몰고 왔네
산 사람들 머물게 하고픈 마음 누가 이리 맞추었나.
시를 써 달라던 스님 또한 기틀을 벗네.

禪窓茶罷客將歸　颯颯淸風細雨霏
山意欲留誰得會　乞詩僧亦解山機

• 病臥 長興祖遇師問訊 走筆答/ 병으로 누웠다가 장흥사 조우스님의 문병에 붓을 달려 답함

달 밝은 장흥사에
가을 드니 기분 한결 맑구나.
초암에 모여 밤새우며
찻잔 기울이며 함께하던 일 잊지 못하네.

明月長興寺　秋來想倍淸
草庵曾伴宿　甌茗憶同傾

47. 용재 이행(容齋 李荇)

① 생애(生涯)

이행(李荇; 1478~1534)의 본관은 덕수(德水)이고, 자는 택지(擇之)이며, 호는 용재·창택어수(滄澤漁水)·청학도인(靑鶴道人)이다. 아버지는 홍주 부사 이의무(李宜茂)이며, 어머니는 창녕 성씨(昌寧成氏)로 교리(敎理) 성희(成憙)의 딸이다.

1495년(연산군 1) 증광시 문과에 병과로 급제해, 권지승문원 부정자로 관직 생활을 시작해 예문관 검열·봉교, 성균관 전적을 역임하고, ≪성종실록≫ 편찬에 참여하였다. 1500년 하성절질정관(賀聖節質正官)으로 명나라에 다녀온 뒤 홍문관 수찬를 거쳐 홍문관 교리까지 올랐다.

1504년 갑자사화 때 사간원 헌납을 거쳐 홍문관 응교로 있으면서, 연산군의 생모인 폐비 윤씨의 복위를 반대하다가 충주에 유배되었고, 함안으로 옮겨졌다가 1506년 초 거제도에 위리안치되었다.

이해 9월 중종반정으로 풀려나와 다시 홍문관 교리로 등용되고, 이어 부응교로 승진되어 사가독서(賜暇讀書)하였다. 1513년(중종 8) 성균관 사예가 되었다가 이듬해 사성으로 승진하였다. 사섬시정(司贍寺正)을 거쳐, 1515년 사간원사간이 되고, 이어 대사간으로 승진하였다.

이때 신진 사류인 담양 부사 박상(朴祥)과 순창군수 김정

(金淨) 등이 폐비 신씨(愼氏)의 복위를 상소하자 이에 강력히 반대하였다. 이어 첨지중추부사 · 홍문관 부제학 · 성균관 대사성 · 좌승지 · 도승지를 거쳐 1517년에 대사헌이 되었다.

그러나 왕의 신임을 얻고 있는 조광조(趙光祖) 등 신진사류로부터 배척받아 첨지중추부사로 좌천되자 사직하고, 충청도 면천에 내려갔다. 이듬해 병조참의 · 호조참의로 임명되나 모두 부임하지 않았다.

1519년 기묘사화로 조광조 일파가 실각하자 홍문관 부제학이 되고, 이듬해 공조참판에 임명되고 대사헌과 예문관대제학을 겸하였다.

1521년 공조판서가 된 이후 우참찬 · 좌참찬 · 우찬성으로 승진하고, 1524년 이조판서가 되었다. 다시 좌찬성을 거쳐 1527년 우의정에 올라 홍문관대제학 등을 겸임하였다. 1530년 ≪동국여지승람≫의 신증(新增)을 책임 맡아 끝내고 좌의정이 되었다.

이듬해 권신 김안로(金安老)의 전횡을 논박하다가 오히려 그 일파의 반격으로 판중추부사로 좌천되고, 이어 1532년 평안도 함종에 유배되어 그곳에서 죽었다.

문장이 뛰어났으며, 글씨와 그림에도 능하였다. 중종 묘정에 배향이 되었다. 저서로는 ≪용재집≫이 있다. 시호는 문정(文定)이었으나 뒤에 문헌(文獻)으로 바뀌었다.

② 차시(茶詩)

・新春 / 새봄

묵은 인연 아직 다하지 않고 문자에 남아
늙으니 물질의 화려함을 향하는 마음 없네.
갠 날 처마 밑에 홀로 앉아 머리 빗고
흙풍로에 새 불 피워 새 차를 달이네.

宿緣未盡唯文字　老境無心向物華
獨坐晴簷搔髮罷　土罏新火試新茶

• 竹塢煎茶 / 대숲 비탈에서 차를 끓임

무엇이 이 외로움 달래는가.
쓸쓸히 흔들리는 남쪽 언덕 대나무지.
홀로 건계의 차를 시음하면
여기엔 속된 것 하나 없다네.
머리카락 휘날리고 북쪽 창에 바람 부는데
갈건을 어찌 술 거르는 데 쓰리.

何以慰幽獨　蕭蕭南塢竹
自試建溪茶　無此亦令俗
散髮北窓風　葛巾安用漉

• 薄酒 / 묽은 술

사람들은 "나쁜 술도 차 탕보다 낫다"지만
내 말은 "나쁜 술 먹을 수 없다네."
차탕은 깨끗한 본성 지녔으나

나쁜 술은 시고 달아 바르지 않다네.
차탕은 저절로 내 갈증 풀지만
박주는 도리어 내장을 멍들게 한다네.

人言薄酒勝茶湯　我言薄酒不可嘗
茶湯淡泊有眞性　薄酒酸餂敗其正
茶湯自可解吾渴　薄酒祇使肝肺關

　용재는 진실로 차를 알고 사랑한 분이다. "술잔은 사람의 진성을 상하게 하나 찻잔은 우리 속을 촉촉이 적셔준다(酒杯且戒傷眞性 茶椀唯宜潤渴喉)." 그리고 대숲을 옆에 두고 혼자서 차를 즐기는 세계는 서적(禪的)이다.

　"산에 밤 드니 바람은 풍경소리 내고 한 주발 차 마시니 마음이 넉넉해(入夜山風送磬聲 一甌茶罷有餘淸)'라 했고, 어느 때 우리 여기서 다시 만나, 말없이 함께 차 끓여 보리(安得逢迎地 忘言共點茶)"처럼 간절하게 표현했다. 또 비바람 치는 저녁에 마주 앉아 차를 평하고 글을 논하며 밤을 새워 보리(准擬對床風雨夜 評茶論字不須眠)'라고도 했다.

48. 양곡 소세양(陽谷 蘇世讓)

① 생애(生涯)

　소세양(蘇世讓; 1486~1562)의 본관은 진주(晋州). 자는 언겸(彦謙), 호는 양곡(陽谷)·퇴재(退齋)·퇴휴당(退休堂)·중군사정(中軍司正) 소희(蘇禧)의 증손으로, 할아버지는 한성부판윤(漢城府判尹) 소효식(蘇效軾)이고, 아버지는 의빈부도사 소자파(蘇自坡)이다. 어머니는 개성왕씨(開城王氏)로 석주(碩珠)의 딸이다.
　1504년(연산군 10) 진사시에 이어 1509년(중종 4) 식년문과에 을과로 급제하였다. 정언을 거쳐 수찬에 재직 시 단종의 어머니 현덕왕후(顯德王后)의 복위를 건의, 현릉(顯陵)에 이장하게 하였다. 1514년 사가독서(賜暇讀書)했고, 직제학을 거쳐 사성이 되었다. 1521년 영접사(迎接使) 이행(李荇)의 종사관으로 명나라 사신을 맞았고, 그 뒤 왕자사부(王子師傅) 등을 지냈다.
　이어 전라도 관찰사로 나갔으나, 1530년 왜구에 대한 방비를 소홀히 했다고 하여 파직되었다. 이듬해 다시 기용되어 형조판서 등을 거쳐 1533년 지중추부사에 올라 진하사(進賀使)로 명나라에 다녀왔다. 1537년 형조·호조·병조·이조판서를 거쳐 우찬성이 되었다.
　이듬해 성주사고(星州史庫)가 불타자 왕명에 따라 춘추관

(春秋館)의 실록을 등사, 봉안하였다. 1545년(인종 1) 윤임(尹任) 일파의 탄핵으로 사직하였으며 이 해 명종이 즉위한 뒤 을사사화로 윤임 등이 몰락하자 재기용되어 좌찬성을 지내다가 사직하고 익산에 은퇴하였다.

 문명이 높고 율시(律詩)에 뛰어났으며, 글씨는 송설체(松雪體)를 잘 썼다. 익산 화암서원(華巖書院)에 제향 되었다. 시호는 문정(文靖)이다. 저서로는 『양곡집(陽谷集)』이 있으며, 글씨는 양주에 「임참찬권비(任參贊權碑)」와 「소세량부인묘갈(蘇世良夫人墓碣)」이 있다.

② 차시(茶詩)

· 自酌 / 자작

찻사발에 자작하여 『이소』를 읊으니
바람 불어와 흰 머리카락 쓸쓸히 날리네.
남쪽에 오거든 나이를 묻지 마오
뜰에 매화 심어 까치집 짓게 할 테니까.

自酌茶甌詠楚騷　天風吹鬢白簫簫
南來莫問年多少　手種庭梅欲勝巢

· 午睡寄淸臞子 / 낮잠을 자다가 청구자에게 줌

산 비 송탑을 울리고

차 연기 죽로를 감싸네.
한가로운 속에 낮잠 이루니
그윽한 꿈속에서 강호로 가리.

山雨鳴松榻　茶煙繞竹爐
愛閑成午睡　幽夢到江湖

　그는 다분히 차를 마시므로 세속의 것을 잊고 시문을 벗하며 살기를 바랐다. "아이 불러 차 달이며 도연명의 시를 읊으리(呼兒烹茶鐺 仍吟淵明詩)"라 하기도 하였고, "한 잔의 다탕은 온갖 근심 다 지운다(一味茶湯百慮空)"라고 하기도 했다.
　시 가운데 떡차를 받은 일이 있는데 아마 이때까지도 병차가 있었음이 틀림없다(謾將茶餠薦). 그리고 어안(魚眼), 해안(蟹眼)과 석정(石鼎), 죽로(竹爐)는 물론 자고반(鷓鴣斑)을 아는 것으로 미루어 볼 때 차에 관하여 해박한 지식을 가졌음을 알 수 있다.

49. 호음 정사룡(湖陰 鄭士龍)

① 생애(生涯)

정사룡(鄭士龍; 1491~1570)의 자는 운경(雲卿)이고 호는 호음(湖陰)으로 정광필(鄭光弼)의 조카였다. 급제하여 대제학 예조판서를 역임하고 이량(李樑)의 무리라 하여 삭직 되었다. 시문, 음률에 능했으나 탐학한 경향이 있었다. 중국에 두 번이나 다녀와서 차에 관해 많이 알고 있었다.

② 차시(茶詩)

- 玉田縣 / 옥전현

평진 문 안에서 만난 중은 떠나고
독락료 가운데 눈이 내려 한기가 도네.
늙은 숙객 와서 부드러운 얘기 하고
다병 에선 쉬파리 지렁이 소리 들린다네.

平津門裏逢僧去　獨樂寮中犯雪零
老宿招邀供軟話　蒼蠅蚓竅咽茶缾

- 宿楡岾寺 / 유점사에서 묵다

세속의 생각에서 모두 다 깨고
스님 주는 차 잠속 꿈을 씻이주네.
여년을 향산의 길에 기울어
벼슬 버리고 서울 떠나 글이나 쓰러 오겠네.

塵念攝齋神頓醒　僧茶洗睡夢先回
殘年擬結香山社　洛下休官便賦來

　중국으로 사행을 다녀왔기에 공식적인 다사(茶事)나 차 이야기가 많이 나오는데 자신이 차에 이끌려 젖어 들어 쓴 시는 없다. "차 이야기 아직 끝나지 않고 잠은 오지 않는데, 멀리서 닭 우는 소리 벌써 세 번이나 들리네(茶話未茶殘夢斷　遠鷄三叫漏頻傳)"라 한 것이나 "경서 옆에 차 솥 두고 앉아 선정에 들기 즐겨하네(經卷茶鐺愛坐禪)"라고 읊는 것은 차의 경지에 젖어 든 모양새다.

50. 신재(愼齋) 주세붕(周世鵬)

① 생애(生涯)

　주세붕(周世鵬; 1495~1554)의 본관은 상주(尙州). 자는 경유(景遊). 호는 신재(愼齋)·손옹(巽翁)·남고(南皐)이고, 시호는 문민(文敏)이다. 경상남도 함안군 칠원(漆原)면 출생이다. 1522년(중종 17) 생원 때 별시문과(別試文科) 을과에 급제한 뒤 정자(正字)가 되고, 검열(檢閱)·부수찬(副修撰)을 역임하다 김안로(金安老)의 배척을 받고 강원도 도사(江原道都事)에 좌천되었다. 1541년 풍기군수(豊基郡守)로 나가 이듬해 백운동(白雲洞:順興)에 안향(安珦)의 사당 회헌사(晦軒祠)를 세우고, 1543년 주자(朱子)의 백록동학규(白鹿洞學規)를 본받아 사림 자제들의 교육기관으로 백운동 서원(白雲洞書院:紹修書院)을 세워 서원의 시초를 이루었다. 그리고 서원을 통하여 사림을 교육하고 또한 사림의 중심 기구로 삼아 향촌의 풍속을 교화하려는 목적으로, 재정을 확보하고 서원에서 유생들과 강론(講論)하는 등 열성을 보였다.
　처음에는 사림의 호응을 받지 못하다가 이황의 건의로 소수서원이 사액을 받고 공인된 교육기관이 된 뒤 풍기 사림의 중심 기구로 자리 잡았다. 그 후 이를 모방한 서원들이 각지에 건립되었다. 직제학·도승지·대사성·호조 참판을 역임하고, 1551년 황해도 관찰사 때 해주(海州)에 수양서원(首

陽書院: 文憲書院)을 세워 최충(崔冲)을 제향하였다. 재차 대사성 · 성균관동지사(成均館同知事)를 지내고 중추부동지사(中樞府同知事)에 이르렀다.

도동곡(道東曲), 육현가(六賢歌), 엄연곡(儼然曲), 태평곡(太平曲) 등 장가(長歌)와 군자가(君子歌) 등 단가 8수가 전한다. 청백리에 녹선되고, 예조판서에 추증되었다. 칠원의 덕연서원(德淵書院)에 배향되고, 백운동 서원에도 배향되었다. 저서에 무릉잡고(武陵雜稿), 편서로는 죽계지(竹溪誌), 동국명신언행록(東國名臣言行錄), 심도이훈(心圖彝訓) 등이 있다.

② 차시(茶詩)

• 次孫校理韻 贈子美 / 손 교리가 지은 시에 차운하여 자미에게 드리다

헤어진 지 아득히 십년 전인데
오늘에야 우연히 다시 만남 어찌 된 일인가?
사방엔 눈 덮인 산이 옥을 쌓은 듯
차 솥에선 김 오르고 물 끓는 소리 벌써 세 번째라네.

悠悠作別十年前　此日重逢豈偶然
雪岫四環遙積玉　茶鐺三沸暗浮煙

• 雪後夜坐 / 눈 온 뒤의 밤에

하늘을 근심해서 백발만 생기니
아득히 멀고 깊은 데 바라보네.
눈 개니 추위 더욱 더해져
화롯불 오려 놓고 차를 달여 마시네.

憂天生白髮　　望越暗玄花
雪霽寒猶逼　　離爐自捧茶

• 棲餘航山義林寺 / 항산 의림사에 여유롭게 지내다

고사리 꺾는 주변엔 파란 어린싹 돋아나고
미나리 자른 칼 아래는 맑은 샘물 흐르네.
돌아와 송창 아래서 차 한 잔 마시니
뜰에 달빛 환한데 어디서 산 새소리 들리네.

采蕨手邊晨靄綠　　剪芹刀末石泉明
歸來茶罷松窓下　　明月一庭山鳥聲
歸來茶罷松窓下　　明月一庭山鳥聲

51. 눌재 박상(訥齋 朴祥)과 석천 임억령(石川 林億齡)

가. 눌재 박상(訥齋 朴祥)

① 생애(生涯)

　박상(朴祥; 1474~1530)은 1496년(연산군 2) 진사가 되고, 1501년 식년 문과에 을과로 급제, 교서관정자(校書館正字)로 보임 받고, 박사를 역임하였다. 승문원교검(承文院校檢)·시강원사서(侍講院司書)·병조좌랑을 지내고, 1505년 외직으로 전라도사(全羅都事)를 지냈다.
　1506년 중종 초, 사간원 헌납이 되어 종친들의 중용(重用)을 반대하다가 왕의 노여움을 사서 하옥되었으나, 태학생(太學生)과 재신(宰臣)들의 상소로 풀려나왔다. 그러나 1년 동안 논쟁이 그치지 않아 전관(銓官)에게 미움을 사서 한산 군수로 좌천되었다. 그런데 사헌부가 대간(臺諫)을 외직에 보임하는 것은 옳지 못하다고 논핵(論劾)하여 곧 종묘서영(宗廟署令)·소격서영(昭格署令)으로 옮겼으나, 부모 봉양을 위해 임피현령(臨陂縣令)으로 나아갔다.
　3년 만기가 되자 사직하고 광산으로 돌아가 글을 읽으며 스스로 즐겼다. 1511년(중종 6) 수찬·응교를 거쳐 담양 부사로 나아갔다.
　1515년 순창군수 김정(金淨)과 함께 상소해 중종반정으로 폐위된

단경왕후 신씨(端敬王后愼氏)의 복위를 주장하였다. 또 박원종(朴元宗) 등 3 훈신(勳臣)이 임금을 협박해 국모를 내쫓은 죄를 바로잡기를 청하다가 중종의 노여움을 사서 남평(南平)의 오림역(烏林驛)으로 유배되었다.

1516년 방면되어, 의빈부도사(儀賓府都事)·장악첨정(掌樂僉正)을 역임, 이듬해 순천부사가 되었으나 그해 겨울 어머니의 상으로 사직하였다. 1519년 선공감정(繕工監正) 등을 지냈다. 1521년 상주와 충주의 목사를 지내고, 만기가 되자 사도시 부정(司䆃寺副正)이 되었다. 1526년 문과중시에 장원하고 이듬해 작은 죄목으로 나주 목사로 좌천되었고, 당국자의 미움을 사서 1529년 병으로 사직하고 고향으로 돌아왔다.

청백리(淸白吏)에 녹선(錄選)되었으며, 성현(成俔)·신광한(申光漢)·황정욱(黃廷彧) 등과 함께 서거정(徐居正) 이후 4가(四家)로 칭송된다. 또한 조광조(趙光祖)는 박상의 1515년 단경왕후 신씨 복위 상소가 강상(綱常)을 바로잡은 충언이었다고 극구 칭찬하였다.

저서로는 『눌재집(訥齋集)』이 있다. 광주(光州)의 월봉서원(月峰書院)에 제향 되었고, 1688년 이조판서에 추증되었다.

② 차시(茶詩)

· 梅窓素月 / 매화나무 창의 흰 달

청명이 되니 마음 환히 트여 나를 감싸네
세속의 찌꺼기가 어찌 다시 마성을 만들 수 있으리.
오경이 다 가도록 보고 또 보아도 싫지 않으니

그윽한 향기 바람에 흔들려 조그만 찻잔에 떨어지네.

淸明作儐如撩我　塵垢何由更做魔
到盡五更看不厭　暗芬飄颭矮甌茶

나. 석천 임억령(石川 林億齡)

① 생애(生涯)

임억령(林億齡; 1496~1568)은 문신으로 자는 대수(大樹), 호는 석천(石川)으로 박상의 문인이다. 급제하여 금산군수로 있을 때 동생 임백령(林百齡)이 소윤(小尹)에 가담하므로자 벼슬을 사퇴했다. 그 후에 강원도 관찰사를 지냈다. 고향이 해남이라 차를 좋아해서 스승과 차인으로 알려졌다.

② 차시(茶詩)

· 己未秋 自秋城歸嫁 月夜 與鄕人開酌 / 기미년 가을에 추성에서 집으로 돌아오면서 달밤에 고향 사람과 차를 따르다

띳집 지금도 해운가에 있고
대숲에선 학들이 차 연기 l하고 있네.
동문들은 평생 도연명처럼 초야에서
주자를 공부하며 오가는구려.

茅廬寄在海雲邊　竹裏烹茶鶴避煙
師友平生陶處士　研朱點檢去來篇

• 野酌 / 야외에서 차를 따르다

시에는 숲속의 새가 답하고
차는 어린 중에게 달이게하네.
음악이 없다고 말하지 말게나
바람의 거문고가 옛 가락 퉁긴다네.

詩從幽鳥答　茶使小僧煎
莫道無絲竹　風琴弄古絃

• 次贈熙說 / 차운하여 희열에게 주다

만년에 돌아와 오직 선객으로 머무니
한 줄기 차 연기가 대나무를 감싸네.

暮年還往唯禪子　一穗茶煙繞竹間

 그의 차 생활에는 선기(禪氣)가 서려 있다. 바람의 거문고가 옛 줄을 퉁기는 경지는 예사롭지 않다. 아마 개결한 그의 성격에서 나온 것이리라. 그 당시에도 사람들은 명예나 이욕에 정신을 쏟고, 학문이나 차에는 별 관심이 없었던 것으로 보인다. '인정은 글 쓴 종이에 가볍고, 세태는 차에 냉담했다(人情輕似紙 世態淡於茶)'라고 했다.

52. 퇴계 이황(退溪 李滉)

① 생애(生涯)

　12세에 숙부 이우(李堣)로부터 『논어』를 배웠고, 14세경부터 혼자 독서 하기를 좋아해, 특히 도잠(陶潛)의 시를 사랑하고 그 사람됨을 흠모하였다. 20세를 전후하여 『주역』 공부에 몰두한 탓에 건강을 해쳐, 그 뒤부터 병치레하는 사람이 되어 버렸다고 한다.
　1527년(중종 22) 향시(鄕試)에서 진사시와 생원시 초시에 합격하고, 어머니의 소원에 따라 과거에 응시하기 위해 성균관에 들어가 다음 해에 진사 회시에 급제하였다. 1533년 재차 성균관에 들어가 김인후(金麟厚)와 교유하고, 『심경부주(心經附註)』를 입수하여 크게 심취하였다. 이 해에 귀향 도중 김안국(金安國)을 만나 성인군자에 관한 견문을 넓혔다.
　1534년 문과에 급제하고 승문원부정자(承文院副正字)가 되면서 관계에 발을 들여놓게 되었다. 1537년 어머니의 상을 당하자 향리에서 3년간 복상했고, 1539년 홍문관수찬이 되었다가 곧 사가독서(賜暇讀書)에 임명되었다.
　1543년 10월 성균관 사성으로 승진하자 성묘를 핑계 삼아 사가를 청해 고향으로 되돌아갔다.
　을사사화 후 병약함을 구실로 모든 관직을 사퇴하고, 1546년(명종 1) 고향인 낙동강 상류 토계(兎溪)의 동암(東巖)에 양진암(養眞庵)을 얽어서 산운야학(山雲野鶴)을 벗 삼아 독서에 전념하는 구도 생활에 들어갔다. 이때 토계를 퇴계(退溪)라 개칭하고, 자신의 아호로 삼았다.

1548년 단양군수가 되었다. 그러나 곧 형이 충청감사가 되어 옴을 피해, 부임 전에 청해서 경상도 풍기군수로 전임하였다.

풍기군수 재임 중 주자가 백록동서원(白鹿洞書院)을 부흥한 선례를 좇아, 고려 말기 주자학의 선구자 안향(安珦)이 공부하던 땅에 전임 군수 주세붕(周世鵬)이 창설한 백운동서원에 편액(扁額)·서적(書籍)·학전(學田)을 하사해 줄 것을 조정에 청원하여 실현을 보게 되었다. 이것이 조선조 사액서원(賜額書院)의 시초가 된 소수서원(紹修書院)이다.

1552년 성균관 대사성의 명을 받아 취임하였다. 1556년 홍문관 부제학, 1558년 공조참판에 임명되었고, 1543년 이후부터 관직을 사퇴하였거나 임관에 응하지 않은 일이 20여 회에 이르렀다.

1560년 도산서당(陶山書堂)을 짓고 아호를 '도옹(陶翁)'이라 정했다. 이로부터 7년간 서당에 기거하면서 독서·수양·저술에 전념하는 한편, 많은 제자를 훈도하였다.

명종은 예(禮)를 두터이 해 자주 그에게 출사(出仕)를 종용하였으나 듣지 않았다. 이에 명종은 근신들과 함께 '초현부지탄(招賢不至嘆)'이라는 제목의 시를 짓고, 몰래 화공을 도산에 보내 그 풍경을 그리게 하였다. 그리고 송인(宋寅)으로 하여금 도산기(陶山記) 및 도산잡영(陶山雜詠)을 써넣게 해 병풍을 만들어서, 그것을 통해 조석으로 이황을 흠모했다고 한다. 그 뒤 친정(親政)하게 되자, 이황을 자헌대부(資憲大夫)·공조판서·대제학이라는 현직(顯職)에 임명하며 자주 초빙했으나, 그는 그때마다 고사하고 고향을 떠나지 않았다.
　그러나 1567년 명나라 신제(新帝)의 사절이 오게 되자, 조정에서 이황의 내경(來京)을 간절히 바라 어쩔 수 없이 한양으로 갔다. 명종이 돌연 죽고 선조가 즉위해 그를 부왕의 행장수찬청당상경(行狀修撰廳堂上卿) 및 예조판서에 임명하였다. 하지만 신병 때문에 부득이 귀향하고 말았다.
　그러나 이황의 성망(聲望)은 조야에 높아, 선조는 그를 숭정대부(崇政大夫) 의정부 우찬성에 임명하며 간절히 초빙하였다. 그는 사퇴했지만 여러 차례의 돈독한 소명을 물리치기 어려워 마침내 68세의 노령에 대제학·지경연(知經筵)의 중임을 맡고, 선조에게 「무진육조소(戊辰六條疏)」를 올렸다.
　1569년(선조 2) 이조판서에 임명되었으나 사양하고, 번번이 고향(故鄕)에 돌아갈 것을 간청해 끝내 허락받았다. 환향 후 학구(學究)에 전심하였으나, 다음 해 11월 종가의 시제 때 무리해서인지 병환이 악화가 됐다. 그달 8일 아침, 평소에 사랑하던 매화분에 물을 주게 하고, 침상을 정돈시킨 후, 일으켜 달라고 해 단정히 앉은 자세로 역책(易簀) 하였다.
　선조는 3일간 정사를 폐하여 애도하고, 대광보국숭록대부(大匡輔國崇祿大夫) 의정부 영의정 겸 경연·홍문관·예문관·춘추관·관상감 영사를 추증하였다. 장사는 영의정의 예에 따라 집행되었으나, 산소에는 유계(遺誡)대로 작은 자연석에 '퇴도만은진성이공지묘(退陶晩隱眞城李公之墓)'라 새긴 묘비만 세워졌다.
　53세에 정지운(鄭之雲)의 「천명도설(天命圖說)」을 개정하고 후서(後敍)를 썼으며, 『연평답문(延平答問)』을 교정하고 후어(後語)를 지었다. 54세에 노수신(盧守愼)의 「숙흥야매잠주(夙興夜寐箴註)」에 관해 논술하였다.

56세에 향약을 기초하였고, 57세에 『역학계몽전의(易學啓蒙傳疑)』를 완성하였으며, 58세에 『주자서절요』 및 『자성록』을 거의 완결지어 그 서(序)를 썼다. 59세에 황중거(黃仲擧)에게 답해 『백록동규집해(白鹿洞規集解)』에 관해 논의했다. 또한 기대승(奇大升)과 더불어 사단칠정에 관한 질의응답을 하였고, 61세에 이언적(李彦迪)의 『태극문변(太極問辨)』을 읽고 크게 감동하였다.

68세에 선조에게 「무진육조소」를 상서했으며, 학구의 만년의 결정체인 『성학십도』를 저작하여 왕에게 헌상하였다.

사후 4년 만에 고향 사람들이 도산서당 뒤에 서원을 짓기 시작해, 이듬해 낙성하여 도산서원의 사액을 받았다. 그 이듬해 2월에 위패를 모셨고, 11월에는 문순(文純)이라는 시호가 내려졌다.

1609년 문묘(文廟)에 종사(從祀)되었고, 그 뒤 그를 주사(主祀) 혹은 종사하는 서원은 전국 40여 곳에 이르렀다. 도산서원은 우리나라 유림의 정신적 고향으로 성역화되었다.

② 차시(茶詩)

• 昨拜農巖先生 退而有感作詩 / 어제 농암선생께 절을 올리고 물러나 느낌이 있어 시를 짓다

숲 사이 높은 집, 작기가 배와 같은데
저녁 무렵 평대에 올라 짙푸른 시냇물 내려다보네.
나뭇잎 떨어질 때 소나무 절개 굳음을 알고
서리 차가워질 때 국화 향기 짙음을 깨닫네.

산 동자는 차의 물 끓음을 잘 알고
금비는 뱃머리에서 〈수조가〉를 잘 부르네.
스스로 세속 마음 완전히 끊지 못함 부끄럽고
상암의 선경에서 모시고 놀게 되었다네.

林間高閣小如舟　晩上平臺俯碧流
木落始知松節勁　霜寒更覺菊香稠
山童解辯茶湯眼　琴婢能歌水調頭
自媿塵心渾未斷　商巖仙境得倍遊

• 月瀾庵下有臺 曰考槃臺下得泉 曰蒙泉 其上有居士土室舊基 丁未 / 월란암 아래에 대가 하나 있는데 고반대라 한다. 대 아래에서 샘을 얻었는데 몽천이라 하였다. 그 위에는 거사가 거처하던 토실의 옛터가 있다. 정미년(1547)

내 월란암에 거처하고 있으나,
그윽한 뜻에는 자못 적합지 않네.
낡은 집 산뜻하지 않고,
남은 중들 참선에만 빠져있네.
버드나무 아래 우묵한 우물물 길으려 하니,
두꺼비 제자리서 뛰고 있네.
내 조물주 괴이하게 여겼었는데,
애초에 아름다운 경치 여겼음이라네.
맑은 시내와 푸르른 산봉우리는
기이함 베풀어 산 나그네께 보여주네.
차 끓일 샘물도 없는데,
어이하여 찻잔 깨끗이 하는가?

우연히 나르는 구름 신발 신고,
오르락내리락 마음대로 찾아 올라가네.
멀리 바라보다 이미 지쳤고,
그윽이 빼어난 경치 찾았으나 아직 끝 아니라네.
돌아와 작은 대에서 쉬니,
암자와는 지척도 떨어져 있지 않네.
곁에는 깊숙한 골짜기 있는데,
초목 파릇파릇 나무와 돌 가리었네.
굽어살피다가 작은 내 보았는데,
바위 낭떠러지 이끼 푸르네.
암자의 늙은 거사,
나에게 부지런히 물길 터주네.
한 웅덩이 거울처럼 맑고,
운유차 맑고 또한 깨끗하네.
이에 참 근원 알게 되었으니,
멀리서 그 근원 찾을 것 없네.
그 위에 옛터 있는데,
풀 쓰러진 곳 사슴과 고라니 자취라네.
옛날 한가로이 한 도인이,
이곳에 토실 열었다 하네.
이 물 마셨다는 말만 들었을 뿐,
세월 얼마인지 모르겠네.
여기 거처하면서 무엇을 했을까?
떠나서는 또 어디에 의탁하였을까?
차라리 혼백 단련하여,
변화하여 난새나 학을 탔을까?
세 섬과 열 모래섬에,

가없이 아득하게 노닐었겠지.
어찌하여 내 옴 기다리어,
내게 금 숟가락에 약을 주지 않는가?
나 끼고 함께 날아올라,
세상일 잊고 천지사방 나섰으면.
이제 홀로 방황하며,
참된 비결 물을 길 없네.
세상과 더불어 괴로이 들쑥날쑥하다가,
중년에는 깊은 병 앓았다네.
인삼이니 복령 나에겐 효험 나타내지 않고,
도의 뜻은 오래도록 쇠하고 엷어졌네.
숲 아래 누웠자니 적막하기만 하고,
산속에 오니 막막하기만 하네.
뉘라서 나와 취미 함께하여,
아름다움 남긴 곳에 경전 가지고 놀려는가?
몽천 하늘의 신비 발하니,
감탄하는 가운데 스스로 부끄럽네.
귀 씻음은 나의 일 아니니,
표주박 물 마심 어찌 즐거울 것인가?
띠 이은 것 다행히 어그러지지 않아,
잘못 알았던 백옥 그리워한다네. 〈別集〉

我寓月瀾庵　幽意頗不適
老屋匪蕭洒　殘僧昧禪寂
柳下汲坳井　蝦蟆所跳擲
我怪造物翁　爰初佳境闢
淸溪與碧嶂　設奇餉山客

獨無煮茶泉　何以淨甌勺
偶躡飛雲履　高下恣尋陟
遠望亦已倦　幽探猶未極
歸來憩小臺　去庵無咫尺
傍有呀然谷　悄蒨翳木石
俯窺得涓流　巖崖苔蘚碧
庵中老居士　爲我勤疏決
一泓湛如鏡　雪乳甘且潔
乃知眞源處　不待窮遠覓
其上有古基　草沒麇鹿迹
云昔閑道人　於焉開土室
但聞飮此水　不知幾歲月
居之何所爲　去亦何所托
無乃鍊精魄　變化騎鸞鶴
三島與十洲　無邊戱寥廓
胡不待我來　與我金匕藥
挾我共飛騰　遺世出六合
我今獨彷徨　無從問眞訣
與世苦參差　中年抱沈疾
參苓不自效　道意久衰薄
林下臥寥寥　山中來漠漠
誰肯同臭味　遺芳玩經籍
蒙泉發天秘　感歎中自恧
洗耳非吾事　飮瓢何所樂
結茅幸不違　知非慕伯玉

• 仙倉泛舟 / 선창에 배 띄우고

一泓流閱幾千秋	맑은 물 한줄기 몇천 년 이런가?
今見騷人上釣舟	지금 이 소객은 낚싯배 위에 앉았네.
蕩漾只從烟裏去	흔들리며 물결 따라 물안개 너머로 가다가,
洄旋時向月中浮	휘돌아 올 때는 달을 향해 떠 있는 듯하네.
筆床茶竈能言鴨	필상과 다조로 오리와 얘기하지만,
細雨斜風不舞鷗	부슬비 빗기니 갈매기도 날지 않네.
但識盈虛元有定	가득하고 텅 비는 것 원래 정해져 있음 알고
未妨吾道付滄洲	내 길이 시골로 감에 마음 쓰지 않네.

(《별집》)

『퇴계집』에는 시 말고도 다례에 관한 기록이 많다. 그중 여러 곳에 제의에 차를 쓰는 문제에 관한 것들이 등장한다. 조전(弔奠) 때에 쓰는 차와 촛불을 상식(上食)에는 왜 쓰지 않았는지, 원래 쓰는 것이 옳으나 우리나라 사람들이 일상에 차를 마시지 않았기 때문에 차를 올리지는 않아 마음은 편치 않다고 하였다.

그리고 옛날에는 의식에 차를 사용했다고 분명하게 했다. 이런 이유로 우리 제의에 부녀자들이 참례하지 않기 때문에 차를 내기가 어렵다고 했다.

그토록 근엄한 학자도 계수나무로 죽원에서 차를 달이는 멋을 간직한 차인이었다(拾桂烹茶竹院幽). 매화를 특히 아낀 것도 다성에 부합되고, 임금이 수차 벼슬을 내렸을 때, 사양한 것도 차에 어울리는 군자 행이었다.

53. 간재 최연(艮齋 崔演)

① 생애(生涯)

최연(崔演; 1503~1550)의 본관은 강릉(江陵). 자는 연지(演之), 호는 간재(艮齋)이다.
1519년(중종 14) 사마시를 거쳐 1525년 식년문과에 을과로 급제하여 예문관검열이 되고, 이어 저작에 올랐다가 사가독서(賜暇讀書)하였다. 설서·사서를 거쳐 1531년에 김안로(金安老)의 전횡을 고변하고 홍문관수찬에 올랐다.
이어 정언·지제교를 거쳐 병조좌랑에 전임되었을 때, 대간으로부터 여러 차례 탐관이라는 탄핵을 받았으나 왕의 신임이 깊어 유임되었다. 1637년 장령이 되었고 이듬해에는 문장이 능하다고 하여 명나라 사신을 맞는 원접사(遠接使)의 종사관으로 활약하였다.
다시 장례원판결사를 거쳐 부제학·대사간·동부승지·좌승지 등을 역임하고 1545년(명종 원년) 도승지에 올랐다. 이 해에 을사사화가 일어나자 이기(李芑)·임백령(林百齡) 등 소윤에 가담, 위사공신(衛社功臣) 3등에 책록되고 동원군(東原君)에 봉해졌다.
이어 도승지로 경연 참찬관을 겸임했고, 1546년 이조참판이 되었다. 한성부좌윤과 병조참판을 역임했다. 이듬해 병조판서에 승진했고, 곧 한성부판윤으로 전임되어, 『무정보감(武

定寶鑑)』을 편찬하였다.

 1548년 지중추부사·겸지의금부사(兼知義禁府事)를 거쳐, 이듬해 동지사(冬至使)로 명나라에 가던 중 평양에 이르러 병사하였다.

 시문에 능해 국가에서 주관하는 교서·책문을 주로 담당했고, 어제시(御製詩)에 항상 수석 또는 차석을 차지하여 왕의 총애를 받았다. 저서로『간재집(艮齋集)』이 있다. 좌찬성 겸 대제학에 추증이 되었다.

② 차시(茶詩)

• 大同江船中 / 대동강 배에서

시 지어 갚을 빚 너무 많아서
한가롭게 차 솥에 햇차를 달이네.
객지 어느 곳 봄맞이 좋으리
오직 머릿결 희어져 해수를 알겠네.

詩壘幾多尋舊債　茶鐺閒却試新芽
客中何處春深好　唯覺年華上鬢華

• 夜來 稍覺飢腸戲作 / 밤에 배가 고파 장난삼아 지음

천 편의 시로도 돈 한 푼 되지 않고
주머니 안의 옥이라도 법을 전할 수 없다네.

밤들어 창자의 우레소리 견디지 못해
일어나 햇차 찾아 직접 달이네.

千首詩無直一錢　囊中飧玉法空傳
夜來不禁腸雷吼　起索新茶手自煎

• 靜中 / 고요한 가운데

차 달일 때는 문무의 불이고
술을 따를 때는 성현의 잔이라네.
먹고 자는 것 외에 다른 일 없으니
즐거운 마음으로 재를 뒤적이네.

烹茶文武火　斟酒聖賢杯
眠食無餘事　芳心已作灰

• 飮茶 / 차를 마시며

사발의 유화 가볍게 떠 둥글게 되니
활화로 응당 육우 샘물 달였다네.
처음엔 용아가 맷돌에서 가루 됨이 즐겁고
이어서 게 눈이 뜨고 끓는 소리 들리네.
석 잔을 기울이니 막힌 속 빨리 씻기고
속이 따뜻해져 공력 깊으니 만전의 값이네.
문득 맑은 바람 겨드랑이에 불어오니
봉래산으로 신선 되어 날 듯하네.
一甌花乳汎輕圓　活火應烹陸羽泉

初喜龍牙隨屑碾　俄聞蟹眼試湯煎
搜腸效速傾三椀　暖胃功深直萬錢
乍覺淸風生兩腋　蓬萊從可趁飛仙

　예전엔 선유를 하면서 배 안에서 차를 마신 일이 많았다. 차에는 항상 시가 아니면 술이 따라다녔다. 배를 타고 대동강을 흐르면서 자못 장엄한 삶에 대한 생각을가져 시상을 떠올렸을 것이다.
　한가롭게 앉아서 여러 생각에 차도 마시고 술잔도 기울였을 것이다. 묘미는 문무화(文武火)의 대구(對句)로 성현배(聖賢杯)를 맞춘 것이 흥미롭다. 그리고 불을 뒤적이는 것이 여유와 한가로움을 나타낸다.
　마지막 시는 노동의 「다가(茶歌)」나 한재의 『다부(茶賦)』를 줄여놓은 것 같다. 멧돌에 가루 내는 것으로 보아 병차가 틀림없다. 병차(餠茶)를 옛 법도대로 달여 보았으리라. 중국에 다녀와서 좀 더 오래 살았더라면 좋은 차의 기록을 남겼을 텐데 아쉽다.

54. 하서 김인후(河西 金麟厚)

① 생애(生涯)

하서는 1510년 전남 장성 출생으로 본관은 울산이다. 성균관에 들어가 퇴계 이황과 함께 학문을 닦고 1540년(중종 35) 문과에 급제하여 승문원 정자에 등용되었으며 이어 박사 · 설서 · 부수찬을 지냈다. 1543년 부모를 봉양하기 위해 옥과 현령으로 나갔다. 명종이 즉위하고, 1545년 을사사화가 일어난 뒤에 병을 이유로 고향에 돌아가 성리학 연구에 정진하였고, 성경의 실천을 목표로 하였다.

광주에서 황룡강을 따라 장성 맥동 마을로 가면 거북 등에 세워진 비가 하나 있다. 눈여겨보면 우암 송시열이 쓴 글이 새겨져 있다. "우리나라의 많은 인물 중에서 도학과 절의와 문장을 겸비한 탁월한 이는 그다지 찾아볼 수 없고, 이 셋 중 어느 한두 가지에 뛰어났는데 하늘이 우리 동방을 도와 하서 선생을 종생하고, 세 가지를 다 갖추게 하였다."고 적고 있다.

조선 중엽 호남의 북쪽에는 이항 남쪽에는 김인후, 영남에는 이황과 조식, 서울에는 이이가 버티고 있었다는 역사서에서 보여지듯이 김인후의 학덕은 크고 넓었다. 그가 살았던 시대는 훈구 재상들이 젊은 문신들을 내몰아 죽이거나 혹은 유배시켰던 때이며 기묘사화가 일어나 참화를 당했던 정치

사회 혼란 속에서 뜻을 펴지 못한 채 은거하여 독서에만 전념하던 시기이다.
 그는 19세에 과거에 응시해 장원이 된 후 성균관에 입학히면서 서울 생활을 시작했다. 기묘사화가 일어난 지 20년 뒤에도 아무도 조광조 등 사림의 명예 회복을 거론도 못 하던 때 하서가 나서서 왕에게 군자의 도를 전언했다.
 "예로부터 善治를 하는 군주는 어진 인재를 가까이하며 선비의 풍습을 바르게 하는 것을 근본으로 삼습니다. 어진 인재를 가깝게 하면 임금을 도와 백성을 교화시킬 수 있을 것이고, 선비의 풍습을 바르게 하면, 사람이 지킬 떳떳한 윤리가 밝혀져 세상을 두터이 할 수 있을 것입니다. 지난번의 기묘사화는 죄가 아니심을 밝히시고 날로 두려운 마음으로 수양하사 정의와 악을 잘 가려서 사회 기강을 세우시옵소서."
 그러나 중종이 이 상소를 흔쾌히 윤허하지 않자 하서는 부모의 연로함을 이유로 사직을 요청하니 옥과 현감이 제수되었다.
 인종이 즉위한 지 8개월 만에 죽고 곧이어 을사사화가 일어나자 1545년 겨울에 병을 핑계로 고향인 장성으로 낙향하였다. 실망을 떨치고 심신을 가다듬어 학문에 열중하기 시작하여 <태극도설>과 <서명>을 완역해 수천 번 읽더니 48세 때 <주역관상도> <서명사천도>를 저술하고 이를 배우는 자들에게 '태극은 덕성의 근본이요 서명은 학문의 강기(剛氣)니 어느 한쪽도 폐해서는 안 된다'고 강조하고 죽통을 부레로 연결시켜 둥근 하늘의 형체같이 만들고 배분을 사용하여 그 위에 그리되 일월성신이 북극을 잡고 빙 둘러 한 바퀴 돌면 좌시하는 형상의 도표를 짜냈다. 우주의 진리를 과학을 이용해 풀어내는 작업을 16세기에 해낸 것이다.

선생은 논설이 평이하고 의리가 명백했던 분으로 1560년 정월 '내일은 보름이니 정성들여 생수를 갖추어 사당에 행전하게 하라' 하더니 의관을 단정히 하고 무릎을 꿇고 앉아 제사를 모시면서 자녀에게 '내가 죽으면 을사년 이후의 관작일랑 쓰지 말라'고 유언하고 이튿날 유연히 세상을 떠났다.

서슬 퍼런 임금의 폭정을 피해 고향에 칩거하면서 집안 다스리기를 나라 다스리듯 했던 냉철한 선비였다. 지식과 행동 내면과 외면의 수양을 다 같이 중시한 이 선비는 '行에는 열심이고, 知에 간략하며, 안에 소홀히 하고 밖에 힘쓰는' 선비들을 자주 꾸중하곤 하였다.

그의 시를 보면 침묵의 언어를 알 것 같다. 준엄한 언어로 인간 내부에 잠재된 영혼의 육신을 회생시키는가 하면 감미로운 사랑의 훈육으로 존재의 심연을 느끼게 한다. 저서로 《하서집》《주역관상편》《서명사천도》《백련초해》 등이 있다.

② 차시(茶詩)

· 次石軒先生韻 贈信道上人 / 석헌 선생의 시에 차운하여 신도 상인에게 주다

산중의 고요 속에 몸을 바치고
골 밖의 온갖 수다 다 물리쳤군.
순경(脣慶)90)은 푸른 봉우리의 아래요

---

90) 순경(脣慶): 지명

강천(剛泉)은 녹수가 이로다.
바람(御風)91)을 탄 열자를 사모만 하고
해를 쫓는 과부(夸父)92)를 가엽게 보네.
내 또한 세상 생각 씻으려 하니
작설차 몇 잔쯤 나누어 주게.

山中輸一寂　谷外謝千譁
脣慶靑峯下　剛泉綠水涯
御風閒慕列　逐日苦憐夸
世慮吾要滌　分渠數椀茶
　　　　　(河西先生全集 卷9)

- 偶閱東坡詩 汲江煎茶 戲徐孟不飮之作 幷眞一酒歌 俱在一帙中 因戲爲詩 / 우연히 소동파의 시를 읽다가「강물을 길어 차를 다린다」와「서맹이 마시지 못함을 놀리다」라는 작품과 아울러「진일주가(眞一酒歌)」가 모두 한 책에 있어서 이에 장난삼아 시를 짓다

청과 성(淸聲)의 두 운(韻)을 아무나 평할 건가?
균석(鈞石)이 어찌 겉과 속이 맑음과 같으랴.
만약 차(雪乳)가 술(紅有暈)이 될 수 있다면
누구와 더불어 송풍성을 무성(無聲)이 되게 하리.

---

91) 바람(御風): 신선술에서 하늘을 날 때 타는 바람. 莊子 소요유 편에 '列子 御風而行 冷然善也'라 했다.
92) 과부(夸父): 상고 시대 사람으로 제힘을 헤아리지 아니하고 해그림자를 따라 양곡(暘谷)까지 갔다가 목이 타서 죽었다는 사람 (출전 : 山海經 海外北經)

원기의 음과 양이 족한 것을 보았다면
용광이라 강과 달의 밝음을 돌아보랴.
백리 밖의 뇌성벽력이 귓전에 들리며
하물며 저 산성의 경루 소리가 들릴까.

淸聲兩韻孰能評　勺石何如表裡淸
雪乳若爲紅有暈　松風誰與散無聲
倘看元氣陰陽足　肯顧容光江月明
百里雷霆那到耳　況聞更漏報山城
　　　　　　　(河西先生全集卷之十)

55. 임당 정유길(林塘 鄭惟吉)

① 생애(生涯)

  본관은 동래(東萊). 자는 길원(吉元), 호는 임당(林塘). 난종(蘭宗)의 증손으로, 할아버지는 영의정 정광필(鄭光弼)이고, 아버지는 강화부사 복겸(福謙)이다. 김상헌(金尙憲)·김상용(金尙容)의 외할아버지이다. 아들 창연(昌衍)은 좌의정까지 올랐다.
  1531년(중종 26) 사마시에 합격하고, 1538년 별시문과에 장원하여 중종의 축하를 받고 곧 사간원정언에 올랐다. 그 뒤 공조 좌랑·이조 좌랑·중추부도사·세자시강원 문학 등을 역임하였다.
  1544년 이황(李滉)·김인후(金麟厚) 등과 함께 동호서당(東湖書堂)에서 사가독서(賜暇讀書)하였다.
  그 뒤 이조정랑·의정부 사인·사헌부집의·교리·직제학을 거쳐 1552년 부제학에서 가선대부(嘉善大夫)에 승차하여 도승지가 되었다. 이때 이황과 더불어 성학(聖學)을 진흥시킬 것을 진언하였다. 이어 이조참판·예조참판·대사간·예조판서 등을 역임했다.
  1560년 찬성 홍섬(洪暹)이 대제학을 사양하고 후임으로 예조판서 정유길, 지사 윤춘년(尹春年)·이황을 추천했는데, 이 중에서 가장 많은 지지를 얻어 홍문관·예문관의 대제학이 되어 문형(文衡)에 들어갔다. 얼마 뒤 이조판서에 오르고 지중추부사가 되어 1567년 진하사로 명나라에 다녀왔다.
  1568년(선조 1) 경상도·경기도 관찰사를 역임하면서 옥사(獄事)

를 바로잡고, 민생안정에 진력하였다. 1572년 예조판서로 있으면서 명나라 사신 접반사가 되어 능란한 시문과 탁월한 슬기를 발휘하여 명나라 사신과 지기지 간이 되었다.

그 뒤 우찬성·판의금부사·판돈녕부사를 거쳐 1581년 우의정이 되었으나, 명종 때 권신인 윤원형(尹元衡)·이량(李樑) 등에게 아부한 사람을 상신(相臣)에 앉힐 수 없다는 사헌부의 탄핵으로 사직하였다.

그 뒤 1583년에 우의정에 오르고, 그 이듬해 궤장(几杖)이 하사되어 기로소에 들어갔으며, 1585년 좌의정이 되었다. 충효와 근신을 근본으로 삼고 넓은 도량의 포섭력이 강했으며, 큰일에는 대의를 가지고 과감하게 이를 처결하였다. 시문에도 뛰어났으며, 서예에도 능해 임당체(林塘體)라는 평을 받았다. 작품에 <한기비 韓琦碑>가 있고, 저서로 ≪임당유고≫가 있다.

② 차시(茶詩)

• 次韓正使嘗玉溜泉韻 / 한 정사의 '옥류천의 샘물을 맛보다' 라는 시의 운자를 써서 짓다

차 달이는 것이야 감천만 있으면 아무 데나 좋고
눈 바구니 가져와 맛보니 역시 깨끗하구나.
이 신령한 연원이 양자로 들어가니
어찌 참다운 맛이 조선에 있음을 알리오.
처음 좁쌀알 유화 떠오르는 것 보고
다음엔 하늘로 퍼지는 솔 소리 요란하네.

두 겨드랑이에 맑은 바람 불어오는 것 느껴지니
노동의 시구가 바로 그럴듯하네.

試茶無地酌甘泉　雪독嘗來更澹然
共道靈源入楊子　豈知眞味在朝鮮
初看粟粒浮蒼靄　漸聽松聲鬧碧天
兩腋淸風聊可驗　玉川詩句政堪傳

• 復疊前韻 / 다시 앞 시의 운자를 거듭 써서 짓다

북쪽 기러기 바람에 놀라 돌아오는 소리 들리더니
남쪽 그리는 가락 속에 달빛 창에 가득하네.
막은 차 마시니 단잠 달아나서
한 잔의 풍미가 천 항아리의 구슬보다 났구나.

聞回北雁風驚塞　欲操南音月滿窓
啜得淸茶夜驅睡　一甌風味勝千缸

• 題鑑上人卷 / 감 상인의 시권에 적다

뱀 허물 벗듯 먹고 나서 창에 기대어
용봉의 햇차를 좁은 불에 달이네.
스님 왔다 가는 것은 한바탕 꿈이고
학이 안은 물가에 봄 하늘 드리웠네.

委蛇退食倚窓眼　龍鳳新茶活水煎
僧到僧歸一場夢　鶴邊斜日下春天

56. 금계 황준량(金溪 黃俊良)

① 생애(生涯)

　황준량(黃俊良; 1517~1563)의 본관은 평해(平海)이고. 자는 중거(仲擧)이며, 호는 금계(錦溪)이다. 사온서 주부 황영손(黃永孫)의 증손으로, 할아버지는 황효동(黃孝童)이고, 아버지는 황치(黃觶) 이며, 어머니는 교수 황한필(黃漢弼)의 딸이다. 이황(李滉)의 문인이다.
　어려서부터 재주가 뛰어나 신동으로 불렸고, 문명(文名)이 자자하였다. 1537년(중종 32) 생원이 되고, 1540년 식년문과에 을과로 급제하였다. 그 뒤 권지성균관학유(權知成均館學諭)로 임명되고, 이어 성주 훈도로 차출되었다.
　1542년 성균관학유가 되고, 이듬해 학록(學錄)으로 승진되었으며, 양현고 봉사를 겸하였다. 1544년 학정, 1547년(명종 2) 박사에 이어 전적에 올랐다. 1548년 공조 좌랑에 재직중 상을 당해 3년간 시묘한 뒤 1550년 전적에 복직되었다.
　이어 호조 좌랑으로 전직되어 춘추관기사관을 겸했으며, 『중종실록』·『인종실록』 편찬에 참여하였다. 그 해 다시 병조 좌랑으로 전직되었고, 불교를 배척하는 소를 올렸다. 1551년 경상도 감찰어사(慶尙道監軍御史)로 임명되고, 이어 지평에 제수되었다.
　그러나 앞서 청탁했다가 거절당한 바 있는 언관의 모함이 있자, 외직을 자청해 신령 현감으로 부임했다가 1556년 병으로 사직하였다. 이듬해 단양군수를 지내고, 1560년 성주 목사에 임명되어 4년을 재임하였다. 그러다가 1563년 봄에 병으로 사직하고 돌아오는 도중 예천에서 죽었다.

신령 현감으로 있을 때 기민을 잘 진휼(賑恤)해 소생하게 하였다. 또한 전임관(前任官)의 부채를 절약과 긴축으로 보충하고 부채문권(負債文券)은 태워버린 일도 있었다. 학교와 교육 진흥에도 힘을 기울여 문묘(文廟)를 수축하고 백학서원(白鶴書院)을 창설하는 등 많은 치적을 남겼다.

단양군수로 부임했을 때는 경내의 피폐상을 상소해 20여 종의 공물을 10년간 감하는 특은(特恩)을 받기도 하였다. 벽지에 있던 향교를 군내에 옮겨 세우고, 이 지방의 출신으로서 학행이 뛰어난 인물들을 문묘 서편에 따로 사우(祠宇)를 마련해 제사하는 등 많은 치적을 남겼다.

성주 목사로 나아가서도 영봉서원(迎鳳書院)의 증수, 문묘의 중수, 그리고 공곡서당(孔谷書堂)·녹봉정사(鹿峰精舍) 등의 건립을 추진하였다. 그리고 이 지방의 학자 오건(吳健)을 교관(敎官)으로 삼는 등 교육진흥에 힘써 학자를 많이 배출하였다.

우애가 돈독했고 어려운 사람들을 돕는 데 힘을 아끼지 않았다. 또한 청빈한 생활을 하였다. 자식이 없어 아우 수량(遂良)의 아들로 양자를 삼았다. 풍기의 욱양서원(郁陽書院), 신령의 백학서원에 제향되었다. 저서로는 『금계집(錦溪集)』이 있다.

② 차시(茶詩)

· 靈芝精舍 / 영지정사

청명한 긴 낮에 한가한 손님과 바둑 두고
푸른 산 그윽한데 중과 온갖 세상 얘기하네.
송창 아래에서 차 마시고 맑은 흥을 읊조리니
밝은 달은 성긴 발에 기울지 않네.

閑客對棋晴晝永　談僧揮塵碧山幽
松窓茶罷吟淸興　明月疏簾不下鉤

• 次贈希安上人 / 희안 상인의 시에 차운하여 주다

스님은 밤에 송암에서 거처하고
맑은 새벽차 연기는 비에 젖었다네.
마주 보고 세 번 웃으니 푸른 이끼 갈라지고
푸른 넝쿨 그림자 흔들리니 물도 파랗게 되네.

高人夜傍松菴서　淸曉茶煙帶雨濕
相看三笑破蒼苔　碧蘿影搖山水綠

• 又贈牛師 / 또 신우(信牛) 선사에게 주다

학의 울음에 솔잎 끝 맺힌 이슬 외롭고
차 연기는 산 중턱까지 그늘 지우네.
고승은 세속 일에 관심 없고
한 납자 스산하게 읊조리네.

鶴唳孤松露　茶煙半嶺陰
高僧灰世念　一衲擁寒吟

차를 즐기는 마음이 곳곳에 배어나는 시들을 썼다. 다천이 흐르는 봄이 너무 좋고, 차 마시고 나니 시흥이 일어 신선 되어 날 듯한 기분에 젖는다(嗲餘詩興挾飛仙). 때로는 차를 마신 후 시흥이 동해에서 매화를 찾아 나서기도 하고, 외직으로만 다니기에, 꿈에 임금이 있는 곁으로 가기도 했다(茗罷尋梅詩興動 高懷寧夢帝王居). 혹은 차 마시며 눈 내린 창가에서 더듬거리며 시를 읊고(茗飮雪窓低唱澁), 여행 중에 옆방 사람들이 차를 달이는 것을 부러워하는 어린애 같은 천진함이 있다(閉戶羨 他烹茗客).

57. 습재 권벽(習齋 權擘)과
석주 권필(石州 權韠)

가. 습재 권벽(習齋 權擘)

① 생애(生涯)

　권벽(權擘; 1520~1590)의 본관은 안동(安東). 자는 대수(大手), 호는 습재(習齋)이다. 권염(權恬)의 증손으로, 할아버지는 광흥창수(廣興倉守) 권억(權憶), 아버지는 좌승지 권기(權祺), 어머니는 청풍 김씨(淸風金氏)로 목사 김세영(金世英)의 딸이다.
　1543년(중종 38) 진사시에 합격하고 같은 해 식년문과의 을과로 급제, 예문관검열(藝文館檢閱)을 거쳐 홍문관정자(弘文館正字)에 발탁되었다. 이때 안명세(安名世)·윤결(尹潔) 등 청류 선비들과 교유했다.
　그러나 두 사람이 당시 윤임(尹任) 등과 친하며 윤원형(尹元衡) 일파를 공박하면서 야기된 을사사화에 화를 입자 모든 교유를 끊고 오로지 학문에만 힘썼다. 선조가 즉위하자 예조참의·장례원판결사(掌隷院判決事)를 역임하고 춘추관기주관(春秋館記註官)이 되어 『중종실록』·『인종실록』의 편찬에 참여했고, 춘추관편수관(春秋館編修官)으로서 『명종실록』의 편찬에 참여했다.
　이문(吏文)에 밝아 행정 실무에 능했고, 선위사(宣慰使)가 되어 일본 승사(僧使)를 접대하고, 이어 서장관(書狀官)과 동지사로 두번 명나라에 다녀왔으며 원접사(遠接使)가 되기도 했다. 외직으로는 성주목사 · 장단 부사를 거쳐 안변 부사가 되었다가 순무어사 허봉(許篈)의 탄핵으로 체직되었다.

그 뒤 대호군 · 오위장 · 강원도 관찰사를 역임하며 선정을 폈다. 시문이 높은 경지에 이르러 승문원부제조 · 제조(提調) 및 지제교(知製敎)를 오랫동안 지내며 문한(文翰)을 주관하였는데, 특히 명나라에 오가는 외교문서를 전담했다.

1572년(선조 5) 김성일(金誠一) 등과 함께 완의록(完議錄)에 올랐고, 광국원종공신(光國原從功臣)에 봉해졌다. 한시에 능해 많은 사람이 권벽의 시를 즐겼으며, 당대의 명사인 노수신(盧守愼) · 정유길(鄭惟吉) 등도 시문을 높이 평가했다.

50여 년 벼슬 재위 기간 가사를 돌보지 않고 자식의 혼사도 모두 부인에게 맡겼으며, 손님도 거의 맞지 않으면서 오직 시에만 마음을 쏟아 높은 경지를 이루었다. 예조참판에 추증되었으며 저서로는 『습재집』 8권이 있다

② 차시(茶詩)

· 冬夜煎茶 / 겨울밤에 차를 다림

좋은 차는 애오라지 눈물에 달이니
이는 옛사람들 모르는 이 없다네.
메마른 창자는 저절로 햇차 맛 좋아하는데
마침 술 마시고 돌솥에선 물 끓는 소리 나네.
풍로의 문무화는 거의 다 타고

두어 개 짧고 긴 것 남았구려.
지금에야 노동의 말 믿을 것 같아
겨드랑이에 서늘한 바람 일어 다음 삶을 생각하네.

佳茗聊將雪水烹　昔人持此比傾城
枯腸自嗜金芽味　駭浪方酣石鼎聲
燒盡爐中文武火　數殘城上短長更
如今始信盧仝語　兩腋淸風取次生

- 夏日寓直 / 여름날 숙직하다

여름 나무 번성하여 그늘이 퍼졌는데
공당의 한낮은 언제나 조용하네.
향을 피우니 마음 맑아지고
차 마시며 하루를 보내네.
부슬비 내려 서쪽 숲 젖고
남쪽 산 위로 구름 피어오르네.
돌아와 내 거처에 앉은 것 같이
누워 쉬면서 속사(俗事)를 잊는다네.

夏木布繁陰　公堂晝恒靜
焚香覺心淸　啜茗消日永
微雨灑西林　疊雲吐南嶺
還如在衡門　偃息塵事屛

나. 석주 권필(石州 權韠)

① 생애(生涯)

　권필(權韠, 1569년 ~ 1612)은 조선 선조 때 시인, 성리학자, 작가이다. 호는 석주(石洲). 관직에 뜻을 두지 않고 방랑하며 풍자시를 짓다가 원접행차에 시나 글을 짓는 제술관(製述官)으로 발탁되었으나, 유희분의 풍자시가 문제시되어 형문 후 죽었다. 당 색은 서인이었으며, 송강 정철의 문인이다. 풍자시로 유명하였다.
　서인 거물 송강 정철의 문하생으로 수학하였으며 당시 한문학계의 뛰어난 존재였으며 과거와 벼슬에는 뜻이 없어 산수를 찾아 방랑과 시주(詩酒)로 낙을 삼았다.
　광해군의 비 문성군부인의 아우 유희분(柳希奮)의 부패와 권력남용이 자행되자, 유희분을 풍자한 궁류시(宮柳詩)를 지었다고 귀양 가서 객사하였다. 다른 문헌에서는 심한 고문으로 귀양 가지 못하고 흥인문 밖 민가에서 고문 후유증으로 사망하였다고 한다. 작품에 한문소설 《주생전》등과 남긴 저서에 《석주집(石洲集)》이 있다.
　북악산 꼭대기의 백악신사(북악산 성모 정녀부인의 사당)에 들어가 영정을 찢고 신을 모독했다가 동티나서 죽었다는 야담이 전한다.

② 차시(茶詩)

· 題沈尙志幽居 / 심 상지의 유거에 제하다

돌아갈 손이 말에 오르려 하니

주인은 차 달이고 만류하네.
좋은 음식 대접은 사양할 수 없으나
복숭아꽃 질까 봐 걱정이라네.

歸客欲騎馬　主人留煮茶
不辭鷄黍約　唯恐失桃花

· 病中聞夜雨 有懷草堂 因敍平生 / 병중에 밤비 소리를 듣고 초당이 생각나서 평생의 일을 서술하다

앵두나무 언덕 아래 새 우물 파니
그 물 길어 끓임이 하루에 몇 번인가.

櫻桃城下井新開　汲取煎茶日幾回

58. 고봉 기대승(高峯 奇大升)

① 생애(生涯)

기대승(奇大升: 1527~1572)의 본관은 행주(幸州), 자는 명언(明彦), 호는 고봉(高峰)·존재(存齋)이다. 아버지는 진(進)이고, 기묘명현의 한 사람인 기준(奇遵)은 그의 계부(季父)이다.

1549년(명종 4) 사마시(司馬試)를 거쳐, 1558년 식년문과(式年文科)에 급제하고 사관(史官)이 되었다. 1563년 사가독서(賜暇讀書)하고, 주서(注書)를 거쳐 사정(司正)으로 있을 때, 신진사류(新進士類)의 영수(領袖)로 지목되어 훈구파(勳舊派)의 견제로 일시 在野에 물러나 있다가, 1567년에 복직되어 원접사(遠接使)의 종사관(從事官)이 되었다.

선조가 즉위하자 집의(執義)가 되고, 이어 전한(典翰)이 되어 조광조(趙光祖)·이언적(李彦迪)에 대한 추증(追贈)을 건의하였다. 이듬해 우부승지로서 시독관(侍讀官)을 겸직하다가, 1570년(선조 3) 대사성(大司成) 때 영의정과의 불화로 물러난다. 그 후에 대사성에 복직되고 이듬해 부제학이 되나 사퇴하고, 1572년 다시 대사간을 지내다가 병으로 사직하고 귀향하는 도중 고부(古阜)에서 돌아가셨다.

어려서부터 재주가 특출하여 이름을 떨쳤을 뿐 아니라, 독학으로 고금에 통달하여《주자문록(朱子文錄)》을 편찬할 만큼

주자학에 정진하였다.

　1590년에는 생전에 종계변무(宗系辨誣)의 주문(奏文)을 쓴 공으로 덕원군(德原君) · 이조판서에 추증되었으며, 광주(光州)의 월봉서원(月峰書院)에 배향(配享)되었다. 저술로 고봉집(高峰集), 주자문록(朱子文錄), 논사록(論思錄)》등이 있다.

② 차시(茶詩)

· 제공의 기자 운을 차하다 / 次諸公期韻

호숫가에 홀로 와 좋은 기약 기다리니
의자 쓸고 소요하며 날마다 일이 있었네.
바람은 버들가지 비벼 막 늘어지고
눈은 매화에 소복하여 흩날리지 않네.
차 연기 올올이 처마에 닿아 흩어지고
달그림자 으슬으슬 창문에 들어오네.
높은 베개에 물시계 소리 들으면서
아침 해 발에 오르도록 꿈을 꾸었네.

獨來湖上佇佳期　掃榻逍遙日有爲
風撚柳條纔欲嚲　雪封梅蒂不曾披
茶煙縷縷當簷散　月影微微入戶隨
高枕細聽寒漏永　夢回晴旭上簾時
　　　　　　　(高峯先生文集 卷第一)

- 幽居雜詠 / 은거하며 여러 수를 읊다

해를 가린 소나무는 장막 같고
마루에 당한 대나무는 발과 같네.
벽에는 서자의 탑을 달았고[93]
꽃은 적선의 처마에 춤을 추네.[94]
학을 길들이는 사이 세월이 흐르고
차를 달이며 시냇물을 더하네.
사립문 온종일 닫고 앉아
홀로 봉의 부리[95] 뾰족함을 감상하네.

遮日松如幎　當軒竹似簾
壁懸徐子榻　花舞謫仙簷
調鶴光陰換　烹茶澗水添
柴門終日閉　獨賞鳳觜尖
　　　　　(高峯先生續集 卷之1)

---

93) 東漢 때 남창 태수 진번(陣蕃)이 일반 손님은 접대하지 아니하니 오직 그 고을 은사(隱士) 서치(徐穉)가 오면 자리를 내놓고 그가 떠나면 그 자리를 다시 걸어 두었다고 함. (後漢書 卷五十三 徐穉傳)
94) 李太白文集 題東谿公幽居에 "좋은 새는 봄을 맞아 뒤뜰에서 노래하고 날리는 꽃은 술을 보내 앞 처마에 춤 춘다(好鳥迎春歌後院 飛花送酒舞前簷)"고 했음.
95) 차(茶)를 말함. 조취, 봉취, 차의 이름

59. 송암(松巖) 권호문(權好文)

① 생애(生涯)

권호문(權好文; 1532~1587)의 본관은 안동(安東)이고. 자는 장중(章仲)이며, 호는 송암(松巖)으로, 안주교수(安州敎授) 권규(權稑)의 아들이다.
1549년(명종 4) 아버지를 여의고 1561년 30세에 진사시에 합격했으나, 1564년에 모친상을 당하자 벼슬을 단념하고 청성산(靑城山) 아래에 무민재(無悶齋)를 짓고 그곳에 은거했다.
　이황(李滉)을 스승으로 모셨고, 같은 문하생인 유성룡(柳成龍)·김성일(金誠一) 등과도 교분이 두터워 이들로부터 학행을 높이 평가받았으며, 만년에 찾아오는 문인들이 많았다.
　그는 평생을 자연에 묻혀 살았는데, 이황은 그를 소쇄산림지풍(瀟灑山林之風)이 있다고 하였고, 벗 유성룡도 강호고사(江湖高士)라 하였다. 저서로는『송암집』이 있으며, 작품으로는 경기체가의 변형형식인「독락팔곡(獨樂八曲)」과 연시조인「한거십팔곡(閑居十八曲)」이『송암집』에 전한다.
　작품과 저서로는 송암집(松巖集) 그리고『독락팔곡(獨樂八曲)』과『한거십팔곡(閑居十八曲)』을 남겼다. 안동의 청성서원(靑城書院)에 제향 되었다.

② 차시(茶詩)

• 次邊生員麻甘庵題 / 변생원의 마감암을 차운함

소나무 숲 깊은 곳에 두어간 암자
시원하게 혼자 누워 학의 꿈에 젖었네.
나그네 문 두드리는 소리에 낮잠 깨어
차 마시며 나누는 얘기 흥겹기도 하다네.

松林深處數間庵　孤臥風簷鶴夢酣
客扣雲扉驚午睡　一場茶話興難堪

• 贈盧秀才送別 / 노수재를 송별하며 주다

눈이 환한 산방에서 글 얘기하니
한번 만남이 백 번 듣는 것보다 낫다는 걸 알았네.
낮차 달임 끝나니 연기는 훌훌 나르고
얘기하며 깊어가는 창에는 달빛이 가득하네.

雪明山榻得論文　一見方知勝百聞
煮罷午茶煙細細　談闌夜戶月紛紛

• 謾興 / 만흥

정에 젖어서 봄 보내는 곳
붉은 꽃 지고 푸름 짙어지네.
새벽 창엔 환기(喚起)가 깨우고
물오른 나무에는 최귀(催歸) 소리라네.
차 솥엔 향기로운 바람 끓어오르고

회칼에선 흰 눈 어지럽게 날리네.

脈脈送春處　紅殘綠正肥
曉窓驚喚起　芳樹聽催歸
茶鼎春風沸　鱠刀亂雪飛

• 閒居錄 / 한거록

상 위엔 옥 같은 눈 티 없이 빛나고
화로엔 향기 피고 솥에는 차가 있네.
밤중에 일어나서 『주역』을 읽으며
밝은 달빛 받은 매화 구경 아주 좋다네.

一床玉雪瑩無瑕　罏有生香鼎有茶
夜半起來讀周易　好看明月透梅花

• 聞金佐郞士純寓山寺 / 좌랑 김사순(金誠一)이 산사에 우거한다는 말을 듣고 읊어 드림.

객이 차 마시고 싶어 하니
호승이 빨리 물 길어오네
숲이 깊으니 세속과는 저절로 멀고
좋은 경관 속에 흥이 도연하구나.

客子欲煎茗　胡僧催汲泉
林深塵自斷　畢景興陶然

• 次李正字共甫山中吟 / 이정자 공보의 산중음에 차운함

찻자리 끝나니 중은 한가롭게 자고
소나무에 한기 드니 학은 천천히 나네.
산중엔 좋은 일 많은데
이 맑은 밤에 꿈은 어슴푸레하다네.

茶罷僧閒睡　松寒鶴倦飛
山中多勝事　淸夜夢依俙

• 夜記 / 밤에 적다

스님이 물 떠 와서 차 달이는 소리 들리는데
나그네 등불 아래 누워서 경을 읽고 있다네.
서창 밖에서 우는 두견 소리 애련하기 그지없더니
그 소리 그치니 밤은 깊어 자정을 훨씬 넘었다네.

僧掬澗聲歸煮茗　客分燈影臥看經
最憐杜宇西窓外　訴罷幽冤夜丙丁

• 題寺壁 / 절의 벽에 씀

달팽이 잎 사이 달, 사무친 두견 소리 외로운 나그네 꿈이요
차 연기 피하는 학은 괴이한 선담(禪談)을 토하네.
내 산에 머무는 것 구름과 샘을 좋아해서만이 아니고
깨끗함과 묘한 것이 어울린 것을 찾기 위해서라네.

蘿月怨鵑愁旅夢　茶煙避鶴怪禪談
留山不但雲泉趣　好向淸編妙處探

송암은 일찍 퇴계의 문하에 나아가 수학하였고, 30세 늦은 나이에 진사가 되었으나 두 차례의 친상을 당하여 시묘살이 하는 동안 건강이 나빠졌고, 이로 말미암아 초야에 묻혀 독서와 제자훈육에 몰두하다 56세에 세상을 떠났다.

평소 차를 좋아해 승려들과 어울렸고, 청성산 아래 무민재(無悶齋)를 짓고 살았던 소박한 성격의 소유자였다.

참고문헌 :

국역 국조인물고, 세종대왕기념사업회 2007.12.31
석용운 한국차문화자료집, 도서출판 초의 2006. 3. 15
유건집 한국차문화사, 도서출판 이른아침 2007. 2. 22
대한차문화자료집성, 도서출판 이른아침 2011. 5. 31

[약력]
사단법인 영남차회 창립, 현 고문
성균관유도회 대구본부 회장 역임
성균관유도회 총본부 회장 역임

茶人列傳 1

인쇄일 / 2025. 1. 15
발행일 / 2025. 2. 10

編著者: 雪海 芮正洙(010-3519-8427)
發行處: 도서출판 동양미디어

대구광역시 북구 대현로1 053-944-0009
출판등록 : 1999년 4월 9일 제5-56호

값 : 25,000원